学习小博士

中华青少年万事做

武瑛娟 主编

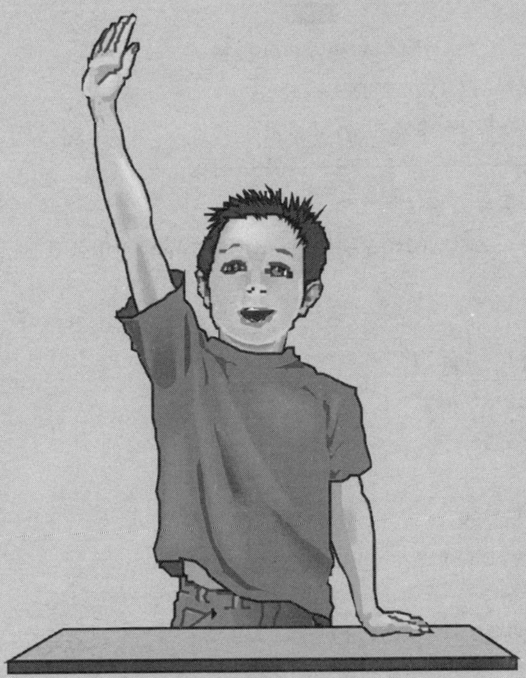

天津出版传媒集团
天津科学技术出版社

图书在版编目（CIP）数据

中华青少年万事做 / 武瑛娟主编. —天津：天津科学技术出版社，2012.3（2021.6重印）

（学习小博士）

ISBN 978-7-5308-6032-8

Ⅰ. ①中… Ⅱ. ①武… Ⅲ. ①科学知识–青年读物 ②科学知识–少年读物 Ⅳ. ①Z228.2

中国版本图书馆CIP数据核字（2012）第039650号

学习小博士——中华青少年万事做

XUEXI XIAO BOSHI——ZHONGHUA QINGSHAONIAN WANSHI ZUO

责任编辑：王　璐

责任印制：刘　彤

出　　版：天津出版传媒集团
　　　　　天津科学技术出版社

地　　址：天津市西康路35号

邮　　编：300051

电　　话：（022）23332399

网　　址：www.tjkjcbs.com.cn

发　　行：新华书店经销

印　　刷：永清县晔盛亚胶印有限公司

开本 690×940　1/16　印张 15　字数 300 000

2021年6月第1版第3次印刷

定价：45.00元

序言

少年儿童是未来的希望，世界的明天，他们不仅仅将成长为家庭的支柱，也将会是社会的栋梁，支持人类世界持续发展繁荣的关键。在瞬息万变、高速发展的当今社会中，我们已经真切地感受到了竞争的巨大压力以及自身的不足所带来的种种阻碍。由此也引发了我们对于下一代的成长教育而作出的更多思考，到底怎样才能真正帮助孩子们迎接和面对他们自己的人生和未来呢?

毫无疑问地，知识和能力已经成为如今的社会精英们所必备的基本素质，不论是知识或能力都不是能够一蹴而就的，而是靠着长期一点一滴的积累和融会贯通，这种积累的最重要时期就是少年儿童的成长期。

我们生活的世界丰富多彩，各种事物千姿百态，知识也丰富得远远超过任何一个人的生命时间所能含纳的容量。针对如此丰富的知识以及青少年旺盛的求知欲和好奇心，我们精心编辑了《学习小博士》丛书中的《中华青少年万事问》《中华青少年万事做》《中华青少年万事通》。该套丛书以青少年的视角，将近年来人们最关心、最感兴趣的问题精选出来，并加以科学严整而又通俗易懂的解析说明，帮助小读者能够真正地去认知、去理解人们生活的世界范围内的各种知识和技能方法。本丛书所含知识面非常广阔，并且经过科学合理的归类细分，不仅仅能给青少年带来丰富的知识，还方便随时查询其中资料，是青少年桌前不可缺少的一套亦书亦典的知识全书。

《中华青少年万事做》能够满足青少年的求知欲，提高青少年在生活学习中的人际交往能力，培养孩子乐于动手实践的习惯和能力。本书分为好好学习、文体活动、家庭生活、饮食保健、社会安全、野外自救、与人相处、素质礼仪、科学实验共九部分，通过简洁易懂的说明引导青少年自己动手，培养他们善于沟通，勇于面对困难与挑战的良好品性。

本书中的好好学习帮你在学习方面找到克服困难，超越自我的方法；文体活动使你的课余时间丰富多彩；家庭生活提升你的生活品质，保证你在家庭劳动中使妈妈刮目相看；饮食保健完全贴近日常生活，是你生活中不可缺少的小贴士；社会安全对你在生活中可能遇到的种种危险都作了提示，帮你在现实中能够临危不乱、化险为夷；野外自救将教会你在户外如何防止意外发生和遇到不测时的自救措施；与人相处化解你心中的忧虑，让你成为人见人爱的小社交家；素质礼仪能够造就你独具魅力的优良品格，并告诉你在各种场合的标准礼节；科学实验用最常见的物品，通过最简单的操作，带你进入奇妙的科学世界……本书的内容丰富多彩，其中有你感兴趣的，也有你意想不到的，我相信它们都是你所最需要的。如果你对成长充满了渴望，并向往着未来独立的生活，但却缺乏自立的能力和勇气，那么你就要仔细阅读本书喽！

编者

2011 年 10 月

目 录

好好学习

文体活动

野外自救

与人相处

素质礼仪

科学实验

好好学习

写作业慢怎么办

写作业慢主要有三方面的原因，一是知识掌握不够熟练，作业偏难；二是写作业的习惯不好，做作业时一会儿上厕所，一会儿喝水、吃东西，久而久之，孩子就养成了写写停停的习惯；三是做作业的环境不好，有的是自然环境不好。

找到了原因，就好对症下药了。

作业要在规定时间内完成。写作业前应大致浏览作业的数量，并自我规定完成时间，看表计时。

做作业前先上厕所，喝足水，开始做作业的一段时间里，不准上厕所，不准喝水、吃东西，更不可以随意站起来走动，大人说话不准接话茬儿。作业完成一部分后再给予适当的休息时间。

把需要完成的科目按文理分开，可以在两门功课之间适当休息、喝水、上洗手间等。

要了解今天的知识掌握情况如何，如果有缺漏应先补一补再去完成作业，这样有利于提高写作业的速度及热情。

做作业期间不得翻阅资料，除非疑难问题。写作业的时候也不应随便翻书查阅，尽量不靠翻书来完成，当然为了做到这一点，就应对作业情况有比较好的了解，对所涉及的内容、知识点有较充分的准备，如果遇到疑难题目，那就另当别论了，该查资料还是该翻书，都以解决问题为宗旨。

一玩就忘了作业怎么办

一玩起来就忘了写作业，这是因为我们不懂得自律。自律的养成也不是一朝一夕的事情，我们要从点滴做起，哪怕它只是一件微不足道的事情。

不要纵容自己，给自己找借口。给自己制订合理的学习计划，并且严格按照作息时间，在玩之前要给自己一个时间限制，不要找各种理由延长玩的时间。如果一开始就控制不了自己，可以采用拖延法。当你此刻的计划是看书，你却想看一场球赛时，别急着冲到电视机前，拖延十分钟再做。

培养自己立刻行动的习惯。清除所有阻碍学习的理由，到学习的时候，立刻行动。多想想如果不按时完成作业，将面对怎样的后果，也有助于刺激自己立即行动去主动学习。还可以借助自我奖励的方法，帮助自己养成立刻行动的习惯。在每一次主动完成作业后，不妨给自己一个小小的奖励：做完这两个小时的题，我奖励自己20分钟时间打篮球；完成今天的计划，我给自己买一个可口的冰激凌等等。我们在这里始终要强调满足感、成就感，只有从自己的行为中得到满足，获得成就，才能自觉主动地学习，而不是一味地玩。

面对诱惑，要学会自制。懂得在适当的时候约束自己，逐步在行动中面对一次次的自我挑战，不要轻易放纵自己，到了该学习的时候，果断地抛开游戏，要逐步认识到学习可以带给自己更大的乐趣和成就感，时间久了，会慢慢形成习惯的。

如果一开始做不到，还可以借助想象法。本来是要看书的，突然想玩游戏了。这时你不妨先想象一下：如果今天把这个计划完成了，该是多么的高兴，晚上睡觉时，会很满足，会为自己今天战胜游戏诱惑的行为而高兴。相反，再想想，如果放弃了学习，虽然能获得一时的开心，但是，开心过后，会后悔，会内疚。完成学习会获得更多更久的快乐。

尽量远离一些对自己没有什么益处，也可能给身心健康带来危害的游戏，多培养自己主动学习的意识和学习的乐趣，也就不会经常沉迷于游戏而忘记写作业了。

学习容易打瞌睡怎么办

学习的时候无精打采甚至打瞌睡，或者上课的时候就瞌睡，课下却精神焕发，这样的情况对正常的学习和生活有很大的影响，所以要按照正确的方法去调适，坚持下来一定会有成效。

张弛有度，该睡觉就睡觉。人体的工作机能是有限度的，必须张弛有度。如果活动超过限度，大脑皮层会自动进入抑制状态并停止工作，这能保护大脑皮层的神经细胞免于因过度劳累而受到损伤。过度劳累时想睡觉却强迫自己硬撑着看书，既达不到效果，又伤害大脑，还能形成条件反射，养成拿起书就瞌睡的习惯。不要觉得开夜车会让自己有更多的时间学习，那样晚上熬夜、白天打瞌睡，无法认真听课，其实是得不偿失的，所以要有饱满的精神和健康的身体才能更好地学习。

饭后不马上看书。人在进食后，消化系统活动量增大，大脑血流量相对减少，中枢神经除了控制消化系统外，基本处于抑制状态，此时看书效果不好，容易犯困。所以，吃完饭30分钟后再看书学习。

睡觉前一刻钟不看书。人的大脑有一种分化抑制功能，它只对某些刺激作出反应。人如果总在睡前看书，甚至用书催眠，久而久之会形成不良的分化抑制，拿起书就想睡觉。因此，晚上看完书后，最好做一些伸展活动和眼保健操，然后洗漱，大约15分钟后上床睡觉。严格遵守睡眠、起床时间，保证高质量的睡眠，才能在学习时精力充沛，不容易打瞌睡。

剧烈活动或情绪激动后不立即看书。人在剧烈活动或非常激动时，大脑皮质相应的控制中枢会处于兴奋状态，刚刚结束剧烈活动或从激动状态中走出来，大脑皮质的兴奋中心不能马上转移到控制看书学习的有关部位上来，此时看书，注意力不易集中，如强行维持，会困意连连。

学习时容易打瞌睡，可以采取加强课前预习，带着问题听课的方法，这样接收信息更主动。积极参与课堂互动，让思维活跃起来，还可以充分利用课间休息时间，进行适量活动或趴在桌上稍作休息。

平时多培养主动学习的意识，带着浓厚的兴趣去学习，就不会觉得学习是一件枯燥的事情，这样在学习的时候就不会打瞌睡了。

改变不良习惯要循序渐进。开始打瞌睡了，坚持看10分钟，然后简单活动一下立即睡觉。10分钟是标准，坚持几天后增加到20分钟……慢慢坚持下去，用不了多长时间，你连续看书时，瞌睡就不会干扰你了。

上课害怕发言怎么办

上课时害怕发言，大多是因为羞怯，要克服这样的情况，可以从以下几点做起。

要增强自信心。在课堂上没有必要为自己的短处感到紧张，而应该想到自己的长处，增强自己的自信心，这样有助于克服羞怯感。

不要怕同学议论。不要害怕发言后听到别人的否定评价，被评价

或者回答对错都是很正常的，不必过分看重它。有时否定的评价也是激励自己上进的一种动力，更能使人进步。

讲究锻炼方法。到熟人多生人少的环境里练习，然后再到生人多熟人少的场所里练习，循序渐进，这样会增强对羞怯心理的抵抗能力；在发言前，事先做好充分的思想准备，争取回答正确，因为成就感会增强人的自信心，当然回答错了也不要灰心，通过反复实践总有收获。

自我暗示法。发言感到紧张时，心里可默念："要镇静，不要怕。"稳定了情绪，羞怯心理就会减少一大半。

上课提不出问题怎么办

俗话说：问是学习的老师、知识的母亲。没有人是事事精通的。提问是获取知识的重要途径。所以有问题并不可怕，可怕的是不善于发现问题，不问问题。

学会提问是学习积极主动的表现，有利于培养创新精神和创造能力。所以要培养善于提问的习惯，应从以下几方面做起。

要善于发现，联系生活实际学习，积极思考，主动参与课堂教学。

仔细读、认真想。学会从课文的字、词、句、段、标点等各个要素中发现问题，在不懂的，似懂非懂的地方深入挖掘，经过思考、整合后提出有价值的问题。

向老师和同学咨询提问的技巧。

平时多参与社会实践活动，丰富自己的知识，与他人多交流、相处，提高自己的胆量，敢于在众人面前表现自己。

如何快速背诵课文

方法是记忆的母亲，掌握了方法，遵循了记忆规律，在学习中灵活运用，背诵课文就不是很难的事情了。

首先是要在平和的心态和安静的环境下记忆，才能全身心投入，才能有成效。

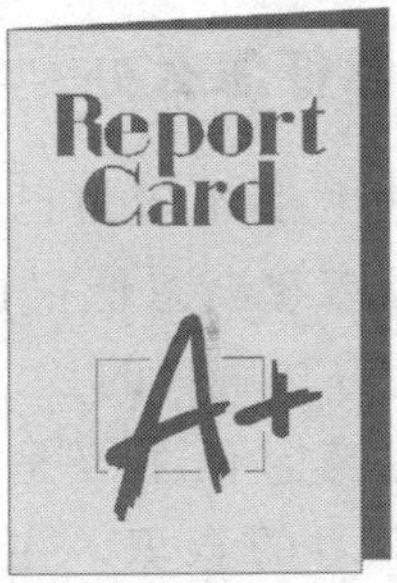

记忆时要带着理解记忆，只有理解了，才能把知识吃透，才能将内容融入大脑，经得住时间的考验。

反复复习，巩固记忆。对知识理解后比较容易记住，但不等于全记住了。这时，我们就要合上课本，根据自己的理解，把要记忆的知识说一遍，并且一定要说出声来。

尝试左右穿插，间隔记忆。背诵长课文时与其集中时间突击，不如分而治之，每天背一点儿，效果会更好一些，避免过多地接受单一刺激。

给自己找点乐子，趣味记忆。趣味联想也好，编成小段也好，选择一种自己乐于接受的方式来改变需要记忆的东西。

动脑的同时，还要勤动手，动手写下需要理解的、巩固的内容，时刻提醒自己在记忆里添砖加瓦。

快速记忆的方法和规律很多，需要我们平时结合自己的实际情况去总结、归纳，找到适合自己的记忆方法。

成绩忽高忽低怎么办

每个学生都希望自己有个好成绩，但是成绩忽高忽低很让人苦恼，当然也是有办法解决的。

成绩忽高忽低主要是因为自己没有主动学习的意识，在家长老师的催促指示下依赖式或者被迫式学习时，成绩会好一点儿，但一旦失去这种强迫学习的环境或心理对学习产生极大的厌恶情绪时，学习成绩又会直线下滑。

对这样的现象，首先要培养自己对学习的兴趣，因为兴趣是学习

的动力，有了兴趣之后，才能以满腔热情主动地去学习，而不是依赖他人。

最大限度地激发学习的积极性和主动性，在强烈的兴趣和旺盛的求知欲的驱动下，真心实意地热爱学习，而不是消极应付考试或家长才被动地学习。如果这样，学习成绩自然会稳定提高，再也不怕下滑了。

如何执行学习计划

有好的学习计划，才能使我们合理利用时间，周密安排自己的学习生活，提高学习效率。

制订了学习计划后，每天甚至每时每刻的目标都很明确，关键是要执行。每天在固定的计划时间内，将自己制订的任务准时完成，这样至少可以保证学习的积极性和高效性。

对于自己所订的作息制度，必须用顽强的毅力去严格执行。遵守时间，应该做到以下几点。

提高执行计划的自觉性，督促自己执行计划。自觉性来自明确的

学习动机，来自对计划学习的深刻认识，来自对目标的追求，来自不断激发起来的学习主动性和积极性。学习主动性、积极性越高，执行计划的自觉性就越强。努力提高执行计划的自觉性，是保证计划执行的关键。有了主观上执行计划的愿望，还必须有客观上进行自我约束和督促执行计划的措施。自我约束、督促措施是执行学习计划的保证。

严格按照计划时间表进行学习。服从闹钟的命令，不允许一次“例外”，意志是关键因素，“恒”和“志”的关系十分密切。不能原谅一次“例外”。制度就像是拦截享乐欲望的大坝，容不得一点缺口。缺口不堵，千里大堤溃于一旦。

加强对计划执行的评价和检查。定期或不定期对计划执行情况进行评价和检查，可以对自己计划执行的得失有所了解，总结成绩，找出差距。一方面，可以从中体验到计划学习的甜头，激励自己更加自觉地执行计划。另一方面，可以发现薄弱环节，调整学习计划，从而对整个计划心中有数。

如何走出考试失败的阴影

从小到大，我们要经历无数次的考试。对于大多数人来说，考试是件令人畏惧的事情，很容易产生焦虑的情绪。尤其经历考试失败后，很难再有良好的心态。所以，我们要摆好自己的位置，正确对待考试，改善认知方式、学会心理放松的技巧，走出考试失败的阴影。

首先要明确自己的知识量，根据自身的情况制订切实可行的复习计划，并采用得心应手的方式和方法，针对教材内容，找出重点、突破难点、消除疑点并掌握特点。

要劳逸结合，文武有道。要保证睡眠使精力充沛，合理用脑，讲究方法，注意营养，劳逸结合，维护神经系统的正常机能。

要避免考前“开夜车”。考前的临阵磨枪看似争得了时间，但由于过度疲劳反而会给考试带来很大影响。

要学会给自己减压，学会使用积极的自我暗示。临考前不要去想考试的成败将会给自己带来什么后果，因为这样只会增加不必要的精神负担，使自己在考前处于一种高度紧张和兴奋的状态中。

对考试要有正确的心态，最重

要的不是考试，而是考试后的总结，从失败中自己学到了什么，从成功中又获取了什么。总之，树立正确的应试心理是非常重要的，要明白考试是水到渠成的事情，应该向消极的自我意识挑战，树立正确的自我意向，增加应试的自信心和自制力，减缓和克服焦虑情绪，从容应对考试，走出考试失败的阴影，从而保证我们的身心健康成长。

怎样做到开卷有益

看书本来是获取知识的一种很好的途径，但并不是所有的书都适合我们看，如果书的内容不利于身心健康，就很难做到开卷有益了。

有些时候一些对我们身心健康、思想意识、学习有极坏影响的书刊会有意无意地进入我们的视线。而且坏人通常会利用同学的好奇心，用不良读物来引诱大家，面对这种人要提高警惕，拒绝诱惑。看到此类书刊，千万不要隐藏起来或者偷偷看，如果发现有同学在看，要劝他不要看。告知他们，观看内容不健康的刊物并转借给其他同学看是违法行为，会受到相应处理的。

要做到开卷有益就要学会选择有利于身心健康发展的书籍。内容健康向上的书籍，才对我们的成长与学习有积极意义，才能引导我们或者给我们带来更多更丰富有用的知识。

怎样克服阅读障碍

有些人在读课文时结结巴巴，写作文丢字缺字，这是什么原因呢？这种情况叫阅读障碍，是学习障碍中的一种，主要表现在小学阶段。不是孩子看书不认真，这种情况不是态度问题，也不是智力问题，是学习能力的发展不足造成的。

造成阅读障碍的原因是多方面的。

1. 生物学的因素：视觉功能障碍，眼球移动时不平衡，造成读书时跳字、串行等。听觉功能障碍，造成读没进脑，读没进耳等。

2. 情绪因素：有的孩子有严重的胆小、自卑情绪，不敢在课堂上朗读。还有的孩子特别在意别人，生怕读错了引起同学笑话，朗读时没有轻松阅读的心境。

为了克服阅读障碍，我们应该培养阅读的习惯。不仅要阅读那些我们喜欢的书，还要阅读各种门类的书籍，只有长期这样坚持下去，我们的见识才能在不知不觉间得到提高，慢慢地就不会再有阅读障碍。

学习不好时怎么办

当你发现学习成绩不理想时，首先不能灰心懈气，要坚信自己很快就能把学习搞好。

首先要培养学习的兴趣。只有把学习当成一种兴趣，才能全身心地投入学习，才能学得有效率。其次，要找出学习成绩差的原因。是基础知识没学好，造成现在听不懂；还是上课没认真听讲，根本就没学。分析出原因后，根据情况在课余时间，利用补课、自学、复习等方式，将漏学的知识补上来。第三，改进学习方法，向老师或者学习好的同学请教，用科学的方法学习，你的成绩很快就会提高的。

课堂上听懂了却考不好怎么办

有些同学，他们聪明伶俐，对于老师课上讲的内容，一听就明白，理解得也比别人快，按理说，这么聪明的学生，学习应该很优秀，但是，事与愿违，他们的成绩很一般。

为什么呢？他们自己也很纳闷：“上课的时候，我明明都听懂了，也掌握所学的知识了，怎么还是得不到好成绩呢?”

如果再仔细观察的话，就会发现，原来这些学生自以为已经掌握了所有的知识，而且自己的记忆力也很好，所以课后也不去复习，久而久之，那些学过的东西就渐渐淡忘了。

著名的桥梁学家茅以升记忆力超群，很多人曾经询问他的记忆秘诀，他回答说：“说起来也很简单，就是重复，重复，再重复。”

是啊，学过的东西，只有反复去学习，才能够牢固地记忆，并能运用自如。有这样的两个大学生，甲的外语水平比乙高一等。毕业后，两个人在同一所中学里工作。甲担任行政领导，而乙担任外语教师。3年过去了，由于乙天天接触外语，英语水平不断提高，口语能力也很强，并开始翻译一部外国小说。而甲呢，自从毕业后，就极少再复习运用英语，他甚至已经想不起几个英语单词了。

这就是复习与不复习的巨大

差别。

心理学家研究表明，刚学过的东西如果不马上复习巩固的话，就会产生遗忘。虽然你上课听懂了。但如果省略了复习环节，就会所学知识的系统性、完整性受到破坏。时间一长，所学的知识就会模糊、忘却、不系统，这样的知识当然容易忘记了。

心理学家曾经做过这样的实验：让三个组的学生熟记一篇诗歌，第一组间隔一天复习；第二组间隔三天复习；第三组间隔六天复习。一直达到熟记的程度，结果第一组学生平均需复习四次；第二组平均需要复习六次；第三组学生平均需要复习七次。可见，复习间隔的时间越短，复习的次数越少。实验结果表明：如果复习能做到及时，可以达到熟记的效果。

看过了记不住怎么办

如果仔细观察一下，就会发现，有些同学在学习的时候，习惯拿一个草稿本，一边看书，一边在本子上写写画画。

而另外一些同学在学习的时候，就不是这样了，他们仅仅是看书罢了。

我们都知道，学游泳时，一般都是先在陆地上学如何摆动手脚。但是，即使在陆地上学得再熟练，如果不下水试试，还是学不会游泳。

同样的道理，我们在记忆某种知识的时候，是不管三七二十一地往大脑里猛记，是起不了作用的。应该动手去“写”，在“写”的过程中使知识在脑海中留下清晰而深刻的印象。

比如，在准备数学考试的时候，有的人只是猛看习题的解答方法，想在“看”的过程中将其牢记，而不愿用笔去亲自解答。这是不对的。要牢记某种知识，边写边记才是最切实可靠而且行之有效的方法。

有时候脑袋里一片空白，怎么也想不起来的事，如果以前曾边写边记过，这时只要你拿笔一写，往往就自然而然地在笔端出现些眉目了。

“要记得牢就得多动手”。话虽如此，这个世界上仍有不少懒得动笔的人。现在问你一个问题：有没有随身携带纸笔的习惯？

确实，临时想起要写什么，还得先找出小册子和铅笔，挺不方便的，因此也就更加不想书写了。如果身边经常放着小册子和铅笔，情况就大不一样了。

比如，将小册子和铅笔经常放在书桌、餐桌之类某个固定的地方，就可以免去寻找之苦，而且由于伸手可及，使用它们的可能性就会大大增加。

当你突然想到要整理或记忆某个知识，可以就近拿到小册子和铅笔，这样就方便多了。

“通过写来记忆”的重点应是“写”，而不是字写得漂不漂亮。

小册子不必纸质很好，只要能写字就行。或将一些背面空白的广告纸裁成一样的大小装订成册，就可以使用了。

课前如何预习

在预习过程中，发现疑难点，从而在大脑皮层上引起了一个兴奋中心，即高度集中的注意力状态，提高了学习效率。

1. 选择好预习的时间。预习的时间一般要安排在做完当天功课之后的剩余时间，并根据剩余时间的多少，来安排预习时间的长短。

2. 迅速浏览一遍即将学习的新教材。通过浏览教材，了解教材的主要内容，弄清哪些内容是自己一读就懂的，哪些内容是自己没读懂的。

3. 带着问题，边思考边读第二遍。对于初次阅读没读懂的问题，在第二次阅读时，头脑里始终要带着这个问题，深入思考，仔细钻研教材。这时阅读的速度可以适当放慢一些，遇到困难，可以停下来，翻翻以前学过的内容，或者查阅有关的工具书、参考书，争取依靠自己的努力把难关攻克，把问题解决，把没读懂的地方读懂。对于自己经过努力仍未解决的问题，也不必勉强去解决，这样会花费太多的时间。可以把这个问题记下来，留待课堂上听课时去解决。

4. 边预习边做好预习笔记。预习笔记有两种，一种是做在书上，一种是做在笔记本上。在书上做的预习笔记要边读边进行，以在教材上圈点勾画为主。同时，也可以在书页的空白处，做眉批，写上自己的看法和体会，写上自己没读懂的问题。

在笔记本上做的预习笔记既可以边读边做，也可以在阅读教材后再做整理。整理的内容包括本节课的重点、难点部分的摘抄及心得体会；本节课讲授的几个主要问题是什么以及它们之间的前后关系、逻辑联系，预习时遇到的疑难点是什么，自己是如何解决的，查阅了哪些参考书或工具书，所查阅的资料中有价值的部分的摘抄及心得体会。

5. 根据不同学科的特点采用不同的预习策略。预习也不能搞千篇一律，要根据不同学科的特点抓住预习的重点，选择不同的预习方法。比如，语文课首先要排除生字、生词障碍，再分析段落大意、中心思想以及写作风格、手法。数学课则要把重点放在数学概念、数学原理的掌握上。

课后如何复习

课后复习是学习的重要环节，复习时要做好四件事。

1. 尝试回忆。就是下课后独立地把老师上课讲的内容回想一遍，这样可以及时检查当天听讲的效果，提高记忆力，增强看书和整理笔记的针对性，养成善于动脑思考的习惯。

2. 看教科书。重点看尝试回忆时想不起来、记不清楚、印象模糊的部分，看书时，用红笔把书上的重点部分、新概念或容易忽略的部分勾画出来，在书的四周空白处记下简要的体会，高度概括课文内容的语言以及有利于记忆、带提示性的语句，以便以后再看书时能迅速抓住要点，回忆起关键的内容。

3. 整理笔记。先把上课时没有记下来的部分补上，再把记得不准确的地方更正过来，以保证笔记的完整性和准确性，然后把笔记本上记录的疑点弄明白，如果需要，把有关内容补进笔记本内。

4. 看参考书。在阅读教科书和课堂笔记，对所学知识有了基本了解之后，再围绕学习的中心内容去看参考书的相关部分，把精彩的内容、精彩的题目及时摘到课堂笔记上，这样就会促使知识掌握向深度和广度发展，使学习逐渐形成良性循环。

复习时，还必须做到眼到、手

到、口到、耳到、心到，这样才有效果。

如何整理知识

教育学家说，要想完整地获得知识，必须编织出知识结构，否则那些零星的碎片很快就丢光了。这就需要我们学会整理知识的能力。整理知识，有利于理解、把握知识的整体脉络。

现在，我们来一起学编织知识网吧。编出来的网更像一棵树，结构清晰，具有概括性和条理性，非常直观地投射到你的视觉中，图画是非常可爱的，大脑喜欢这种形象刺激。

首先对知识进行分析，找出重点，把需要记忆的、必须理解的、一般掌握的、重点掌握的，进行主次的区分，好像把大树分出干、枝、杈、叶似的。

但是最好把必须要记忆的要点控制在5～9个，这是一般人大概能记住的范围，这些最重要的知识点好像大树的主干和主枝。

其次把分散的知识点纳入整体，好像安排好大树上该长的杈和叶，这样你就能一目了然地看见知识的来龙去脉。

你在预习的时候，就可以把第二天要学的知识做成图了，上课时，可以直接在上面做笔记；如果这张图是你在课后做的，晚上复习时，你可以将它默画一遍，深化记忆；总复习时，你把各章各节再做成一些大图。

这些图的实用价值对你个人来说，不亚于达·芬奇的笔记本对世界文明的价值呀！

如何复习语文

平时都会看很多的关于学习方法的介绍，可是感觉效果总是不怎么理想。那么，你找到原因了吗？

其实，每一种方法都有它的长处和短处，只是看你怎么去用它了。既然预习这场战争我们已经取得了阶段性的胜利，那么接下来，在空闲的时候，是不是该复习一下呢？

不要觉得复习是一件很麻烦的事情，做好语文复习，教给你七个字：读、画、查、问、写、练、想。

第一步，读。阅读课文是复习的第一步。通过阅读，把握全文大意、了解作者情感、文章特色等知识点。不同类型的课文需要不同的读法：阅读课文需精读，字、词、句、篇等各个知识点，全方位掌握，精彩语段达到成诵；自读课文需泛读，有的还需跳读，一目十行，以求提高阅读速度，阅读速度也是近几年中考考查项目之一。

第二步，画。即在阅读课文时，把文中的重点句、中心句、名句以至生字、生词，用不同的符号勾画出来，既能加深印象，又便于复习巩固，一目了然。遇到规范句子，不妨划分句子成分，复句还须标明关系，典型语段要划分层次、归纳层意。遇到疑难，还要作标记，便于求教于老师同学。

第三步，查。查什么？查工具书。字典、词典、参考资料，只要用得上，尽可能发挥工具书的作用。亲自查找答案，是探索学习方法、摸索学习规律的过程，也是提高运用工具书能力的过程。对于似曾相识的词句，不妨查一查以往学过的课文，把新旧知识联系起来，温故而知新。查出的答案经过分析辨别，理解能力又能得到提高。

第四步，问。“三人行，必有我师焉”。复习过程免不了有疑难，要独立钻研，实在解决不了的，要善于向老师、同学请教。有时自己向老师请教一个问题，老师很可能不只讲一个问题，而且会把相关知识联系起来，使你融会贯通。

第五步，写。俗话说，眼看十遍不如手过一遍。无论平时学习还是考试，有的同学往往把常用字写错，何故？就是缺少写的训练。生字、生词、重点语句不妨在理解记忆的基础上，反复写一写。又如一些作文题，往往看似容易写来难，也要动笔写写，切忌眼高手低。

第六步，练。就是通过做练习题，检验自己对知识掌握的程度。做题要把考题的目的、意图弄清，要注意归纳总结，寻找规律，触类旁通，增强应试能力。做练习题，既要在老师指导下进行，也要自觉地做。我们反对搞“题海战术”，但不做一定数量的练习题，也谈不上质量。练然后知不足，及时反馈矫正，以求牢固掌握所学的知识和技能。

第七步，想。复习的内容可以通过“想”来巩固。可以从点到面，也可以从整体到部分，或纵向或横向，把知识点有机地联系起来，形成知识体系，印在脑海里。当某个知识点联想不起来时，要经过查找及时巩固。想的时空不受限制，无论课上、课下，还是校内、校外，都可以尽情地想。当你“山穷水尽”之时，通过联想，也许会步入“柳暗花明”之境。

这七字复习法，写起来很简单，但是需要提醒你的是，光说不练白忙活。所以，巧妙运用你的空余时间，坚持下去，认真复习，成绩好就指日可待了。

如何快速阅读

快速阅读法指的是一种从文字当中迅速吸取有用信息的读书方法。掌握快速阅读法就可以提高阅读能力。

1. 快速阅读要默读，不要朗读。默读是指不出声地阅读，只用眼睛扫视文字来理解内容。默读是加快阅读速度的基础。

2. 快速阅读不能逐字逐词地读，而要逐句逐行地读，抓住句子的主干有利于我们抓住句子的主要信息，提高我们对句子的理解能力。对句子理解得快，对段落也就理解得快，阅读的速度也就会自然加快。

3. 要加快阅读的速度，除了全神贯注地看之外，还要看得快、想得快。这是提高阅读速度和阅读质量的关键。看什么，想什么？看这句话、这个句群或这几行字说的是什么，是怎么样说的，想这句话、

这个句群或这几行字说的是什么意思，有哪些是要特别注意的等。在阅读中要注意进行分析、综合，抓住了主要意思——句意、段意，理解得就快，阅读的速度自然也就提高了。

如何朗读课文

朗读不同于默读，朗读最明显的特征就是大声地念。朗读是用普通话正确、流利、有感情地把文章念出来。

“用普通话”是从现代汉民族共同语出发的最基本要求。“正确”包括不加字、不减字、不换字、不颠倒字，词或词语的轻重格式恰当，句子结构分明等对字词句的正确要求和声韵正确，音变符合规律等对语音的正确要求。“流利”则指不重复、不磕巴等等。“有感情”是指朗读者必须对作品的感情有自己独特的把握。

通过富有艺术感染力的声音来朗读，能够生动地再现文章的思想内容，加深听众对文章的理解，激发他们的强烈感情，引起他们的

共鸣。

所以，当我们朗读课文时，一定要抓住这四项要求。

怎样掌握好的学习方法

好的学习方法有很多种，但是经过总结发现，都有以下五个环节。

1. 预习将要学习的知识。上课前一天，把课文内容先自学一遍，哪些知识懂了，哪些不太懂，哪些根本不明白，在书上做好记号，或者写简单的笔记留到课堂上听讲。

2. 上好每节课。上课时专心致志，带着自己的问题跟着老师的思路走，听明白老师是如何分析这些问题的。如果在课堂上没听懂，就要在课后及时向老师和同学请教。

3. 科学地复习学过的知识。当天的知识一定要当天复习。复习时不是死记硬背，而是在理解的基础上记忆。隔一两个星期后再复习一下，然后隔一个月后再复习。这样复习既省力又有效，比“平时不复习，期末总复习”要好得多。

4. 认真及时做作业和改正错题。做作业是为了巩固和消化课堂上学的知识，在做题时要寻找多种解题方法。做完作业要自我检查，检查一遍等于自己又做了一遍题，这样有助于培养创造性思维。作业出现错误后，要思考分析，然后再将题目重做一遍，并把错题及原因都记下来，建立错题库。

5. 及时总结。学完一个单元后，总结都学了哪些内容，本单元的知识点之间有什么联系等。这样的总结能使一个单元分散的知识连成一个整体，便于理解和记忆。

如何做到上课专心听讲

听讲要做到“五到”：眼到、耳到、口到、手到、心到。也就是说，你在上课的时候，眼睛要盯着黑板仔细地看，耳朵要认真地听，嘴巴要注意时时地配合老师而去回答问题或者发言，手要着重记录必要的知识点，心里要时常思考问题。只有这样，你听课的效率才会提高。

如何才能集中注意力，专心听讲呢？

1. 要端正自己的心态，觉得听课有用。很多同学不屑于老师所授的课堂内容，认为都是照本宣科，毫无创意可言，更有甚者认为听课就是浪费时间。要知道，学习本身就难免枯燥，不妨调整一下心态，不要过早作消极的判断，而是要用积极的态度去接受它。也许你会发现老师的授课越来越生动。

2. 一边听一边要做笔记。有研究证明，一节课 45 分钟下来，你能全神贯注 20 分钟就是不错的成绩了。

那余下的25分钟，如何稳住自己不开“小差”呢？动动手吧，做做笔记，或者在书上、在卷子上勾勾画画，把老师讲的东西及时记录下来。

笔记应该记得比较简略，自己能看懂就行了，不能光顾着记笔记而耽误了听课。

3. 老师讲的东西耳朵听了以后，要争取在心里把它弄明白。可千万不能左耳进，右耳出，最后什么都没学到。听的同时就要动脑筋想想为什么，与前面已学的知识点有没有可联系之处。

4. 要勇于回答老师的问题。老师为提高学生的注意力，通常会在课堂上不断提出一些小问题，有单独提问，也有让大家一起回答的。当需要大家一起回答时，你也应该跟着喊。有人想：“大家都在喊，有我不多，无我也不少，我只管听着就行了。”其实你跟着喊一喊，有助于你集中注意力，也有助于加强对题目正确答案的印象。如果总是闷着头听，就很容易走神。

5. 抬起你的头来听课，不做埋头之势。古有“埋头苦读”之理，但你可不能抱“万般为我所用”的心态一味模仿。课堂上“埋头”固

然有“苦读”之态，却也难免有“瞌睡”之嫌。有的同学上课上得有点困了，就想趴在桌子上闭着眼睛听一会儿，这样一来，老师的讲课往往就成了催眠曲，不一会儿这样的同学就睡着了。所以眼睛一定要看着黑板、看着老师，不能埋着头听课。

如何学好语文

语文是一门最基础的学科，也是最重要的学科，掌握科学的学习方法，你会发现学好语文是非常容易的。

一是学好字词，多积累词汇。字词是阅读和写作的基础。要想大量阅读，就必须认识大量的词汇。在我们的学习过程中，要把课本上出现的生字生词牢牢掌握，尤其是

成语，把它们的意思弄明白，还要经常默写新学的词汇。但是只在课堂上学习字词是很有限的，在课本的基础上利用课后的时间学习更多词汇，会有利于阅读。

二是大量阅读。学好字词、多积累词汇在很大程度上是在为阅读作准备。人们常说："读书可以使人聪慧。"我们阅读的过程也是提高语文水平的过程。那么，如何提高阅读水平呢？就是要有选择地阅读。阅读完以后，自己对哪一篇文章或哪一段话有感触，就写下来；或者把优美的句子、名言警句记下来。对于阅读的方法，我国伟大的教育家朱熹说过："读书有三到，谓心到、口到、眼到。心不在此，则眼不看仔细，心眼既不专一，却只漫浪诵读，决不能记，记不能久也。三到之中，心到最急。心既到矣，眼口岂不到乎。"

三是多说多写。学过的课文要大声地有感情地朗读，名段名篇最好背下来，平时上课积极主动地回答老师提出的问题，敢于表达自己的观点。有时间坚持写日记，这样可以大大提高自己的写作水平。

如何培养浓厚的学习兴趣

兴趣来源于自己的好奇心和求知欲。学习的兴趣也是如此。当我们想了解天上、地下、外国、中国古代、人类发展、科技等任何知识，都要通过学习来获取。只有通过学习，才能知道新奇有趣、无穷无尽的知识。所以，在生活和学习中，我们都要对自己多问几个"为什么"，多刨根问底就会增加学习的兴趣。

学习是一种脑力劳动，当你懂得珍惜劳动成果，体验到脑力劳动的艰辛和收获的喜悦时，你肯定会增加学习兴趣。比如当你遇到难题时，平时你会直接跳开，向老师和同学请教。现在，当你通过自己的思考将这道难题攻破后，你一定能体会到前所未有的喜悦，那是一分耕耘一分收获的体验。

相反，如果你一直认为学习是为老师为家长学习，认为学习是无关紧要的事情，学习成绩的好坏根本无所谓的话，你是不会有学习兴趣的。

如何识别易混淆词

你有没有发现很多词容易搞混，而且用的时候经常用错，你为此烦恼过吗？我可是为此伤透脑筋。后来，我发现做一些易混词卡片，经常看经常记，效果很好的。

以"即使"、"既然"为例，这两个词好多同学都搞不清楚究竟怎么用。为此，一位同学很厉害，他发现了诀窍。其实刚开始他也心急如焚，怎样才能区分开“即”和“既”呢？他口中反复的叨念着这两个字，仔细观察了好几遍。终于，他找到了规律。“即使”的“即”读二声，正巧，它的右半部也有两笔；而“既然”的“既”读第四声，它的右半部也正好是四笔。哈，多好的规律啊！

根据分析，他做成了卡片。

即、既

写法不同，右边的部首不同；

读音不同，“即”读二声，“既”读四声。

用法不同，“即”表示还未发生的事情，“既”表示已发生的事情。

把这些不同写在卡片的正面，然后你可以在背面写上一些例句，强化记忆。

这下这两个字你不会再弄错了吧？

其实还有很多易混词，在这里就不多说了，找点硬纸片，裁成各种不同的花形，再在上面写上你发现的易混词，精美的卡片配上自己精心的书写，相信易混词不会再来烦你！

如果你觉得做卡片太麻烦，就写在一个小本子上，随身携带的那种。随时随地地看，肯定就会把它们识别得清清楚楚了。

如何做到不怕课堂提问

回答老师的课堂提问，不但可以巩固课堂知识，还可以增强口头表达能力，锻炼思维的敏捷性和逻辑性。那么，怎么才能回答好课堂提问呢？

首先，上课要认真听讲。这是回答好课堂提问的前提。课堂提问一般都离不开当堂课上讲的内容。所以，如果认真听讲，听懂了老师所讲的内容，回答提问时，脑中就有了答案。

其次，要弄清问题的重点，明确答题的要求和范围。也就是说要弄清老师提问的题意。

最后，要根据题型作出不同的回答方式。如果是判断题，一般只是回答“是”或“不是”，“对”或“错”，还可以陈述一些道理，说出你判断的理由。如果是议论题，你答出观点后，要作出一些必要的分析，并适当发挥。但如果是说明题，只要把要点讲清楚就行了。

如何养成写日记的习惯

日记是记录自己在社会生产和社会活动中的思想、学习和工作的笔记，是写给自己阅读和考查的一种生活记录。坚持写日记不仅能提高写作水平，还能学会如何观察事物、如何思考问题，提高解决问题的能力。

写日记没有正规的形式，随意记录你的所思、所闻、所见和所感，可以将纪念品、票根、字条等一切值得纪念的东西贴在日记本里，随意发挥自己的喜怒哀乐。

我们要培养写日记的兴趣，形成写日记的习惯，就要做到以下几点。

1. 保持弹性，你不需规定一些严格规则，诸如美观、整齐、格式等，因为写日记的目的是让思想呈现，不需要计较其工整与否或格式。

2. 持续。不一定每天写，但一定要时常写。持续写日记不但不会浪费时间，反而会得到超乎想象的报酬。

3. 用来设计你的生命。当你把目标写在纸上时，就已经将它具体化了，因此，你可以在日记上设计价值观及中心思想，就像一本生活教科书一般。

4. 记录每件事情的差异化。每当你学到不同的角度看事情，学到不同体验或新技巧时，必需把这些与原先想法有差异的部分记下来。

5. 解决问题。你要利用写日记来解决问题。一般人时常让问题在脑中打转，若能把问题写在纸上，可以说是为解决问题跨出第一步。

6. 学会问更好的问题。每天把晨间问题，晚间问题及其他问题的答案记录在日记中。

如何培养演讲能力

演讲不但可以提高演讲者的口头表达能力，而且通过演讲的内容既能教育听演讲的人，更能在准备演讲稿和讲演中教育演讲者自己。

1. 加强自信心。演讲最重要的是不能怯场。如果怯场，在演讲时，本来已经想好的话也会因为紧张而丢三落四而说不完整。在演讲之前，要理解演讲的意义，演讲是站在台上和大家交流，和平时讲话不同的是你站在台上，别人坐在台下罢了。

演讲者还要在生活和学习中多锻炼自己的承受能力，在演讲时才会有自信。

2. 演讲内容要有针对性。演讲内容的确定直接关系到演讲的效果。内容的确定要从实际出发，要考虑听众的需要，收集一些普遍关心的问题，做到有的放矢。比如以“我最钦佩的一种行为”为题演讲时，就要求在内容上选择普遍关心的一种行为来进行演讲，如“拾金不昧”、“乐于助人”、“刻苦学习”等等，这样才能引起听众的共鸣。

3. 演讲要有激情。念熟演讲稿是演讲的前提，但照本宣读，听众不可能被感染。听众要看的是一个有感情、有激情的人，只有这样的演讲者才能去感染听众。所以，必须在演讲的同时倾注自己的感情，讲起来才不干巴巴，有真情实意。

4. 演讲的技巧。首先，演讲讲究自然，演讲时所表露的感情，应与内容相吻合，只有真情实意才能抓住听众，打动听众。演讲的节奏要较紧凑，不能慢条斯理。其次，开头要有吸引力，不说多余话，开门见山，单刀直入，抓住听众的“心”。最后，用适当的姿势协助演讲，因为丰富多样又适当的手势或姿态，不仅能吸引听众的注意力，而且绘声绘色也会给听众留下深刻的印象。

考前如何正确作息

考前一个月，对大多数人来说，希望在知识的广度和深度上突飞猛进不切实际。所以，此时用疲劳战术或题海战术会适得其反，最重要的是保持积极的考试状态和轻松愉快的心情。

在学习方面，主要是查缺补漏，总结经验教训，看看以前做错的题和复习提纲很有帮助。要在头脑中形成一个清晰的知识结构图，考试时才会有回忆和思考的线索。

饮食和平常一样，考前最重要的是休息和调整。睡眠一定要充足。复习时，要把自己的兴奋点调到考试的时间，比如，上午8：00－12：00，下午2：00－5：00。

考试是心力和体力的斗争，所以我们在考前需要营养平衡以保持身体能够抵抗疾病，迅速清晰地进行思维的能力。除了平时的膳食之外，还要多注意补充对大脑有好处的食品。多吃水果，多饮水，一日三餐都要多吃蔬菜、谷类和其他高纤维食物。苹果、胡萝卜、香蕉、柠檬这些水果和蔬菜都能起到益智安神、增强记忆的作用。在考前，可以喝一些维生素饮料，里面含有的维生素矿物质，可能会让你在考试时有出色的发挥。

考试时如何答题

随着一声铃响，考试开始了。每次考试，都会紧张，也不是平时没复习好，但就是紧张。该怎么办呢？这里教你七招，希望对你有用。

第一招，熟悉题型法。

平日就要熟悉考试的题型，有意识地针对考试的题型来练习。

但是万一出现了平日不熟悉的题型也不要慌，题目还是根据教材和大纲来出的，只是在形式上变化一下而已。

第二招，心理放松法。

考试前，先听监考老师解说，自己做深呼吸，放松到最佳状态。

要点：相信自己的努力，有些题目自己做不出来，但其他题目做对了，分数也会不错的。自己做不出的难题，大多数同学也可能会做不出，所以别紧张，此时放松最要紧。

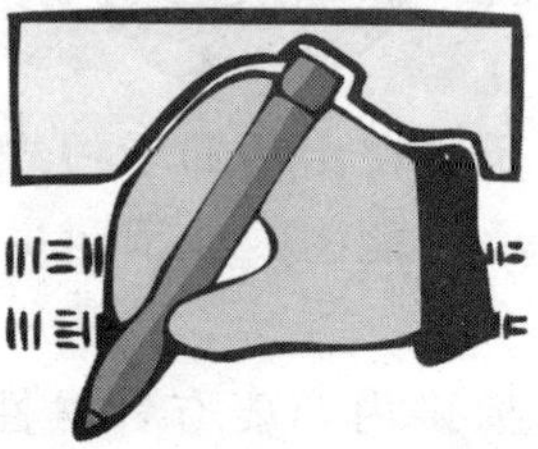

如果还是很紧张的话，就想办法控制自己的情绪。多做几次深呼吸，或双眼看着一个固定的目标，呼吸深而均匀，即可缓解紧张。也可以用自我暗示法，对自己说“我不紧张，我肯定能考好的……”

第三招，安排时间和题目。

要点：开始答卷，一定要自己看清题目啊，到了快交卷时才发现错了，急得要命，老师还催你，你如果能以火箭速度来改正还好，否则会后悔个半死。特别是升学考试这种大考，关系到你前途，多不划算啊！

仔细看清题目后，最好是多念几遍，领会题目的要求后，先答容易答的题，顺利进入状态后，你就越答越自信啦！如果题量很大，你估算时间比较紧张，就先答题目分值多的，再答分值少的，这样能保证你得分较高。一下子想不起来，先作个容易擦掉的标记，回头再找它“算账”。如果时间已经来不及，你一下子解决不了它，那就猜个答案，做个标记，有时间再找它过招。完成题量的三分之一的时候，可以看看时间，要是做一道题就马上计算时间，会把自己搞得很心慌，心神不宁反倒起了坏作用。

要是解答得太顺利，也容易得意忘形，甚至漏题，可别犯“骄兵必败”的错误啊！题目越顺利，你就越要小心哦！没有敌情才要小心敌人的伏兵！

做完全部的题目后仔细检查一遍，还要看看名字、学号有没有写错。

千万别留空白，尤其是选择填空题。

第四招，答题时多读一遍题目要求，遇到解不出答案的更要多读几遍。

选择题要读完每个选项，选不出正确答案的，就猜一个，但最好猜的答案都是同一个序号，这样命中率最高。一般来说，答案的分布比例大致相同，把你猜的答案一律写成比例较小的那部分。

第五招，改变答案时注意，如果是发现明显的错误就毫不犹豫地改正。

随着进入考试状态，你的大脑的思考力和记忆力都被激活到最佳状态，这时发现原来的答案错了就立即改正。如果始终都还是模棱两可的答案，还是保持第一感觉最好，不随意改正。

第六招，检查时注意，对最初没把握的、已作上记号的题目，要重点检查。

别受第一遍答案的影响，这样被惯性思维作用，照着老办法再解十遍题也查不出错误来。最好的检查办法就是先不看第一次答案，当做新题重新做一遍。

第七招，一定要保持卷面的清洁美观。

这会影响到老师的判卷感觉，人的直觉都是不喜欢脏兮兮的东西。千万别用汗津津的手把卷子乱蹭一通，也别把墨水什么的在卷子上乱涂，改错的时候也要尽量改得清楚美观。

体育考试前如何准备

体育考试前，要有积极的心态，有信心发挥出高水平。考前不要进行大运动量的训练和活动，要注意睡眠卫生，保证有9小时左右的睡眠；要注意饮食卫生，不宜过饱或过饥参加体育考试，适当补充水分；考前还要做好准备运动，考后要做好放松活动，防止各种伤害事故发生；身体出现不适或临时伤病，要告诉老师，不要参加体育考试，以防出现严重后果。

如何改掉粗心大意的毛病

在我们的学习和生活中，往往存在一些小事情、小危险、小障碍、小错误，如果我们没有认真地对待，抱着侥幸的心理，就会造成极大的损失。关键的考试时，也许就是一个小数点的位置弄错了，就可能让你和成功擦肩而过。因为粗心大意而犯下的错误，不仅会伤人，还会害了自己。任何一个小小的疏忽，都可能引致大错，而且，这一过错将有无可挽回的损失。智者说，避免一切小小的失误，就能减少巨大的意外挫折。

我们常常在测验过后自责，有个空填错了，有个数字也写错了，而这些都是自己可以避免的，都是因为我们本身的粗心大意而造成的。所以，我们应该严格要求自己，平时就要培养认真细致的习惯，做任何事情都要认真对待，学会自我监督，少犯错误。

1. 要培养仔细、认真的习惯。有些同学聪明又肯干，学习也不错，但却有马虎的毛病，自认为会了，没问题，就自以为是。如果是这方面造成的粗心大意，就要用过去马虎的实例和教训来分析马虎所造成的危害。在做作业时，要求自己做到思想集中，一丝不苟。

2. 针对马虎进行又准又快的训练。根据自己常犯的错误，常出现的毛病，常马虎的地方，拟订一些题目。也可以让家长来帮忙列题目，自己再又准又快地做出来。这些题都是自己会做的，很简单，只要认真就会做出来，这样就能训练做题的准确率。

3. 学会自我监督，分析错误的关键在哪里，抄录自我提醒的句子。例如："坚决消灭错别字"，"不要忘记单词复数"等，放在自己桌子的玻璃板下，贴在作业本第一页上，提醒自己注意改正粗心的毛病，这样有助于克服粗心大意的毛病。

如何学好英语

学好英语，是很多同学的心愿，但是方法不对路，参考书籍众多、各种各样的资料、美其名曰的绝招，好像都是作用不大的。怎么办？一个比较现实的方法，就是每天早上看英语新闻，每天晚上记英语日记。坚持不懈，定能成功。

先说“天天读”。很多同学有每天上网的习惯。上网后，先看看网上英语新闻很有好处，如养成习惯，每日一开机，先看网上英语新闻。因每天的新闻基本已通过看报、听广播、看电视等途径大致了解，所以看英语新闻时一些词汇可以“猜”

出来，天长日久，也学会了不少词汇。比如什么“the world body”（国际社会）、“Usled froces”（由美国领导的盟军）、“arms embargo”（武器禁运）、“UN oil－for－food program”（联合国石油换食品）等等，都无师自通了。

再说“天天记”。写英文日记大概分三步，第一步，就是选择材料，考虑该写哪件事。第二步，就是要把一件事的起因、经过、结果等想清楚。这两步与写中文日记没多大区别。而第三步才是最关键的一步，也是最难的一步，那就是要把在大脑中形成的日记内容写成英文，就像平时做的“中译英”练习一样。

学习如同爬山，贵在坚持。

英语单词如何另类学习

学习英语，最重要的一个环节就是背单词，好多朋友都抱怨，真讨厌背单词，记了好几遍仍然记不住。其实，在现实生活中，到处都有单词的足迹，只要你留心发现，处处都可以学习单词。

怎样解决记不住单词这个麻烦呢？在此向你推荐两种另类的学习方法，谐音记忆法和荒谬联想法。

所谓的谐音记忆法，就是利用单词的读音产生联想帮助记忆。

大家知道，每个英语单词都是有读音的。而这一读音有时恰是汉语能同某些人、事、物或单词所表达的意思有趣的联系到一起的谐音，从而在学习者的大脑中留下难以遗忘的印象，甚至终身不忘。一些聪明的学生便利用这一点，展开“谐音记忆”。

（1）May 五月。联想：五月春光明“媚”。

（2）great 伟大的。联想：“贵的”就是伟大的。

（3）wash 洗涤。联想：“我洗”就是洗涤。

（4）bus 公共汽车。联想：公共汽车俗称“巴士”。

(5) gas 煤气；瓦斯。联想：煤气能害死人是“该死”。

荒谬联想法，是利用荒谬的联想去记忆单词，也有着出人意料的作用。例如：

(1) Diet 的意思是“饮食”，而 diet 又作日本、丹麦等国的“国会”解。故可以荒谬地记为：日本和丹麦等国的“国会（议员）”偏要“饮食”。

(2) Evil（罪恶）是 live（生活）的倒写。可以记忆成：“（生活）颠倒过来就是（罪恶）”。

(3) Mild（温和的）与 wild（野的）两个词在意义上是相反的，而字母 w 和 m 也是相反的，这样一联系就容易记住了。

(4) 把 corner（角落）与 corn（玉米，谷物）联系起来，可以记成：“玉米”（或“谷物”）放在“角落”里。

方法是人创造的，只要你善于联系实际，英语其实很好学。

如何学好英语语法

语法知识是学习英语最难的一个环节，怎样才能正确有效地学习语法呢？最常用最有效的方法，就是慎重选择一本语法书。这里还有一种方法，也许会帮上你的大忙。

记口诀，学语法，在一定程度

上解决了学习兴趣不高，记忆效率低下的难题。为此，全国各地的师生们编写了不少英语语法口诀，以帮助记忆，收集起来，也有不少。

1. 英语的词类。句子要由词组成，英语词类有十种：句中成分用实词，名、代、动、副、数、形容；冠、介、连词和感叹，虚词附加或沟通。词类功能掌握了，造句之时好运用。

2. 语序歌。主、谓、宾、表同汉语，定语有同也有异。状语位置最特殊，不能全和汉语比。

3. 肯定句变一般疑问句。Have 和 be 提句首，其他助词 Do 开头。时间、人称由 do 变，动词只把原形留。谓语助词有几个，第一助词提句首。

4. 肯定句变否定句。否定谓语加 not，放在 be 和 have 后。其他要加助词 do，do 的后面加 not，时间、人称由 do 变，动词原形总保留。谓语若是助词多，not 紧跟第一个。

5. 名词的所有格。名词只变数，不分主宾格。人和动物类，可变所有格。（’）后加 s，相当汉语

“的”。时间、距离等，也变所有格。

6. 介词用法歌。介词加宾语，才能有实意。表、定、状、宾、补，词组在句里。

7. 动词的时态。四种时间各四式，联想对比便于记。时间现在和过去，各自还有将来时。一般、完成、进行式，完成进行是四式。四四共有十六种，看来复杂掌握易；除去 have/be 以外，动词变化有规律。

利用口诀来学习英语，好处真是太多了。很明显，利用口诀，我们对英语的兴趣和学习的效率都得到很大的提高。这样一来，想不学好英语都难了。

如何复习数学

数学复习可以总结成“四化”法。

1. 转化，要善于转化章节复习。一般进行章节复习，总是按照课本顺序把学过的知识，如数学概念、法则、公式和性质等原本地复述一遍。这样做，让人感到乏味又不便记忆，难以理顺知识头绪。针对这个问题，可以先对章节知识归类编码：首先列出所有需要复习的主要知识点，然后进行归类排队，最后用数字编号。这样做能使你懂得本章节所学的知识要点是什么。

2. 变化，要善于变化例题讲解。复习课例题的选择，应是最一般、最有代表性和最能说明问题的题目，应能突出教材的重点，反映“大纲”中最主要、最基本的要求。在对例题进行分析和解答后，应注意发挥例题以点带面的功能，有意识地在例题的基础上进一步变化，挖掘问题的内涵和外延，使平日所学的零散知识系统化，形成良好的知识结构。

3. 优化，要善于优化解题思路。“一题多解”有利于你沿着不同的途径去思考问题，由此可产生多种解题思路。然而，只有通过“多解”，才能找出新颖独特的“最佳解法”。因此，在总复习中必须注意题目解法的多样性，要善于比较、提炼出最佳解法，以达到优化解题思路的目的。

4. 类化，要善于把习题归类。根据考察同一知识点的需要，可以从不同的角度，结合不同的数学模型作出多种命题。因此，可以将习题分类归纳，并集中力量解决同类题中的本质问题，总结出解这一类问题的方法和规律。

你知道吗？通过这样的归类训练，你便能聚集联系同类题，并能分析异同，把知识从一个问题迁移到另一个问题上，从而达到举一反三，触类旁通的效果。

如何才能喜欢数学

你准备好了吗？好，现在我们一起来学习数学。不管你是否喜欢数学，只要你看了以下这六个字，你一定会爱上数学的。

兴趣、思考、练习。

兴趣是入门的阶梯，兴趣是成功的先导。因此，兴趣的激发、持续和向更高层次的升华是至关重要的，如何激发、持续和升华兴趣呢？

第一，要丰富自己的学习活动。丰富的反面是贫乏，贫乏伴随枯燥。我们不应该把数学学习局限于记定理、背公式、做作业的小圈子里；也不应该把数学学习搞成脱离实际，全无感情的字母、数字、图形的大杂烩。事实上，数学是密切联系现实，应用非常广泛，充满逻辑美和形式美，富有思想方法的神奇宝矿。

第二，体会成功的快乐。兴趣推动着我们达到成功，成功又使我们增添了新的兴趣。可以毫不夸张地说，数学为我们提供了许多享受成功的机会，一道习题的奇思妙解，一种思路的豁然贯通，或得益于经年累月的苦苦求索，或只是智慧火光的瞬息一闪，然而它带给我们的愉悦和欢乐却是刻骨铭心的。

第三，根据自己学习的实际情况，制订具体的学习目标，一步一个脚印地实现它、超越它，这是数学学习值得注意的特点。目标具体，循序渐进，打好基础，只有这样才能促进兴趣的保持和升华。

有了兴趣就一定能学好数学吗？光有兴趣是不行的，学习数学更离不开思考。数学的逻辑性、系统性很强，而其应用又十分广泛。

练习，人们常说数学是思维的体操，体操有赖于练习，数学也是有赖于练习的。一位老师说，数学学习犹如入山采宝，不练习则犹如入宝山而空返。

可能你不禁要问，课本、习题集、练习册、达标题，已经够多了，太多了，还要怎么练习？首先，练习的概念是广泛的，做习题无疑是最常见的练习。但在学习的全过程中，读一读、想一想、说一说、算一算，这样经常性的动口、动脑和动手，应该是更广泛的练习，甚至是更重要的练习。做习题，也不能满足于选用公式，算对答案，更重要的是通过"为什么要这样做"以训练解题的思路，"还能够怎样做"以积累解题的方法，"怎样做简单合理"以提高解题的技能技巧。

培养你的数学兴趣，平时勤于思考，课后多加练习，这就是学好数学的捷径。

如何逆向解题

从一个角度想问题，没想出来，你放弃了吗？对，不能放弃，试着从另一个角度去解决它，有时候换换角度，问题便迎刃而解。

学会从已知条件的反面去思考问题，把不符合条件的求出来，再从总体中淘汰那些不符合条件的，即可得出需要的答案。

从反面入手，是打开解题思路的一个好方法。对于大多数问题，通常采用正面求解的办法，但当正面求解很困难或者很繁琐时，从反面入手却异常地简便。

所谓从反面入手，就是从条件的反面去进行探索，把不符合条件的求出来，然后从总体中淘汰那些不符合条件的，得出正面解答，使问题得到顺利解决。这是一种重要的解题方法。

你要明白的是，从反面入手思考解题思路的前提有二：一是从正面入手的确难以解决；二是从正面入手虽能解决，但解题过程太繁琐。

正所谓"磨刀不误砍柴工"，掌握一定的方法，再去解决疑难问题，那样就简单多了。

如何做到不偏科

要解决偏科现象，首先要有信心，其次要有毅力。方法很简单，就是要有意识地在弱项课程上多投入复习时间。在原来的基础上坚持每天增加半小时以上的复习时间。

对弱科的复习，要重视老师课内的训练。重点放在基础知识上，千万不要去钻难题。如果弱项的课程是语文、英语、历史、政治等，则须要把时间放在基础的记忆部分，在理解的基础上背诵。老师要求背诵掌握的内容，必须完成，如背诵名句、古诗文、外语词汇、重要的历史事件和年代等。如果弱项是数学或理化，就把时间放在多做简答题、基础题上，从中提高答题的正确率。一直坚持下去，一定会有收获。

有偏科现象的学生，千万不要自暴自弃，只要下决心补习，都来得及，一定要相信自己。

如何建立错题库

建立错题库，需要认真分析做过的试卷及练习题，查找自己试题练习中出现错误的原因。将易错，常错的题目收集到错题库中，进行归类分析，提醒自己加强审题，提高正确率，避免再犯同样的错误。

建立错题库能够清楚练习中出现错误的原因是什么，是对知识的理解不准确造成的，还是审题不严造成的，有利于避免同样错误的重犯。

如何学好历史

你知道什么是历史特征吗？你的历史学习遇到困难了吗？抓住历史特征，可以很快把历史知识记牢。

那么，如何利用历史特征记忆呢？在知道这个方法之前，我们必须明白什么是历史特征。

所谓“历史特征”（特点、特色、特性）是客观历史具体存在和变化之个性的一种形态，是区别于其他历史事物的主要不同点。

人类社会的历史在基本规律的制约下，总是要通过个性来表现自己的。例如：太平天国运动的时代

特点，印度民族解放运动的特点，拿破仑战争的特点，《本草纲目》等著作的特点，秦王朝的特点，两宋科学技术的特点，黄宗羲思想的特点，英国外交政策的特点，中国民族资产阶级革命性和妥协性的特点，俄国十月革命的特点，1927 年至 1937 年中国国情的特点等等。

历史特征包括历史事物的内在性质和外在现象。特征、特点、特色、特性，应当源于但又高于历史事物本身的具体性和多样性，是经过了分析、综合、抽象和概括的结果，是对历史的一种理性认识。怎样寻觅和掌握历史特征呢？下面从“跳跃”、“多边”、“切入”、“求异”、“提炼”等五个方面做些点拨。

1. 运用跳跃性思维。这要求眼界开阔，思路灵活，善于发现聚焦点后再跳跃开去，捕捉历史事物的特点。关键是善于发现聚焦点。

例如：从社会经济发展的角度来分析北宋东京和明朝中后期苏州这两个城市各自的特点是：东京的商业繁荣，店铺林立，突破了唐朝“市”的限制，出现了娱乐场所瓦肆；反映了北宋时期封建经济在唐朝基础上的继续发展。苏州在丝织业中出现了“机户出资、机工出力”的“机房”，手工作坊发展成为手工工场，标志着出现了资本主义的萌芽；反映了封建经济的渐趋衰落。这两个城市本不相干，时间和空间的距离都大。

因此，需要跳跃。跳跃的立足点是“社会经济”，而且还要“发展”这两个层次的聚焦点。这样，特点就分析出来了。

2. 运用多边性思维。这要求环绕某一个历史整体，抓住它的方方面面来寻觅历史事物的特征。作为历史整体的特征，需要“面面点到”。

20 世纪 20 年代的中国，国民大革命的兴起和失败，有五个前所未有的特点。

第一，国共两党合作，四个革命阶级统一战线形成，是大革命的起点。两党合作合力推进这场国民大革命，“打倒列强，除军阀”，使革命力量空前团结起来。

第二，中共直接领导的工农运动蓬勃发展，工人掀起反帝爱国运动新高潮，农村也发生了轰轰烈烈的大革命。此前的辛亥革命和五四运动都没有这样好的群众基础。

第三，有正规的新式的革命军队即国民革命军，并进行空前规模的革命战争即北伐战争。这是中国民主革命的一大进步，是黄花岗起义和武昌起义所不能相比的。

第四，大革命取得了空前的胜利，消灭了封建军阀吴佩孚、孙传芳，给帝国主义者沉重的打击。第一次从帝国主义手中收回一些被侵略的权益，革命势力从珠江流域发展到了长江流域，威震全国。占有长沙、武汉、南昌、南京、上海、福州、杭州等重要城市，革命重心由广州移到了武汉。

第五，因国民党右派的叛变而失败，中共主要领导人犯右倾投降主义错误，也是败因之一。总之，在中国的大地上出现了一场前所未有的反帝反封建的国民大革命。通过抓特点，就把这一重大历史事件从宏观上完全掌握了。

3. 切入性思维法。所谓切入性思维法，就是指纵览全局，善抓典型，善抓重点，切入开挖，窥究特点。

纵览中国战国时期历史发展趋势，它的显著特点之一是为中国大统一准备必然条件。切入窥究其带规律性的表现是如下。

第一，封建经济的发展出现了首次高峰期，要求统一。

第二，多国变法图强，“七雄”争夺统一中国的大权，秦国渐优，利于统一。

第三，华夏族和各族的联系空前深广，人民渴望统一。

第四，有建立君主专制中央集权封建国家的政治主张，促进统一。“要求统一”、“利于统一”、“渴望统一”和“促进统一”，都是“切挖”出来的，从而反映了时期最基本的历史特点。

4. 求异性思维法。不同于切入性思维法，求异性思维法也就是对比找特点，抓住它的特点，进行学习。

例如：印度反英民族解放斗争的特点是什么呢？

第一，19 世纪 40 年代，英国完成了对印度的占领，和印度社会各阶层的民族矛盾上升到主导地位。1857 年至 1859 年的民族起义，是一场以士兵为核心力量的，社会各阶层参加的反英民族大起义，部分封建王公居于领导地位，也是亚洲革命风暴的内容和特点之一。

第二，向帝国主义过渡时期，英国加强了对印度的掠夺和控制。1906 年至 1908 年民族解放运动高涨，代表资产阶级和地主阶级利益的国大党提出自治的主张，其左翼在这次群众性的、争取自治的反英运动中起了积极作用，无产阶级在斗争中登上政治舞台，在国际上属于亚洲觉醒时期的一次重大斗争。

第三，一战后，印度反英的民族解放运动再次高涨，“不合作”运动声势浩大，因国大党的妥协性而终止。

第四，二战后，英国实力削弱，印度民族解放运动蓬勃发展。1947年，英国被迫公布印巴分治方案，印度终于实现了独立。1950 年宣布为共和国。印度这四次斗争的背景、反抗内容、方式和结果各不一样，特点鲜明。

5. 提炼性思维法。提炼性思维法就是通过归纳、抽象和概括，把知识点从纵横交织的历史内容中总结出来。

有句话说得好：提炼才能出精品，才能达于理性认识。

我们知道，从古至今，中华民族的爱国主义是中国历史的主旋律之一，也是中国历史发展的动力之一。

近代，中华民族的爱国主义显著地不同于此前的古代，也区别于其后的现代。中华民族近代爱国主义的主体特色就是八个大字：反帝反封、救国救民。表现如下。

第一个特点，爱国抗争的长期性、连续性、艰巨性和曲折性。

第二个特点，学习西方，探索强国之路，要求在中国发展资本主义。

第三个特点，高度的民族凝聚力。

第四个特点，方式多样，人民武装斗争起决定作用。

第五个特点，最伟大的成果——缔造了新中国。

这么复杂的历史，经过这样一提炼，是不是觉得很好掌握了呢？

怎样写小实验报告

在写小实验报告时，首先要交代实验的名称，以标题的形式写出来。其次，要把进行这次实验的目的写出来。然后一一列出这次实验中用到的器具，并简略地写出实验的步骤，让读者对这次实验有所了解。

接着要写实验过程，将在实验中看到的现象交代清楚，特别要将与实验目的有关的现象写清楚。这是最重要的部分。

最后一项是分析实验现象和得出的结论，从而达到实验目的。也就是根据实验现象作出解释、说明，讲清楚为什么发生这种现象，并根据作出的解释进行总结，从而得出结论。结论要能揭示事物或现象的本质，语言要精练，一两句话即可。

怎样写观察日记

长期坚持写自然观察日记，可以获得很多自然方面的知识，既激发了兴趣和求知欲，又培养了实事求是、认真细致、追求新知、勇于创造、克服困难的优良品质。同时，也解决了作文“无米下锅”的难题。

学写观察日记应掌握以下几点。

第一，确定内容，注意观察。观察日记内容广泛，动物植物、环境气象、天文地理，一切自然界存在的现象都是观察日记的内容。观察中，一定要注意季节的变化，时间的推移，生长的习性。动手实验从正面、侧面，比较、反复观察中，弄清事物的现象和本质。最后确定自己熟悉的了解的来写。

第二，掌握格式，真实具体。①题目：在第一行写。以往写日记不要求写题目，不利于把握文章的中心。题目是文章的眼睛。拟题要新颖，观点要明确。如连续观察可在每段日期前再加一小标题。②题目下写清楚所在省、市、县（区）学校及年级，空一格写作者姓名，如果在自己日记本上写，可省去，如果将日记整理投寄报刊编辑，就相当重要了；③第三行写明日记的时间：即：年月日，星期，最好把天气情况稍带说明，以备日后查考；④正文。如查正文要写的内容比较多，可以像写其他文章一样，分成几个小段来写。篇幅长短取决于所记内容，有话则长，无话则短。正文的写法灵活多样，以两类见多，一是表格式和坐标式记录，如天文气象、生长变化、分类比较、统计数据等，其形象直观；二是用记叙、描写、议论、说明、抒情等形式表达，如动物、植物新现象新发现等。观察自然本身就是进行科学探究实践活动，所记内容不能虚构，应依据观察的现象如实记录，其结论具有科学性，这对今后的查阅、参考才有作用；⑤有辅导教师的，应在文末用括号注明教师姓名。

第三，养成习惯，持之以恒。写观察日记决不能三天打鱼、两天晒网，写写停停，停停写写。只有坚持不懈地记，才会取得惊人的成绩。因为写日记本身是个学习、提高的过程，也是对自己坚持意志的培养。

如何观察事物

看并不等于观察，观察除了用眼看，还需要将看到的景物通过大脑进行分析，对事物的特点、原理作出彻底的解释。

1. 观察事物要带着问题。这使观察的目标明确，容易做到一边观察，一边分析，一边记忆。

2. 观察事物要有重点。比如画一个人，要画出这个人的特征，这就需要观察他的眼睛和面部表情特点，其他不用多看。如果写作文赞扬某人的优秀品质，主要观察他的有关行为，对他的面貌和与品质无关的情况就不需要弄得很清楚。如果观察时一味要求面面俱到，最后只能是一片混沌，什么都没弄清楚。

3. 观察要注意顺序。观察事物时，要分清主次，确定顺序可以避免丢三落四，在叙述所观察的事物时也容易做到有条理。

4. 观察要与动笔结合起来。人的记忆会受到其他的影响而产生遗忘，要随时把观察到的现象记录下来。这样也便于检查是否遗漏了某些方面，使观察更全面细致。

5. 观察要有耐心。有些事物可以一眼看透，但有些事物需要观察很长时间，比如小苗的发芽、孵小鸡等，没有耐心是根本观察不到结果的。

如何积累作文材料

积累作文材料的内容很多，可以是与自己的兴趣有关的，也可以是与书本上知识有关的，可以是大自然中的，也可是生活中的。积累的方法一般有卡片和笔记两种。

唐朝有个诗人叫李贺，他每天出门都带着一个小袋子，里面装着笔和纸，想到或者看到好的句子就记下来，回家后再整理成诗篇。他用的这种方法就是卡片法。我们也可以带着大小适当的纸片，记录听到的或看到的事情，或者想到的观点，或者摘录的名言佳句等。这些都是作文材料。

卡片多了，就需要进行分类整理，妥善保管，便于以后查阅。

读书笔记也是积累作文材料的重要方法。笔记可以摘录原作精彩的或重点段落句子，但主要是用自己的语言将所读的内容加以概括，而不只是照抄。这样日积月累，你的知识丰富了，语言词汇掌握的多了，写作文时当然文思如泉涌啦。

如何给文章取“名字”

名字能起到画龙点睛的作用。怎样给文章取个好题目呢？这里有两种方法。

一是直接点出文章的主题或中心。比如《伟大的父亲》《我要当科学家》《淘气的猫》等，这种题目让读者一看就知道内容是写什么的。这种题目简单醒目。

二是只确定事件发生的时间或地点。这种题目虽然也好，但是容易落入俗套，比如《暑假记事》《家庭事件》《校园生活》等，这些都给人老套的感觉。

写好文章是日积月累的过程，给文章起名字一样是一个积累的过程。我们要在平时多留心好的文章和题目，学会从同一事物的多个方面去考虑。这样，当你一有篇好文章时，肯定能起一个好题目的。

怎样修改文章

鲁迅先生说过，写完文章后自己至少要看两遍，竭力将可有可无的字去掉。这就是修改要做的工作之一。

文章的修改包括内容、结构和表述三方面。要修改好一篇文章，首先应通读全文，把握住主旨、结构、思路，再动手修改；其次要注意先看总体后看局部，即修改时应该先着眼于文章的总体结构，再考虑局部和枝节的修改。譬如记叙文的修改，应先看文章整体思路叙述是否清晰，再看所记叙的事情是否新颖、生动。最后再考虑过渡及其遣词造句和标点是否正确。

改的方式主要有四种。增补：如转折生硬之处，增补过渡句、段或词语，使文字顺畅；删削：如可有可无的字、词、句、段一定要删去，使文字精练；调整：如调整句子关系和词序，使句子通顺；改换：如错别字、搭配不当、误用虚词、近义词等病句，还有不合理的重复、前后矛盾、不合逻辑等病句，都要学会修改，使文章文从字顺。

怎样做个有心的小记者

“有心”是指有想法、肯动脑筋。当小记者就要在方方面面都格外有心才行。

首先，要写好新闻作品，必须留意身边的人和事，这样才能找到新闻的题材。不妨身边带个小本子，看到什么，想到什么，就随时记下来。正如俗话所说，好记性不如一个烂笔头。这是在做积累工作，积累的资料多了，终有一天会厚积薄发。

其次，要写好新闻作品，必须养成钻研精神，这样才能逐渐培养出“新闻头脑”。做记者，就是要遇事刨根问底探个究竟。对世事麻木不仁，对新鲜事物没有强烈的好奇心，是没有资格做记者的。做小记者也同样如此。

第三，要写好新闻作品，必须要善于学习，这样才能不断丰富自己。向比自己做小记者时间长的同学学习，向书本学习，向报刊上一切优秀的文章学习（一定要建立自己的剪贴本）。学他人之长，补己之短，坚持学习，使自己每天都在进步。

第四，要写好新闻作品，必须要勤动笔，这样才能不断提高。经常动笔，写好写坏不要怕，写长写短不计较，发表不发表别在乎，每写一篇都是自己的成果，都是自己又往通向成功的道路上铺了一块基石。

小记者怎样抓住采访要点

第一，小记者要坚持新闻用事实说话的原则，切忌在采访作文中说假话、大话、空话和套话。

第二，小记者要坚持采访作文要短、信息量要大的原则，努力增加每篇作文的信息含量。

第三，小记者要坚持新闻时效性要强的原则，好好地把握住“新闻根据一旦成立就立即予以报道”的时机。

第四，小记者要坚持新闻要具有知识性、趣味性的原则，努力增强新闻的可读性。

第五，小记者要广泛开拓新闻报道的领域，使报道内容丰富多彩。

第六，小记者要坚持新闻写作的创新，使体裁、形式、结构不拘一格，生动活泼。

第七，小记者新闻写作也要避免陈旧的“倒金字塔”新闻结构，积极使用散文式的形式。“倒金字塔”式的新闻写作模式，长期以来曾成为消息写作的规范，但随着形势的发展，已不能完全适应客观实际的需要，不受读者的欢迎。为改革这种死板、笨重的形式，有人提倡向散文式方向发展，得到了新闻工作者的实践，并涌现出了一批好的新闻作品。

第八，小记者新闻写作要提倡主题“高、尖、新”。“高”，就是主题思想立意要高，不就事论事，要立足本地，放眼全国，充分揭示事物的共性；“尖”，就是主题思想要尖，不是又大又空，而是要把题目剖析得小些、窄些，以便把文章写短、写深，写出特点：“新”，就是主题思想要新，不是千篇一律，人云亦云，要反映出事物的特性，反映出时代的精神，切中时弊，击中要害。这三个字相依并存，不可分割。

第九，小记者新闻写作要使用“立体化”写作方法，把新闻写深写活。所谓“立体化”就是要求一篇新闻应该是一个活的形体。从主体上讲，它是点面结合的产物；从表达手法上讲，它是纵横交错、上下连贯、棱角分明、多层次的形体；从内容上来讲，它既见事又见人，既见景又见情、既见物又见思想，使读者感到问题抓人、思想感人、情景动人，有边、有沿、有棱、有角，富于立体感，读后犹如身临其境。

第十，小记者采访要深入实际，实行“全感采访”。要耳、目、口、手、脚一齐运用，并且心到、情到。

小记者怎样采访大人物

大人物一是指大领导，二是指大学者，三是指社会上其他知名人士。去采访大人物，心中总会产生顾忌或者是忧虑，为什么？大人物平时在媒体上“露面”的机会多，也被媒体包装得很神秘，很有权威感，一般人平时很难见到他们。如果得到机会去采访大人物，难免会顾虑重重。

其实没必要担心害怕，越是大人物，越是平易近人的。

首先，要明确职责。记住，你是一名“小记者”。记者的职责就是采访，因此要树立一种观念——记者没有采访不了的人物，只要可能，只要需要，上到最高领导人，下到普通百姓，都可以被你采访。

其次，要充满自信。记住，在人格上，你和大人物是一样的，不要有低人一等的感觉。如果带着自卑的心理去采访，肯定要失败。要自信，要相信自己的能力。事实也说明，许多大人物都十分有修养，对记者还是十分客气、十分尊重的。尤其是对小记者，因为你们是孩子，所以就会得到更多关照。因此，千万不要为问不好问题而苦恼。如果实在怕问不好问题，也可以采访之前好好准备一番，把要提的问题写到小本子上，这样也就不会有到时遇到尴尬的顾虑了。

第三，要丢掉发稿的压力。想开一点，这些大人物是什么记者都见过的人，他们已经见过太多关于他们的文章了，兴奋点往往不是能否在媒体上刊发文章，而是对小记者来采访感到很新奇，常常问了这个问那个。所以你要是去采访大人物，除了要想好怎么问他们问题外，还要准备对付“反”采访，因为你也是要回答他们提出的问题的。

小记者应该怎样检查稿子

写完文章后需要修改，小记者写完稿子当然也需要检查和修改。检查要从几方面入手：

1. 检查稿子是否具备了新闻五要素：时间、地点、人物、事情经过、事情发生的原因，没有交代清楚的就要及时补充进去。

2. 检查稿子的思想内容或者所要阐明的观点是否正确，表达得是否清楚。

3. 检查稿子中的人名、地名、数字、时间等是否准确。

4. 检查稿子中事情经过的细节是否夸大，或者是否有出入。

5. 检查标题是否起到了画龙点睛的作用，想一想有没有更好的题目。

6. 最后检查稿子里有没有错别字和用错了的标点符号。

如何安全使用电脑

电脑，作为一种现代高科技的产物和电器设备，在给人们的生活带来许多便利、高效与欢乐的同时，也存在着一些有害于人类健康的不利因素。电脑对人类健康的影响，从辐射类型来看，主要包括电脑在工作时产生和发出的电磁辐射（各种电磁射线和电磁波等）、声（噪音）、光（紫外线、红外线辐射以及可见光等）等多种辐射“污染”。电脑荧光屏表面存在着大量静电，其集聚的灰尘可转射到脸部和手的皮肤裸露处，时间久了，易发生斑疹、色素沉着，严重者甚至会引起皮肤病变等。

要劳逸结合，一般来说，操作电脑1小时后应该休息10分钟左右。

并且最好到操作室之外活动活动。

注意正确的操作姿势，电脑屏幕中心位置应与自己的胸部处于同一水平线上。最好使用可以调节高低的椅子，不要交叉双脚，以免影响血液循环。

平时应多吃些胡萝卜、白菜、豆芽、豆腐、红枣、橘子以及鸡蛋、动物肝脏、瘦肉等食物，以补充人体内维生素A和蛋白质；多饮些茶，茶叶中的茶多酚等活性物质有利于吸收与抵抗放射性物质。

如何进入和退出 Windows

Windows 是负责管理计算机硬件设备、为其他应用软件提供运行环境的一种系统软件。

一、进入 Windows

打开接线板的电源，再打开显示器开关，最后打开电脑主机的开关。这时，计算机便会自动启动 Windows 程序，显示在桌面上的由背景、各种图标、任务栏和“开始”四部分组成。背景可以根据自己的爱好随意调换。桌面上的每个图标都是一个程序或一个文件。屏幕最下边有一长横条是任务栏，左边是“开始”按钮，右边是时间、输入法及其他按钮。

在桌面上移动鼠标，用左键单击“开始”按钮，桌面上会弹出一个菜单，有“程序、文档、设置、搜索、运行”等，这些都是菜单命令。

二、退出 Windows

打开“开始”菜单，点击“关闭计算机”，出现对话框后，再点击关机。计算机会自动退出 Windows 系统并关闭主机电源。

如何认识键盘

要想在计算机上写日记、绘画、玩游戏等，必须认识和学会使用键盘。键盘是计算机的主要输入设备。键盘通常有 101 键、104 键和 108 键等类型。无论是哪一种键盘都分成五个区，分别是功能键区、打字键区、编辑键区、数字键区和指示灯

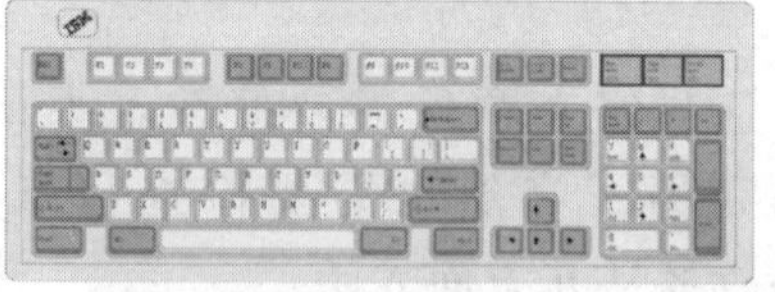

区。键盘最上面一行从“Esc”键到“Power ”键为功能键区。在功能键下方，也是键盘上最大的一块区域，就是打字键区。右边有数字键的一

块区域是数字键区。指示灯区位于数字键区上方。编辑键区位于数字键区与打字键区的中间。

打字键区的使用频率最高。共有61个键位，分别为字符键（包括单字符键，26个英文字母键，21个双字符键）和特定作用的辅助键。

操作键盘时，经常用到辅助键，下面就介绍一下这些键的作用。

“Enter”键，也叫回车键。每当从键盘上输入一条命令或输入字符后要另起一行时，就要敲一下回车键表示确认。

“ Space Bar ”键，即空格键。它是位于打字键区最下一行中间的一个长键，键面上没有符号标识。每按一次空格，电脑在当前输入位置插入一个空白字符，并把光标向下一个位置移动一格。

“Backsnace ”键或“←”键，也称退格键。每按一次，光标以及其后所有字符退回一格，同时删除光标前的字符。

“Caps Lock”键，位于中间行的最左边，是字母大小写功能锁定键。每按一次，信号灯区标有“Caps Lock”或“A”的灯就亮了。此时输入的字母为大写。再按一下，灯灭，表示此时输入的字母为小写。

“Shift”键，在打字键区最左边和最右边各有一个，是两个比较大的键，也称上档键。在主键盘上有20多个键是双字符键。直接敲击双字符键，输入的是这个键下档的字符。如果要输入双字符键上档的字符，可以先按住“Shift”键不放，再按双字符键。如果要输入大写字母，也可以先按这个键，再按字母键，因此“Shift”键也称为上档转换键。

“Ctrl”键，在打字键区的最左边和最右边各有一个，往往和其他键配合来执行有关命令。比如Ctrl＋v表示粘贴。

“Alt”键，在空格键的两端各有一个，和Ctrl键功能相似，也是配合其他执行键使用。比如，Alt＋空格键，表示显示当前窗口的系统菜单，Alt ＋Tab，表示在活动的不同应用程序间进行切换。

“Esc”键，位于功能键区的最左边，也叫取消键。按一次该键，表示取消当前输入，等待新的输入。

“Tab”键，是制表定位键，在打字键区第二行最左边。每按一次，光标向右移8个字符的位置。在表格中。每按一次Tab键，光标就移动到下一个表格单元中。

编辑键区有四个光标控制键。当处于编辑状态时，它们的主要作用是移动光标到四个箭头表示的方向。

如何使用写字板

1. 利用写字板建立文档。单击“开始/程序/附件/写字板”命令即可打开写字板程序。在打开的写字板窗口中，可通过菜单单击“文件/新建…”命令新建一个文档。

2. 文档的基本编辑功能。在新建的文档窗口中，输入一段文字。在编辑的过程中，可以使用写字板提供的选择、拖动、插入、取代、删除、剪切、粘贴和复制等编辑功能。根据文档的编辑需要，可使用鼠标或键盘来实现这些功能。

3. 字体格式的设置。通过单击“格式/字体”命令，在出现的“字体”设置对话框中调整字体的设置。也可以通过写字板窗口的“格式”工具栏对字体格式进行设置。

在设置字体之前，首先选中要设置格式的字符串（若干字符、行、自然段等），然后根据需要在“格式”工具栏中或“字体”对话框中设置字体、字形、大小等。每设置完一项参数，该字符串立即跟随变化。

4. 设置段落格式。通过“格式”工具栏设置段落对齐方式；利用标尺设置段落缩进。

如何在文档中加入图片

在写文章时，我们也可以用写字板来插入图片，增加文章的吸引力。具体操作步骤为如下。

首先，打开“画图”窗口，找到要插入的图片，然后将这幅图剪贴到“剪贴板”中。

然后，回到“写字板”窗口，在文章中单击要插入图画的位置。单击“编辑”中的“粘贴”，图片就被插入到所选定的位置了。

最后，调整图片的大小，以适合文章的比例。

文体活动

如何练习钢笔书法

钢笔字是毛笔字笔画形态的精练化，主要工具是钢笔。钢笔字虽然由单线组成，但仍然能够利用运笔的轻重快慢和字形间架结构的变化，来产生虚实相生的意境和抑扬顿挫的节奏。

练习钢笔字应以楷书为基础，然后再练习行书、草书。开始时，先临摹好帖子。先练习基本笔画、偏旁、部首的写法，把基本功练好以后再练习分行和整体布局。掌握了基本功以后，再脱帖练习。在练习书法时，要用脑子去记，用心揣摩，分析字形特点，体会其中的意味。最重要的是要持之以恒。这样才会有很大的进步。

怎样欣赏书法作品

书法的赏析不仅是体会作品点画、结构、章法的匠心与功力以及师承、流派、风格，更重要的是通过作品去感受书法家的气质、情感及其审美追求。书法家靠手和思想来创造，欣赏者靠眼力来发现和挖掘作品点画布白中蕴藏的生命与灵魂，是一种再创造。这种再创造成效取决于欣赏者的知识、修养、阅历、心境等诸因素。

欣赏书法作品既要进行宏观把

休息一下

握，如气势、神韵、布白，又要进行细微观察，如用笔、用墨、结构、线条等。首先欣赏的是线条质量，从中可以观察出作者创作时的用笔、用墨及其笔法。其次是由线条点画组合的汉字结构，艺术造型的意趣和哲理。第三是布白，包括结字、行气、章法。第四是神韵，就是指书法的精神气质、格调风韵。神采是作者精神境界的忠实记录，与作者的情感、性格、修养密切相关。优秀的书法作品必须形美神足、形神兼备，欣赏者就是要领会体势，捕捉神韵的。书法艺术风格首先表现为作品独特的整体风貌以及所造成的独特意境，这与书法家的审美取向、艺术气质最为密切，是书法家的艺术个性张扬的产物。

书法艺术风格就是艺术家在创作中表现出的艺术特色和创作个性。书法家由于生活经历、艺术修养、个性特征、审美趣味以及性格特点的不同，在选择字体、表现手法诸方面都会有自己的特色，这样就形成了不同的艺术风格。风格也最能显示出一个人的气质、精神风貌。这也是数千年历史积淀在书法家心灵中的本能反应，集中体现在线条中那些给人无限遐思的微妙之处。

怎样理解“艺贵创新”

艺术的生命在于创造。如果在艺术领域中没有创新，没有发展，只有一种固定的模式，那么艺术就丧失了其存在的价值。

摄影是视觉艺术，它通过直观形象引起读者的兴趣。如果模仿别人的摄影作品，那么只是枯燥无味的复制品，是不会引起人们观看的兴趣的。雷同的作品将导致摄影者步入迷途，影响自己摄影创作的发展和追求。

由于每个人的生活经历不同，修养不同，对景物的观察、理解、热爱和体会也不同，因此，对景物的选择也会不同，拍摄时对画面的处理也会不一样。所以，每个人的作品都具有自己的特点、个性，或者如艺术家所说的“风格”的。

摄影要创新是指观念要新，形式要新，内容也要新。凡是有新意和新形式的作品，都能给人以新鲜而深刻的感觉。

怎样给绘画分类

绘画的种类很多，下面说的几种是主要的绘画种类。

东方艺术的奇葩——中国画：中国画是运用中国传统特有的毛笔、宣纸、墨、砚台等工具来作画的。诗、书、画、印的结合是中国画的主要特点。

绘画中的“交响乐”——油画：油画是欧洲绘画的主要画种，是现在世界上影响最大的画种。它是用挥发性油质颜料绘制在木板、画布、厚纸或墙壁上的一种绘画形式。

色彩明丽的水彩画：水彩画是用水调和颜料绘制而成的画。水彩画最擅长表现雨雾天。

色彩浑厚的水粉画：水粉画是用水调和粉质颜料绘成的画。工具简单、材料便宜，容易掌握，是初学者掌握色彩造型能力最常用的一种绘画形式。

中国特有的年画：它是我国特有的一种绘画体裁，由于是过年才张贴的，所以也叫“年画”。

丰富多彩的壁画：绘制在建筑物的天花板或墙壁上的图画，称壁画。

刻出来的版画：它是使用不同的刻刀和笔，在木版、石版、纸板、铜版等上面刻画，或用药水腐蚀，使之产生刻纹与刀痕，再通过油墨印刷，可直接得到多幅原作图画的一种绘画形式。

讽刺幽默的漫画：这是用简练的手法，直接表现事物的本质、特征的一种绘画形式。

通俗易懂的连环画：俗称“小人书”，是用多幅画面连续叙述一个故事或事件发展过程的一种绘画形式。

醒目而有感召力的宣传画：它是以宣传鼓动、制造社会舆论为目的，并配有简短、醒目、突出的标题的一种绘画形式。

形神兼备的肖像画：肖像画不仅要刻画人物形象，而且要能表现人物的性格特征。最有名的肖像画是《蒙娜丽莎的微笑》。

赏心悦目的风景画：它是以风景为题材、以描写室外自然景物为内容的一种绘画形式。好的风景画能表现出人的思想感情和情绪。

如何欣赏顾恺之的《洛神赋图》

顾恺之是东晋杰出人物画家，江苏无锡人，出身士族，官至散骑常侍。博学而有才华，有“才绝、画绝、痴绝”之称。他多画人物肖像及道释、山水等，画过不少力求摆脱礼教束缚、主张流露真性情的名士的生活和肖像。画人物十分注重表现其内心世界和性格特征。首先指出“以形写神”的绘画理论，对后世人物画的发展影响深远。笔迹周密的游丝般线描给人以超乎飘逸之感。后人形容他用笔如“春蚕吐丝”、“春云浮空”。他与南朝陆探微并称“顾陆”，被称为“密体”画派，作品有《洛神赋图》《女史箴图》等。《洛神赋图》流传下来的是宋代摹本。

《洛神赋图》是根据曹植的文学名篇《洛神赋》而画成的。据说，曹植曾经热恋过一女子叫甄氏，后来甄氏被曹丕夺去，抑郁身亡。有一次，曹植从京都返回封地，途经洛水，梦见已化作洛水之神的甄氏前来与他相会。人神相隔，不胜惆怅，于是创作了文学史上的千古名篇《洛神赋》。

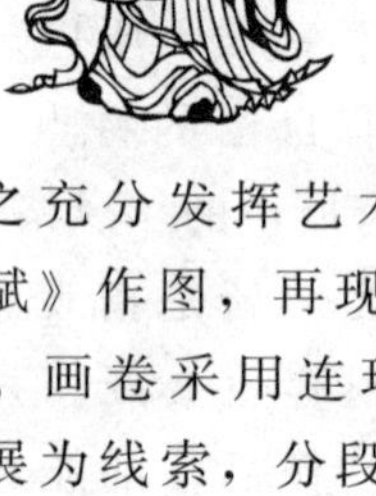

顾恺之充分发挥艺术想象力，为《洛神赋》作图，再现了原文浓郁的诗意。画卷采用连环画形式，以故事发展为线索，分段将各种人物故事的情节置于自然山川的环境

中。开始画曹植从京师东归，路间小憩时，忽遇洛神从水中出现，然后迅即离去，曹植急忙坐船追赶。最后画曹植追寻不得，只好坐车起程。画中的洛神含情脉脉，若往若还，端庄秀丽，时而徜徉于水面，凌波微步，时而遨游于云端，若轻云遮月，如流风回雪，翩似惊鸿，飘若浮云，姿态万千，把一个美艳多情的古代妇女形象描绘得淋漓尽致。画面人物之间的情思不是依靠面部表情来显露，而是依靠人物之间相互关系的巧妙处理来表现的，尤其把曹植对甄氏的深情依恋和惆怅的心理活动刻画得真切生动。这是一幅诗情画意相得益彰的作品，在中国绘画史上开创了诗画结合的范例。

如何欣赏王羲之的《兰亭集序》

王羲之，字逸少，琅玡临沂（今山东临沂）人，东晋书法家，官至右军将军、会稽内史。人称“王右军”。后辞官定居会稽山阴（今浙江绍兴），专攻书法。他早年跟卫铄（卫夫人）学书法，后来又学张芝草书、钟繇正楷，博览众多书家墨迹，兼采众家之长，创造出清爽俊美的新体，改变了汉、魏以来古拙质朴的书法风格，开一代新风，被后人尊为“书圣”。

晋穆帝永和九年（公元353年）三月三日，王羲之、谢安等41人在会稽山阴的兰亭，举行一次盛大的风雅集会，流觞曲水，饮酒赋诗，51岁的王羲之于酒酣之时，用蚕茧纸、鼠须笔乘兴疾书，写下了《兰亭序》这篇千古不朽之作。

《兰亭序》全文共28行，324字。通篇遒健飘逸，纵横有致，变化无穷，如有神助，充分体现出行书起伏多变、节奏感强、形态多姿、点画相应的特点，被称为“天下第一行书”。在章法、结构、用笔上都达到了行书艺术的高峰。

1. 天然的布白。《兰亭序》采取横有行、纵无列，行款紧凑，首尾呼应的布局形式。凡28行，行的疏密大致相等，偶有宽密，字与字之间，大小参差，不求划一，长短配合，错落有致，保存了起草时随手书写的自然姿态，颇有天然潇洒之美。

2. 多变的结构。《兰亭序》的结构可以说是极尽变化之能事，它不求平正，强调敧侧；不求对称，强调错落；不求均匀，强调对比。结体或修长或浑圆，突破隶书扁平方正的形貌。特别是文中字有重复者，则转构别体，无一雷同，其中最为突出的是二十个“之”字，写法各个不同，或平稳舒展，或藏锋收敛，或端正如楷，或流利似草，变化不一，尽态极妍。

如何欣赏神秘的《蒙娜丽莎》

《蒙娜丽莎》是世界绘画大师达·芬奇的代表作，也是世界上著名的画像之一。画中的女主人端庄典雅，嘴角微翘，眼里含着矜持的笑意，反映了丰富的内心世界。她的笑让无数人为之倾倒，据说连拿破仑和戴高乐都为之痴迷。是什么原因使她具有如此魅力呢？

有的专家从医学的角度上指出，蒙娜丽莎的牙不好看，所以笑不露齿，也有人说她患有内斜视，增添了她的妩媚。美学专家则认为，达·芬奇试图画出理想美，在转瞬即逝的表情中留下永恒的象征，正是这种瞬间与永恒的结合，造就了惊人的艺术效果。

相比之下，精神分析学派的创始人弗洛伊德的见解更加合理。他把这幅画与达·芬奇当时的生活环境联系起来，他认为画家一直和父亲、继母生活在一起，非常想念亲生母亲，在模特蒙娜丽莎的脸上，他看到了母亲般的微笑，这微笑唤起了他的深情，画家用高超的技艺把自己的感情融入其中，使此画达到了令世人痴迷的程度。

关于模特蒙娜丽莎，有人说是文艺复兴时期一位皮货商人的妻子，也有人说是达·芬奇的自画像。但前者的说法依据可能更多一些。

如何欣赏《清明上河图》

在我国保存下来的许多古代名画中，有一幅奇画——《清明上河图》，他的作者是北宋画家张择端。这幅画是一幅长卷，宽 20 多厘米，长 5 米多。画中展现的是北宋京城的风光景物与人们的生活习俗。只见街道纵横，房屋稠密，路上车水马龙，店里生意兴隆。画面上，茶坊、酒楼、肉铺、布店直到医药门诊、马车修理、看相算命、理发修面，真是各行各业应有尽有。男女老少各种人物画了 500 多个。

《清明上河图》的绘画功力深厚、造型细致逼真，真实地描绘了我国北宋时期的都市生活，有如一部图片百科全书，在我国的书画遗产中是极为罕见的。它具有极高的艺术价值和历史价值，堪称为我国的国宝。

怎样装裱绘画作品

装裱字画简称裱画，裱画就像给字画穿衣服，主要起保护作用。裱画也是我国特有的一种工艺，有着悠久的历史。主要分为挂轴、手卷和册页三大类。

装裱新的字画，需要在作品的四周镶上边框，在背面裱上一层或多层纸，并加上一些装饰，使原字画更加牢固地舒展和张挂。其装裱过程可以分为画心、镶覆和研装三个步骤，其中对画心的托裱是整个裱画工艺中最为重要的工序。

装裱旧画时，为了使它能够长期保存，还要给画以修补装潢，需要先将旧画心从原件上揭下，洗除污霉，修补破洞，全色接笔。后面的工作则与装裱新书画基本相同。

中国画的装裱，能使画表现出更好的效果。经过装裱的中国画平正、干净，增添了特有的古色古香的韵味。

怎样选购毛笔

我国毛笔品种繁多，制作精良，其中以湖南、浙江、江西等地的产品质量最佳。根据用途一般分为紫毫、兼毫、水笔、狼毫、羊毫、大笔和画笔等数种。

品质优良的毛笔特征：笔身平直、圆整，毛锋透净、正直、无偏锋，使用时不脱毛，不开叉，刚柔适度，笔尖和杆黏合牢固。

选购时要注意各种毫毛的特点，一般按书写人的要求而定。

1. 羊毫：用山羊毛制作，大众化用品。其中宿羊毫存放多年，脂肪已干化，容易着墨；陈羊毫有些刚性；颖羊毫精细，尖端透明；净羊毫无杂质。羊毫性柔。

2. 紫毫：用山兔背部的黑尖毫制成，毛性较为刚硬，写行书、草书为宜。

3. 狼毫：用黄鼠狼尾毛制成，其刚性略差于兔毛。

4. 鼠须笔：用家鼠鬓须制成，笔行纯净顺扰、尖锋，写出的字体以柔带刚。

5. 鸡毫笔：用鸡的胸毛制成，相当柔软，初学书法者难于掌握，因而不宜使用。

6. 猪鬃笔：用猪鬃加工蒸制而成，用于书写大匾。

7. 兼毫：将不同兽毛以不同比例掺和而成。写时软硬适中。如紫毫与羊毫配合而成，紫毫越多越硬，反之较柔。选购时可依书法者的要求而定。

怎样使用和存放毛笔

使用新毛笔时，勿用开水浸泡，

更不能放在嘴里用牙齿咬。这样，会使毫毛弯曲，影响使用寿命。新毛笔可用手指轻轻将笔头捻松，用冷水浸软，使笔头上的胶汁溶化，然后将水挤干入墨。

各类毛笔的特点不同，因此开笔部位也不同。羊毫、鸡毫可以全开；兼毫、紫毫宜开三分之一；狼毫半开或全开均可。

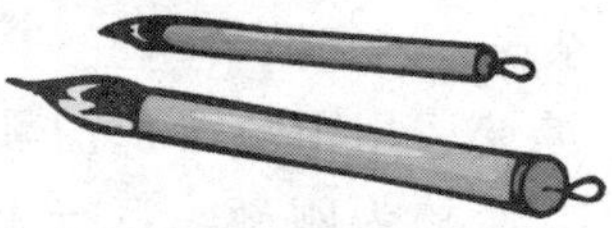

毛笔每次用后要用清水洗去墨汁并轻轻挤掉水分，把毛捋直，插在笔筒内更好，这样可使毛笔的水分流出，否则会使笔杆裂开或笔头脱落。切忌把含墨汁的笔头插入金属笔套内。笔头不能长期浸泡在墨汁里，也不能经常潮湿，以免因腐烂变质而掉毛。毛笔再用时，仍应浸清水挤干入墨。如干笔头入墨，会造成笔腹空、笔锋散，这样用起来不顺手，也会缩短使用寿命。

暂时不用的笔，最好晾干，切勿受潮。

怎样练钢琴

钢琴素有“乐器之王”的美称。它音域宽广，表现力强，具有高难度的弹奏技巧，既能演奏和声与复调音乐，又能独奏、重奏和伴奏，所以使用范围非常广泛。

钢琴的学习过程也是由浅入深、循序渐进的，不能急于求成。

1. 从基础开始，培养独立能力。启蒙阶段对将来的钢琴学习进展来说是一个非常重要的过程。树立用耳朵学钢琴的概念，为以后分辨什么是音量、音色、音质打下良好基础。先有了声音的正确概念，然后进行技术训练，使技术练习具有方向感、目的性。这样的技术练习才不会单一、枯燥，声音为技术提供依据，声音为技术提供服务。其实说到底，钢琴练习中的基本技术就是建立责任心：对待键子准确的责任心、节拍准确的责任心、用力合理科学的责任心等等。也就是说有了这些责任心以后，手指怎样使用、其他部位应该怎样协调等，你自身也会主动养成钻研技术的习惯。你自身也会逐步地学会协调手指的第一关节、掌关节、腕关节，小臂、大臂、肩等身体各部位的相互关系。

2. “心中有琴”，随时随地练习。练琴可以分为两种方式：有琴练习和无琴练习。钢琴大师罗宾斯坦罗的邻居见到他，佩服地说：“你真不愧是伟大的钢琴家，每天都要练习八个小时以上。”罗宾斯坦罗回答说：“你错了，我每天二十四个小时都在练琴。”要做到无琴练习，首先必须是心中有音乐，脑子里装有器乐。我们留心就可以发现，很多在乐器上有造诣者他们的手指无时无刻不在动，身体的任何部位都变成了乐器，桌子、椅子都变成了键盘。

3. 快速练习发现问题，慢速练习解决问题。练习的过程中，很多老师都会要求我们慢练。其实一味地用一个速度是不能解决任何问题的，几乎所有的练习曲或者乐曲，都会或多或少地存在不同的难点，必须用一些步骤和手段进行突破，而重要的手段之一就是速度的变化练习。

单从技术而言，假设五个手指都像示指那样灵活、都像大拇指那样有力的话，可能就不存在技术上的难点了。但恰恰相反，在键盘上双手的配合还要再次出现难点，没有力量的指头（双手的小指或无名指）要弹奏重要声部（高声部、低声部），而有力量的手指一般情况下却只需完成伴奏声部。

就钢琴技术而言，速度和力度是永远都解决不了的矛盾，通过慢练习寻找理想的声音是必不可少的阶段。但慢练习远远不能达到音乐本身的要求，还必须反复进行各种速度如中速、快速甚至是更细微的速度的变化练习，不断调整各部位的松紧关系，这样才会达到理想的速度要求。当然，真正做到慢速和快速自如是一个演奏者技术能力高超的最佳体现。

4. 从细微处入手，提高练琴质量。钢琴的练习需要用心地去发现音乐的细微之处。音乐作品的表达除了通过速度的变化来寻找，还必须要通过分手、分段、分声部来仔细探究。

总之，良好的练习方法、端正的练琴态度会大大提高练琴的效率。技术练习对于每个练琴者而言都是均等的，练琴的质量要靠练琴者对待技术的方式、方法来决定。

怎样区别小号与萨克斯

小号的发明最初始于人类发现海螺或兽角可以发出声音。19 世纪初开始出现带有活塞的小号。一般常用的活塞数为 3 个，本调为 Bb 调，管体为铜制。其音色激昂高亢，富有号召力，常常用以表现队伍行进场面或催人奋进、鼓舞士气的战斗场面，降低音区演奏时能够产生一种特别的音响效果，一般演奏技巧有单吐、双吐、三吐、断音等。

记谱用稿印谱表，在管弦乐队或交响乐队中它是不可缺少的高音旋律乐器。

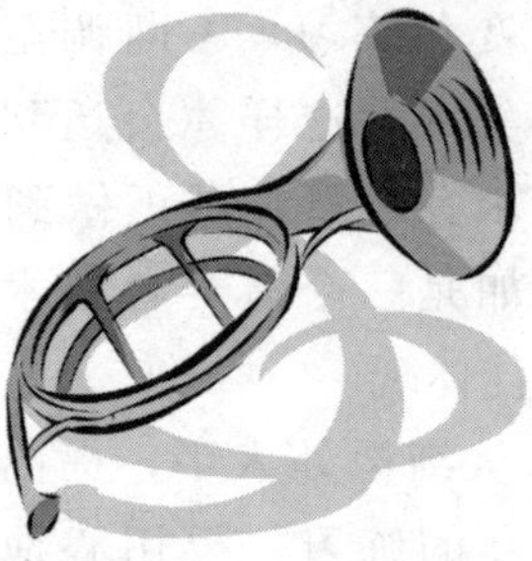

萨克斯管是一种装有弹簧片的吹奏管乐器，是比利时人萨克斯于1840年发明的，故名萨克斯管。萨克斯管的吹嘴是用苇片制成的哨片，与单簧管相同。其音乐表现力异常丰富，是管乐器中表现力很强的乐器，力量饱满且富于歌唱性，能保持均匀的颤音和动人的音色，在吹奏时有一种令人兴奋的情调，多用于爵士乐队和军乐队的演奏。

怎样选择吉他

购买乐器最好是到大的、有信誉的专业乐器行购买。选择吉他时，可以从外观上看。

1. 色：电吉他的“色”是用透明的涂料从中心开始全部涂抹在吉他木块的表面的。比较有代表性的是黑、红、茶色。也有在红、黄等颜色的基础上，用淡蓝色、粉红色涂出金属色彩，也有的涂成金银色。

2. 形：关于外形，不同的厂商都有自己代表性的设计，最好还是靠自己的感觉试奏一下。抱起来比较舒适，有安定感，能情不自禁地抱着它去练习，这样的吉他就很适合自己。初学者还是参考有代表性的吉他外形比较好。

3. 材质：吉他的材质，包括琴身和琴颈，对音色的特质有着决定性的作用。对于初学者来说，那么多的种类，可能很难选择一二。最好还是自己亲自弹奏一下，再根据自己喜欢的音色来选择。琴身用桃花心木的比较多，琴颈用胡桃木、桃花心木的比较多，指板则多用玫瑰木、檀木、胡桃木。

4. 状态：更为重要的就是吉他的状态，也就是弹奏的舒适感。虽然购买以后可以再作调整，但还是选择在琴行调整了的比较好。好的琴行就算是新进的吉他，也会帮你像样地调整之后才卖。

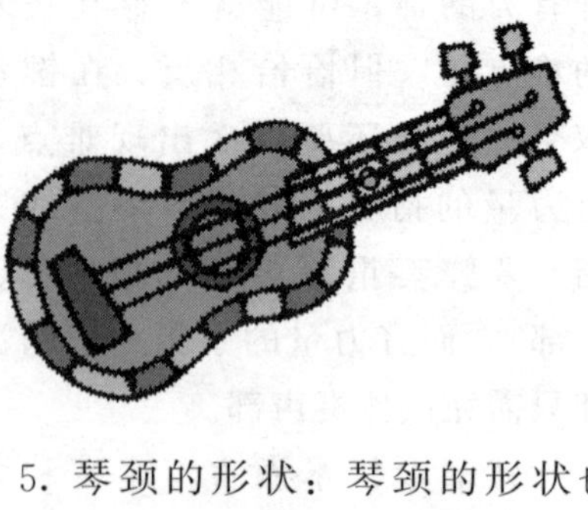

5. 琴颈的形状：琴颈的形状也有很多种，选择的基准是厚薄和粗细。选择的时候把琴颈握在手里，

可以按几个和弦试试。

6. 弦高：弦高就是琴弦和品丝的距离。新吉他一般都把琴弦调整得稍微高一些，所以不要太在意。调整的时候要配合琴桥，如果可能，把琴桥降低。

7. 琴颈的弯曲：弦音变高，也与琴颈的弯曲有一定关系。如果买回家后，发现弦高渐渐变高的话，最好让琴行帮助调整。

买二手琴，要特别注意琴颈弯曲的问题。琴颈是用里面的钢筋来调整的，旋转过度可能会失去弹性，如果超过弹性形变的极限，就无法再用，你可就吃亏了。所以买的时候一定要向琴行确认清楚。

怎样欣赏器乐曲

器乐曲就是我国各民族乐器演奏的音乐作品。我国从古至今，历朝历代都留下了很多优秀的民族器乐作品。

一般而言，民族乐器可分为四大类，即吹管乐器、拉弦乐器、弹拨乐器、打击乐器。民族器乐曲的演奏形式有：独奏、齐奏、重奏、小合奏和大合奏。

在欣赏器乐曲前，应该看一些资料和介绍，对乐曲产生的时代背景及作曲家的生活、思想、创作意图、表现手法等进行了解。通过这些了解，在欣赏器乐曲时，才会感受深刻、联想丰富。

比如我们欣赏古琴曲《潇湘水云》时，如果了解了作者郭楚望所处的时代正是南宋小朝廷偏安一隅、敌兵入侵、山河破碎这样一个背景，那么我们对于他“欲望九嶷，为潇湘之云所蔽”而写的这首有着忧国忧民思想感情的乐曲，一定会有一个较深的理解和认识。

有的民族器乐作品，不仅要从背景入手，还要感受它的旋律。除此之外，描写性、情节性的音乐都会引起欣赏者的联想。比如贺绿汀的钢琴曲《牧童短笛》，音乐的标题已经引导我们去联想，在蓝天白云下，牧童骑在牛背上，悠然自得地吹着短笛，在初春的田野上缓缓前行，前面还隐约看到了村庄，似乎还有个“杏花村”的牌子。

有些音乐作品是非标题性的，欣赏者凭借着对音响的感知和自身的感情体验，自由地想象，这种想象在不同的欣赏者那里是会有很大的差异的。

虽然我们每个人对音乐音响的

感知能力不同，但只要随着欣赏经验的丰富，这种能力一定会逐步提高的。

如何欣赏电影

注意电影的画面构成。电影是一种视听兼备，以视觉为主的艺术。电影主要是通过直观的画面再现客观事物的情境，表现人物的性格特征，传达某种思想感情。电影画面是动态的立体画面，它的构成包括人物造型、环境造型、声光的选择、音响的配置等因素。因此，我们在欣赏电影画面的时候，要留心导演是从什么样的角度、用什么样的声、光、色来处理人物的。

注意电影蒙太奇的作用。简单地说，蒙太奇主要是指电影画面的分切和组合。它是电影艺术塑造人物形象，表达主题思想的独特手段。注意电影中不同的蒙太奇结构和蒙太奇手法的运用，并用心思索其运用的特点和目的，你就能更深入地把握电影作品的主旨和意蕴。

用“综合”的艺术眼光欣赏电影。电影是一门综合性艺术。它吸收、融合了多种艺术，如文学、音乐、美术、摄影、表演等。不同的艺术形式与同电影特性相适宜的表现功能结合，从而成为一门具有“新特质”的艺术。因此，在欣赏电影的时候，就要有一种“综合”的艺术眼光。一是要具备多方面的艺术审美能力，对各种艺术形式都要有一定的认识，都要具备相关的素养；二是要看一部影片是否把各种艺术形式化做成了自己的有机组成部分。

如何欣赏圆舞曲《蓝色多瑙河》

这首圆舞曲的作者是奥地利古典音乐家、华尔兹圆舞曲之王约翰·施特劳斯。他 1825 年 10 月 25 日出生，父亲是一位宫廷乐大师。他从小跟随父亲学习音乐，19 岁指挥乐队演奏，博得观众喝彩，不久获得了“华尔兹之王”的美称。一生中创作了 170 多首乐曲，大部分为华尔兹舞曲，是人类音乐宝库中的珍贵财富。为了创作，他常常苦思冥想，废寝忘食。虽早已成名，但生活并不富裕，甚至为一日三餐而费心。幸亏有一位聪明贤惠的妻子为他操持家务，安排生活，他才能获得一个良好安定的创作环境。

在维也纳，施特劳斯结识了一位著名的女歌唱家，两人经常在一起协作，渐渐产生了爱慕之情。一次，他们计划离开维也纳乘船顺着多瑙河去外地演出。临行之前，他的妻子特意去拜访了女歌唱家，说她担心丈夫去外地生活起居不安定，委托女歌唱家照料好她的丈夫。女歌唱家感觉到施特劳斯的妻子确实是个贤内助，有对丈夫真挚的爱。她便劝施特劳斯打消去外地演出的念头，留在妻子身边。施特劳斯坐在多瑙河岸边，望着恋人乘船离去，默默不语。河水拍打着小船的声音渐渐消失了，小船在慢慢地远去、消失。他独自坐在岸边回忆，向往、兴奋、悲伤，他哭了，多瑙河的水似乎理解他的心，河水起伏，碧波荡漾。这一切在他心中涌现、腾飞、奔放，渐渐地形成了一个个音符，就这样他创作出了这首闻名世界的、经久不衰的《蓝色多瑙河》。当时施特劳斯42岁。《蓝色多瑙河》就像是一枝永不衰败的玫瑰花一样和施特劳斯的名字连在一起而世代流传。

如何欣赏莫扎特的《安魂曲》

法国著名作家司汤达在他的《莫扎特的挽歌》这片纪实小说中，叙述了莫扎特临终前，经常见到一位神秘的黑衣人，使莫扎特认定，这是死神使者在通报，该是谱写《安魂曲》的时候了。

在莫扎特临终前三个月，莫扎特在给友人的信中写道：“天命难违，谁也不知道自己能活多久；生死由命，是人生不可挽回的，一切只好任随它去……”

莫扎特抓紧制作这部《天鹅之死》的《安魂曲》，可他还没写完这一生命的最后乐章，便溘然与世长辞。

美国的奥斯卡获奖影片《莫扎特》，对莫扎特临终前出现的那位索命人进行了集中渲染，使莫扎特生命的最后阶段，充满了恐惧感。影片中的黑衣人，如幽灵般使莫扎特终日魂不守舍，终于导致莫扎特的健康状况迅速恶化，并最终死去。

文学作品中描述的这位黑衣使者，在现实生活中的原型是谁呢？

有的史料记载，黑衣使者是一位专门收买莫扎特作品的伯爵以重金雇用的一名侍者。但是，据历史专家考证，当时的一些人曾认为，莫扎特早就对自己生命的期限有所预感，他对自己的身体状况十分担忧，对已构思好的音乐，拼尽全力抓紧创作。如此看来，莫扎特的死，似乎与黑衣使者无直接关系。至于文学作品中神秘的黑衣索命人，大概是为了增加莫扎特生命结束的神秘色彩吧。

如何欣赏小提琴协奏曲《梁祝》

小提琴协奏曲《梁祝》优美动听，富有激情，受到了国内外听众的一致好评，是为数不多的雅俗共赏之曲。它是在 1959 年由何占豪和陈钢作曲完成的。作者吸取越剧的曲调精华，创作出了这部单乐章、带标题的小提琴协奏曲。作品由相爱、抗婚、化蝶三部分组成，表现了男女青年忠贞的爱情以及对封建礼教的控诉和反抗。

简短优美的引子过后，是呈示部，爱情主题深切委婉，而后是大提琴和小提琴进行对答，表现梁、祝二人草桥结拜的情景。之后的弦乐重复更突出了爱情主题。

第二主题开始是明快活泼的回旋曲，描写出两人同窗时的欢乐情景，紧接着是表现爱情发展的慢节拍，然后是大提琴和小提琴的对答，表现了两人在长亭依依惜别的情景。第二部分展开部，铜管乐奏出凶暴的音调，象征着封建势力的压迫。小提琴在这段里由不安到反抗，形成一个高潮，刻画了祝英台反抗封建礼教的顽强精神。此曲以单簧管引出一段慢板，大提琴和小提琴三次对答，刻画了梁、祝二人相会时互诉衷肠的动人情景。接着，梁山伯因爱情忧郁而死，小提琴运用京剧的“倒板”和越剧的“嚣板”刻画了祝英台哭坟，然后，在一阵绝望的锣和钹的响声后，祝英台跳进梁山伯的坟中，乐队齐鸣，以悲切的情绪表现出爱情的主题。

第三部分再现部，音乐优美婉转，爱情主题再现，展现出一幅梁、祝双双化蝶，翩翩起舞的情景，表达了人们对爱情的祝愿。

如何欣赏二胡曲《二泉映月》

《二泉映月》已经是二胡演奏者的必奏曲，早已响遍了祖国的大江南北，而且走出了国门，受到了外国人的喜爱。现在，我们来看看这首曲子的创作背景。

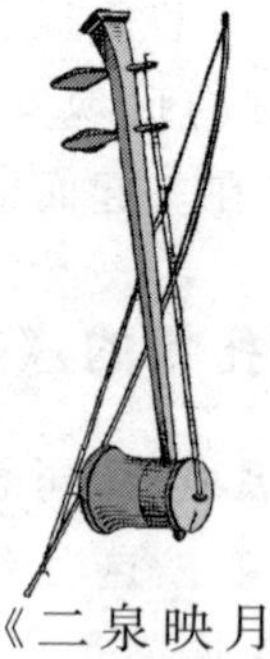

二胡曲《二泉映月》是由我国著名的民间音乐家阿炳创作的。《二泉映月》的曲调时而宁静、婉转，时而如泣如诉、慷慨激昂，恰如一

位饱经风霜的艺术家在吐露内心的情感。乐曲情真意切，旋律优美，感染着每一位听众。其实这正是阿炳当时的写照。

阿炳生于 1893 年的江苏无锡，他父亲是当地的一名道士，擅长演奏民间乐器，阿炳从小就随父亲学习音乐。但是他 4 岁时母亲就死了，21 岁时得了眼病，4 年后双目失明。

由于家境越来越不好，他沦落成了街头艺人。但生活的艰辛并没有让阿炳放弃对音乐的追求。他每天都背着乐器，游走于大街小巷，用弹奏乐器来谋得一口饭。

有一天晚上，卖唱了一天的阿炳，饿着肚子走到了惠山泉边休息。惠山泉向来有“天下第二泉”的美称。月影投在清冷的泉水中，四处一片寂静。阿炳虽然眼瞎，但心中的感应却是敏锐的。凉风吹过，他不禁悲伤起来。阿炳想起了自己艰难坎坷的一生，心中感慨万千，创作的灵感油然而生，于是，《二泉映月》从此诞生了。

如何欣赏古筝曲《广陵散》

古筝曲《广陵散》，东汉时期流行于广陵地区，相传描写的是聂政刺韩王的故事。到了魏晋时期，有一位博才多艺的大文学家和大音乐家嵇康，因为反对司马氏的独裁统治而被处以死罪。临刑时，他神态自若、从容不迫地弹奏了这首乐曲。据说他的弹奏惊天地，泣鬼神，把聂政舍生取义的英雄形象表现得淋漓尽致。相传这首曲子只有嵇康会演奏，而他没来得及将它传给后人就死了，这首《广陵散》也从此成为千古绝唱。

如何欣赏《黄河大合唱》

它是一首表现中华民族英雄气概的著名歌曲。抗日战争时期，人民音乐家冼星海在延安一座简陋的窑洞里，用了6天时间完成了《黄河大合唱》的创作。1939 年 3 月 26 日，这首曲子在陕北公学大礼堂首演，引起了极大的反响，迅速传遍全国。

作品以中华民族发源地——黄河为背景，展现了黄河两岸曾经发生过的事情，呼唤中国人民起来保卫黄河，保卫华北，保卫全中国。它真实地反映了中国人民伟大的抗日战争精神，成为鼓舞群众奋起抗战的战斗号角，是我国合唱音乐史上的里程碑。

作品共有八个乐章，依次是：混音合唱《黄河船夫曲》，男声独唱《黄河颂》，配乐诗朗诵《黄河之水天上来》，混声合唱《黄水谣》，男声对唱与混声合唱《河边对口曲》，女高音独唱《黄河怨》，齐唱、轮唱《保卫黄河》，混声合唱《怒吼吧，黄河》。

如何欣赏舞蹈《霓裳羽衣》

《霓裳羽衣》是唐代的作品，当时特别流行歌、舞、曲相交融的多段体乐曲，此曲则是当时的代表作。传说，道士罗公远在中秋节的晚上于宫中赏月时，折下桂花一枝，抛在空中，化做银色长桥，唐玄宗和杨贵妃就踏上长桥进入月宫。数百仙女披着长带翩翩起舞，据说舞的就是《霓裳羽衣》。唐玄宗精通音律，暗将乐谱记在心里，归来只记得一半，就让乐工排练起来。后来，西凉总督杨敬述所献的印度《婆罗门曲》声调和原曲相符，然后就把月宫默记的一段改为“散序”，将杨敬述所献的改为《霓裳羽衣》。

此曲的取名，还与舞蹈的服饰有关，舞者的上衣都缀满了羽毛，称为“羽衣”，下面是彩虹般闪光花纹，或月白色的衣裙，称为“霓裳”。从服饰来看，是求其仙境。

《霓裳羽衣》的首演者是杨贵妃，最初多为独舞，后来发展为双人舞和群舞。这个舞曲当时以它的新颖雅丽，在宫廷深受欢迎。开始的序曲步舞，用磬、筝、箫、笛相互交错着弹奏，在舒缓、悠扬的旋律中把人们引入奇妙的“仙山佛地”。在中序开始起舞，由缓慢低昂的节奏，过渡到急促的拍子，中序舞姿柔婉，最后长吟一声结束。

如何欣赏舞蹈

舞蹈作为艺术虽然来源于人们的实际生活，但是，它是演员对生活加以艺术想象构成的，所以舞蹈会比生活中的事物更美。我们欣赏舞蹈，不能注意里面哪些动作像不像生活中的某些事物，而是要从这些动作中产生艺术想象，想到更多更美的东西，这样才能真正得到艺术享受。

从一个印度舞蹈中，我们看到一个出嫁的姑娘在戴项链，感觉到她心里充满了欢乐。这是因为这个要做新娘的姑娘，戴项链的动作夸张、优美，充分地表现出了自己内心的感情。

如何欣赏芭蕾舞《天鹅湖》

《天鹅湖》的作曲是柴可夫斯

基，编剧是弗·别吉切夫等，编导是朱·列津格尔。1877 年 3 月在莫斯科首演时，遭到失败。1895 年才获得全剧的成功。

该剧描写了王子齐格弗里德与被魔王掠去变成白天鹅的公主奥杰塔相爱了，魔王为了破坏他们的爱情，就带着女儿奥吉丽雅闯进宫廷舞会。王子误将奥吉丽雅当成奥杰塔，看到向窗外飞去的白天鹅时，才知道被骗了。王子追到森林湖畔，与魔王搏斗，最终，爱情的力量战胜了邪恶。

它是浪漫主义时期最伟大的作品，一百多年来，该剧以优美的音乐、动人的故事和具有经典意义的舞蹈段落，成为了芭蕾舞坛上最夺目的珍品，并深受全世界人民的喜爱。该剧同《睡美人》《胡桃夹子》一道被称为柴可夫斯基著名的“三大舞剧”。

如何欣赏歌剧《白毛女》

该剧是由延安鲁迅艺术学院集体创作的，于 1945 年脱稿，后经多次修改而成，是中国第一部民族歌剧。

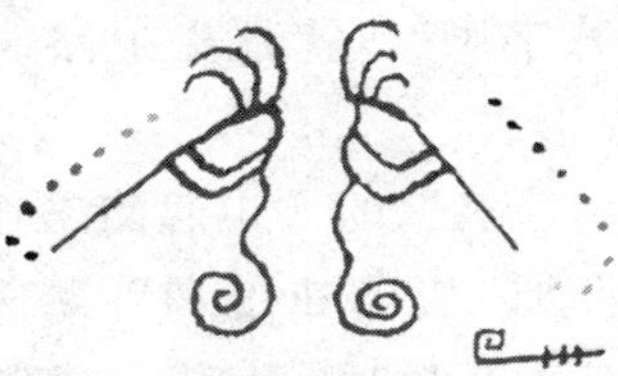

剧本取材于晋察冀边区的民间传说，描写的是恶霸地主黄世仁逼死佃户杨白劳，奸污其女喜儿，后来打算把喜儿卖掉，喜儿逃到深山老林，在老林里生活了多年，由于营养关系，头发变白，被当地人传为“白毛仙姑”，八路军打倒了地主，救出了喜儿这样一个故事。

该剧的主题是“旧社会把人逼成鬼，新社会把鬼变成人”，歌颂了人民军队发动群众进行解放战争而取得的伟大胜利。歌剧具有鲜明的时代特点和民族风格，是我国新歌剧创作的一座里程碑。

如何欣赏歌剧《威尼斯商人》

这是戏剧巨人——莎士比亚的喜剧代表作品之一，完成于 1597 年。该剧描写的是威尼斯商人安东尼奥为了帮助朋友马萨尼奥和鲍西雅结婚，向犹太高利贷商人夏洛克借钱。夏洛克一向仇恨对方，但是他还是借给安东尼奥三千银币并且不要利息，但契约上写着，如果到期不还，夏洛克可以随心所欲地在对方身上割下一磅肉。后来，安东尼奥的商船全部损毁，身无分文自然无法还债。他们走上威尼斯法庭，夏洛克执意要割安东尼奥的肉。这时，鲍西雅化装成法学博士，出现在法庭。她同意夏洛克从安东尼奥身上割下一磅肉，但是在割肉过程中，“要是流下一滴基督徒的血，夏洛克的土地财产，就得全部充公”。结果，夏洛克败诉。

该剧歌颂的是人世间慷慨无私的友谊，也形象地暴露了自私自利者的丑恶嘴脸。

如何区别雕刻和雕塑

雕刻和雕塑的结果都是一座立体的雕像，但是艺术家在雕刻时用的是“减法”，在雕塑时用的是“加法”。

雕刻使用的材料一般有大理石、石块、木头、象牙等，艺术家根据原材料的形状，想好从什么地方开始，使用凿、锉、磨、敲、刻的方法，把不需要的部分去掉，直到雕刻出想象中的形象。如果一不小心“减”多了，这块材料就报废了。

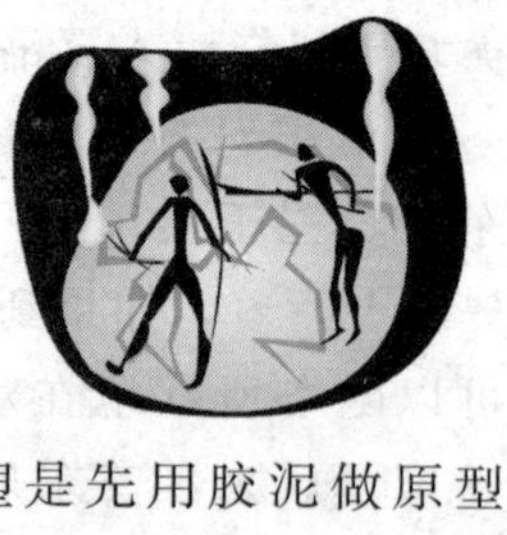

雕塑是先用胶泥做原型，用泥堆出大致的样子，然后用手和工具去雕塑出细致的形象。如果错了，多了可以减，少了可以加，直到满意为止。雕像塑好以后，用耐高温的材料紧贴着雕像做一个模子。然后往这个模子里浇铜水、铁水或石膏水，冷却以后，剥开模子，雕塑就做成了。

怎样矫正扁平足

可能有些人还不知道什么是扁平足，扁平足是足底长得比较平坦，不存在足弓的一种常见病。

扁平足除少数先天遗传外，大多数是由于幼年时期足部肌肉韧带的力量差，不能承受迅速增长的体重，或者负荷超出了承受能力而造成的足弓塌陷。这种足弓弹性小，缓冲能力差，支撑能力低，长时间走路或者运动脚和小腿就会疼痛，这对从事体育活动不利；严重者还可影响人的姿态。

那么如何矫正扁平足呢？原地站立，脚跟迅速向上提起，用前脚掌或脚尖撑地，如此反复练习。下蹲，做足尖着地、足跟抬起的短跑起跑动作，到足部稍感疲劳为止。跳绳也可以矫正扁平足，连续跳两分钟，重复3～4次。

怎样矫正“八字脚”

“八字脚”，就是指走路时脚掌呈八字形。

“八字脚”的人走起路来摇摇摆摆，运动时影响速度和弹跳力。一般人正常走路时，大腿和脚掌是在同一平面上的。“八字脚”的人走路时，脚掌不是向外，就是向内，大腿和脚掌不在同一平面上，因此步调比正常人小，速度慢，跑步时就更明显了。

由于“八字脚”的人大腿和脚掌不在同一平面上，因而腿部肌肉扭转力、弹力削弱，同时地面的反作用力不能通过身体重心，结果就大大地影响了弹跳高度。

适当的体育锻炼是有助于矫正“八字脚”的，例如做徒手体操和器械体操。在做各种姿势时，要注意脚尖绷的方向，如果是“内八字脚”就要向外绷脚尖，“外八字脚”就要向内绷脚尖，使髋、膝、踝三关节保持在同一直线上。在进行跑步锻炼时，膝关节不要外偏或者内扣，脚尖要有意识地对准前方，沿着直线前进。有时可在沙地等处跑或者走，注意观察自己脚印的方向。

怎样正确锻炼身体

“生命在于运动”这句话是古人总结出来的经验，它指出了运动与身体健康的密切关系。生活告诉我们，体育锻炼有利于我们的健康成长，锻炼可使人体各种器官的功能得到增强；身体强壮了，学习起来就会有精神，效果就会非常好；体育锻炼还可以帮助我们培养耐心和毅力。所以，我们从现在开始就要养成锻炼身体的习惯。

要注意的是，不是每项运动都适合我们，因此运动时还要选择适合自己的运动方式。适当的运动，不但能保证身体的健康，还能增强个人活力，让身体随时保持平衡，有助于集中注意力。

不管是什么运动，只要勤加练习，就能帮助保持自己的健康。当然要注意到，如果运动过度，会造成疲劳，反而有可能会失去健康；若花大量时间运动，没有顾及学习和其他事情，也会适得其反，所以凡事一定要适可而止。一般来说，每星期运动三次左右，每次锻炼的时间在20～30分钟之间，长期坚持下去，就能收到良好效果。要以平常心去努力锻炼，因为当心里感到平静安定的时候，身体才会跟着感到舒服。具体怎么做呢？

1. 首先要培养自己对体育锻炼的兴趣。对体育锻炼发生了兴趣，就会亲身去参加各种体育活动。培养体育锻炼的兴趣，可以从参观、欣赏各种体育比赛开始。

2. 掌握锻炼身体的方法。要掌握科学的锻炼方法，不当的锻炼非但不能起到有效作用，还容易发生事故。

3. 根据自己的年龄和体质来选择适合自己的锻炼项目。要根据实际情况来安排运动量，不可盲目锻炼，也不可做超出自己承受范围的运动。宜多做些较为和缓的、活动性比较强的运动，不宜做用力过大、憋气、负重的练习项目。

4. 要持之以恒地锻炼。体育锻炼只有持之以恒，才会有效果，也只有持之以恒，才能形成锻炼的习惯。因此要制订锻炼计划，并天天坚持，可以的话，最好让父母能跟自己一起锻炼，这样更有兴趣。

在篮球运动中，怎样传接球

在篮球运动中，最基本的动作就是传接球。进行双手头上传球时，球员要双肘弯曲，将球举于头上，掌心空出，用前臂、手腕、手指的力量，将球传出。扣腕出球以肘为轴。容易犯的错误是，摆臂下压没有抖腕，指拨球。

双手头上接球时，球员要主动伸臂迎球，掌心空出，触球后，后引缓冲。接球时不能抱球、挟球、等球，更不能掌心触球。

传接球的中间肯定需要运球，所以运球在篮球运动中也是相当重要的。运球应该用手指运球，而不是手掌。运球高度最好不要超过腰部（这样比较容易控制球）。运球时手腕要放松，用向下挤压的动作拍球，而不是用抽打动作。要训练两只手都能熟练地运球。开始先学习在原地运球，熟练后可以一边运球一边走动。不要过多考虑运球时你的移动速度，应先掌握好运球技术。走动中的运球技术掌握好以后，再开始逐渐增加移动速度，直至全速。速度应以你能舒服地运球为标准。

运球时应该抬头，时刻观察场上情况。如果运球时只顾低头看球，很容易被对手盗球，而且也看不到处于有利位置的队友，甚至自己处于容易投篮的位置也不知道。

运球的规则是：球员在不能传球给队友时可以自己带球向前进攻；带球移动至更有利的位置以传球给队友；等待队友到位接传球时控制住球；自己向篮筐方向运球并完成

投篮或上篮。然而也不要过多地运球。如果你在比赛中过多地运球，会使其他四位队友只能站在那儿看你，而且运球比较慢（传球可以更快地把球传向篮筐方向），同时，也不符合篮球运动所提倡的团队合作精神。

怎样把篮球投进球筐

三步上篮是最基本、最简单的投篮技术。下面，以右手的三步上篮为例说明如何练习。

从离篮筐三四米的前方稍偏右处开始，用右手朝篮筐方向运球，最后一步用左脚踏出（并准备起跳），跨最后一步时，用双手抱球（左手在球前方，右手在球后方并靠近球底部），左脚发力起跳，眼睛保持在篮筐附近你要将球送至的方向，左手离开球，右臂单手持球向上完全伸展，并在弹跳至最高点时，靠手腕发力（称“挑篮”）将球送出。

左手上篮只要用左手运球、右脚起跳、左手“挑篮”即可。刚开始练习时用你习惯用的手（有力的手）上篮，等动作熟练后再练习用另一只手上篮。如果你感到运球当中很难掌握起跳点或很难调整最后一步，可以先练习原地上步、起跳、投篮，熟练以后再从运球开始。

在篮球的训练和比赛中可以有很多不同的投篮方式，但不管哪种投篮方式，有两点是必须做到的。

1. 从脚底发力，也就是说虽然是用手投篮，但力量是从脚前掌发起的，然后通过脚踝、膝盖、胯部、上体、手臂、手腕，最后传递至手指尖将篮球投出。力量的整个传递应该是一个连贯协调的过程。

2. 手臂姿势，应该是上臂与前臂呈90°，而手腕后伸也与前臂呈近90°，并与上臂平行。手指持球的后、下部。投篮时，向上、向前（当然是指向篮筐）伸臂，向上、向前用力屈手腕，最后用手指将球推出，这样投篮会使篮球产生下旋，碰到篮板或篮筐不会产生很大的反弹。还应该让手与篮球接触的时间尽量长（即随球动作时间长），这样有利于控制球的运动方向，增加投篮的命中率。在开始时不要过多考虑球是否投进了篮筐，而要把注意力集中到身体的姿势、动作以及整个投篮动作的节奏上。每次投篮要重复同样的动作要领，正确的投篮动作变得很流畅的时候，命中率自然会因此而提高。还应该在离篮筐不同的位置、角度练习投篮。

怎样打好羽毛球

对业余羽毛球爱好者而言，要想在短时间内提高球艺，可采用一些较实用的方法。

1. 握拍时手尽可能保持放松，以便最大限度地发挥手腕的力量，力争在身体前上方击球，千万不要让球落至颈部以下高度，否则回击的球就没有攻击力。

2. 在单打时，除非扣球，千万不要把球打在对方的中场，尽可能打两角。

3. 在单打时，每次击球后应立即回到中心位置。在双打防守时则应回到与同伴平行的位置，而在双打进攻时则应与同伴保持前后的位置，在双打发球时，发一短球后应立即向前封网以防对手打短球回击。

4. 当你一时不知所措或需要喘息的机会，可打一高远球，然后回到中心位置。

5. 有力地正手或反手击球时，身体应向击球一侧转动以便站稳双脚。

6. 单打发球要尽量高而远，双打发球要短，球的飞行路线要贴近球网的上缘，发球要多变。

7. 在规则允许的范围内尽可能多用假动作迷惑对方，但事先不要流露自己的意图。

8. 在双打接发球时，要举起球拍迫使对方发低球，如果对方的发球过高，应立即上前扑杀。

10. 扣球应尽可能远离对手或直接命中对方握拍的手或肩。

11. 在前场回击高球时，应尽量采用扣球的方法，扣球是重要的得分手段，但不要在底线处击出高而短的球，这通常会给对手以杀球机会。

12. 如果你正在得分，不要改变打法，如果正在失利，则应立即调整打法，如果你连续进攻没有奏效，可打一高远球，然后寻找战机重新发起进攻。

怎样打保龄球

保龄球又叫地滚球，起源于德国，是一种在木板球道上用球滚击木瓶的室内体育运动。保龄球具有娱乐性、趣味性、抗争性和技巧性，给人以身体和意志的锻炼。由于是室内活动，不受时间、气候等外在条件的影响，也不受年龄的限制，易学易打，所以成为男女老少人人皆宜的特殊运动。

比赛分个人赛和多人赛。赛前，以抽签决定道次和投球顺序。比赛时，在球道终端放置10个木瓶呈三角形，参加比赛者在犯规线后轮流投球撞击木瓶；每人均连续投两次球为1轮，10轮为一局；击倒一个木瓶得1分，以此类推，得分多者为胜。

规则规定，运动员投球时必须站在犯规线后面，不得超越或触及犯规线，违者判该次投球得分无效。投球动作规定用下手前送方式，采用其他方式为违例。

1. 球的选用。保龄球的重量基本上从6磅到16磅，11个级。小学生适合6～7磅，中学生适合8～9磅，女青年适合10～12磅，男青年适合13～14磅，专业球员适用于15～16磅。初学者，应选择相当于本身体重1/10的球，零心距球，采用传统抓球法练球较好。

一定要选择一个不要太松也不要太紧的指孔，插入之后不妨碍旋转的球，然后拇指插入指孔之后一指孔中央朝前方，也就是以传统抓球法为准来选球，并以在手掌与球面之间的间隔里可放一根铅笔为理想状态。

球的重量。平均摊在中指与无名指上摆动，若能感到球成为身体的一部分则最为理想。

2. 保龄球抓法。先将右手的中指和无名指插入指孔，再把大拇指插入指孔，手心贴着弧面，把球牢牢握住，手腕保持平直，手臂保持90°角。抓球法有传统抓球法、半指节抓球法、满指节抓球法。

传统抓球法：中指及无名指的第一、二指节插入指孔的抓球法，因抓球容易所以对初学者或力量较弱的女性比较合适。

半指节抓球法：中指及无名指插在第一指节和第二指节之间的抓球法，一般只有职业球员才用这种抓球法。

满指节抓球法：中指及无名指插入指孔只插入第一指节的抓球法。这种抓球法摆动费力，但可提供强劲的回转力，可是不好控制，并且容易增加手指指端的负担，所以一般只有熟练的球员才使用这种抓球法。

手指间隔：从拇指到其他俩手指指孔的距离为手指间隔。这由手掌的大小决定，所以有一点点的误差都会影响到球的运动。手指间隔大，指力会影响到球而可能投出曲球或勾球。

3. 保龄球投法。为使保龄球有

一个平稳的加速度，投球前必须进行助跑。只有在助跑中通过摆臂运球，球才能够得到加速度。四步助跑又叫标准型助跑，它包括第一步推球，第二步垂直下摆，第三步垂直后摆，第四步向前垂直回摆和滑步投球。手臂摆动时，肩部应放松，像钟摆一样摆动。

怎样打好乒乓球

在乒乓球比赛中，发球的难度最大。因为它完全受发球者的控制，对发球者在技术上没有任何限制的方法，大大增加了接发球的不可预测性。所以，在现代乒乓球比赛中，积极主动，抢先上手是总体战术的技术风格。以此为前提，接发球则是体现比赛中由防转攻，攻防转换的最常用之处。在相对被动的状态中，通过控制，达到相持，再力争转入进攻，争取主动应是接发球中的基本指导思想。

1. 攻球方法。

（1）正手攻球：近台中偏右站位，左脚稍前，身体斜对球台，持拍手自然放松置于腹前，拍半横状。顺来球路线略向右侧引拍，约与台面齐高，拍面与台面约成 80°，前臂与台面基本平行。当球从台上弹起，持拍手由右侧向左前上方挥动，以前臂快速内收发力配合手腕内转沿球体作弧线挥动，在上升期击球的中上部，击球位置在身体右前方一前臂距离处。

（2）反手攻球：站位近台，右脚稍前，持拍手自然弯曲置于腹前偏左，重心偏于左脚。顺来球线路向后引拍。当球从台上弹起，持拍手由左后向右前上加速挥拍，前臂发力为主，手腕外转，拍面前倾，重心移至右脚，在右胸前击球上升时期的中上部。

2. 接球方法。

（1）挑接：挑接是接短球的一种方法，分为正手挑和反手挑。从目前优秀运动员的实际应用情况来看，反手挑主要用于横板运动员。挑接的基本动作要领是：当球即将过网时，手伸进台内，同时，视来球的方位不同，选择不同的脚向前跨步，将手伸入台内。以右手拍选手为例，如果是正手位就上右脚，如果是反手位，用反手挑，也可以上手臂的同侧脚，如果是侧身位，则上左脚，右脚适当跟上一点；在来球的高点期，击球的后中部，以前臂发力撞击球为主；在击球的一瞬间，手腕有一突然的微小内收（正手）和外展（反手）动作，适当给球一点摩擦，以保证准确性。

（2）搓接：搓接一般多用于接短球，不提倡长球用搓接，这也是中国运动员技术打法风格所追求的。由于搓球的动作小，出手快，隐蔽性强，在长期的运用实践中，运动员根据自身特点，对这一技术进行

了很细致地分化，有快搓、慢搓、摆短、搓长、晃撇等。初学者应先掌握好快搓和慢搓的基本技术，待熟练后，再根据自己的特点和实际情况把变化加进去，用起来才会得心应手。

（3）拉接：拉接一般多用来对付长球。在拉接中，要特别注意第一时间与第二时间的本质区别。手低于台面接触球，一般情况下就可以认为是第二时间，高于球台或基本与球台在一个平面上时，可认为是第一时间，此时拉接，容易发上力，能够保证一定的准确性。在第一时间上接触球时，就要适当地调整，在时间上争取主动。而在第二时间接触球时，也要适当地调整，在力争压低弧线的同时，主要是要靠落点来控制对手。初学者在开始练习拉接时，要多注意练习在第一时间拉接，以体会发力击球旋转的感觉，待水平达到一定程度后，再有意识地练习第二时间拉接的手上感觉。

（4）攻打：攻打在接发球中是一项难度比较大的技术，主要用来对付长球。由于在现代乒乓球技术的竞技中，发球的旋转非常强，突然性和速度也今非昔比，给接发球攻打技术的运用造成了极大的困难，以至于在现在的比赛中，运动员接发球时，使用攻打的概率已经很低，10个球中用上1个已经相当不错了。

（5）接半出台球：其运用技术的基本原则是能拉接，不要搓撇。否则，将会非常被动。在运用拉接技术时，不要拉手过大，手臂向球台靠近，抬高，击球点一般在台面以上，重心提起来，前移，以前臂和手腕的突然向前发力为主，整个幅度不要过大，有点近似于小前冲。而在这些环节中，抬高重心是至关重要的。由于这种球相对短球来说比较长，所以可能会出台，并且比较顶。在运用挑接时，要给球以一

定的力量，有时挑这种球更像是突击。这样才能克服来球的旋转，也才可能达到挑接的目的。

怎样把铅球推得更远

铅球不是丢出去的，也不是扔出去的，而是推出去的。推铅球之前身体向右侧（若是左手就向左）转 90°，之后短距离助跑，用脚猛蹬地，使腿带动腰部肌肉，腰带动上身，上身带动臂部肌肉将铅球推出去。推出去的一瞬间要保证前臂所

指的方向和推铅球出去的方向一致，千万不能有夹角。推的方向与水平方向的夹角应为 45°多一点点，这样才能保证把铅球推得更运。

怎样掌握溜冰技巧

1. “V”型走步：先以“V”型站姿站好，两脚张开呈“V”形与肩同宽约 45°，当我们采取这个方式站立时轮子并不会滑动，这是直排轮中基本的站姿。然后身体微向左倾，重心慢慢转移至左脚。而后身体稍向前倾，右脚向前抬起。再将右脚放下踏稳，重心转至右脚。依此要诀，左右脚交互向前抬起，再平稳放下，借此熟悉重心转移的感觉。

2. 跌倒起立：前溜时如果停不下来，不要慌，双手先伸到胸前，然后下蹲，用下膝盖着地，手指头切实张开，平贴在地。由于着地后身体仍会向前冲，记得双手在胸前准备好，待俯冲的力量被抵消掉后，双手将身体撑起。然后右脚蹲起，呈单脚跪姿，双手平压在右脚膝盖上，双手用力下压将身体撑起后，以“V”型站姿站好。

3. 前溜：前进时脚呈外八字形，右脚前进时，右脚稍稍压外刃，左脚则稍稍压内刃，右脚用力滑出去，左脚用力推，重心稍微移往右前方，然后就让右脚滑行一阵子，再换左脚。此时重心要拉回来，推出去左脚要并拢回来，再将重心放到左脚上，如此继续动作就可以了。重心是很重要的。溜冰要不停地转换重心，只是两只脚在那边猛推怎么会快呢？不只要换重心，重心压低也很重要，重心压低有助于溜冰的稳定性。除了以上几点外，脚收回来也很重要，也可以增加速度（因为可增加推刃距离）。

4. 转弯。以左转为例：行进时，左脚前，右脚后，而手平举，上半身（从腰部以上）面向圆心，还有要压刃，重心在左脚并压外刃，右脚可以自然地推刃，这样子就可以

画出优美的弧线了。

5. T 刹：前溜时两脚不动，保持滑行时脚一前一后，然后把较后面的那一只脚轻轻地抬离地面，之后将抬起来那只脚的脚掌转 90°，然后轻轻地将抬起来的那只脚往地上放。让轮子和地板接触慢慢地刹车，此时重心要放在前脚，膝盖微微弯曲。

6. 前溜转后溜：当我们要前溜转后溜时可轻轻跳转 180°来完成，或者是用较简单的方式：开始时脚为一前一后，接着把两脚的脚跟轻轻抬离地面一点点，以脚尖为轴，顺势将身体转 180°或者是先以右脚为重心将左脚转 180°再将右脚转 180°就可以了。在转向时，双脚尽量不要张开太大，要保持平行，这样动作才会干净利落。

如何滑冰和滑雪

冬季的北方，经常看到大人小孩儿穿着冰鞋在冰上尽情地滑着。为什么滑冰一定要穿冰鞋呢？我们知道，有些地方冰鞋也叫冰刀，冰鞋上面像皮靴，下面装有冰刀。因为冰刀的刀刃很窄，与冰接触的部分很少，可以把滑冰的阻力减到最小的范围，而金属刀刃给冰的力又很小，这样滑冰的速度就很快了。

滑雪是一项既浪漫又刺激的体育运动。它起源于北欧的挪威。早在几千年前，当人们的生产条件还很落后的时候，人类为了在恶劣的自然环境中生存，发明了可以代替步行的滑雪板，它的应用使得人们可以在浩瀚的森林中任意追寻猎物。

滑雪运动从所处地理条件来分可分为越野滑雪、高山滑雪两大类。越野滑雪起源于北欧的挪威，主要是在平原或地形起伏不大的丘陵地带进行，是主要的代步工具。高山滑雪起源于欧洲的阿尔卑斯山区，所以也称阿尔卑斯滑雪，主要是在地形起伏较大的山区开展这项活动。就娱乐性、刺激性、挑战性来说，高山滑雪对人们的吸引力最大，从事高山滑雪运动的人数也最多。

怎样射箭

射箭的分解动作包括以下几方面。

1. 站姿：身体站位与靶标成 90°。双脚自然分开。

2. 持弓 ：弓要能在箭被释放后自由摆动。正确的持弓方法是持弓手拇指和示指呈“V”字形。为了放松地持弓，很多射手都使用弓悬索来防止箭出弓后弓的掉落。

3. 持箭：左手持弓者，在左臂内上箭。将箭杆放在箭台上，并使箭羽与弓弦形成正确的角度。将箭向弓弦方向拉动，弓弦与箭尾应紧紧贴合。

4. 拉弓：弓弦是用前三个手指拉开的，同时箭尾用前两个手指轻轻夹住。向后拉动弓弦，直到右手的定位点。每次拉弓的定位点都要相同，定位点不确定就会射不准靶标。

5. 瞄准：可以凭借直觉瞄准或依靠弓上标准的瞄准器瞄准。在凭借直觉瞄准时，射箭者双眼睁开正视目标。使用瞄准器瞄准时，用准星对准靶标然后放箭。

6. 放箭：弓要拉满。拉弓前深吸一口气，然后憋住，三个持箭的手指轻轻放开，让弓弦平滑释放。每一次的放箭都要如此。每次放箭之前，在脑中想象一下放箭的过程。

7. 后续动作：后续动作是十分重要的。要射得准确，持弓的手和持箭的手要在箭射中目标之前保持原位。坚持这样的规则就可以射得很好。

每次射箭时要用固定的姿势，相同的力度。但是人在精神及肉体上会时时产生变化，要每次都以同样的状态或同样的样子来射箭是不可能的。为了使射箭姿势尽量正确，必须学习射箭的技巧、知识。学习后按照姿势反复练习，不断调整自己的姿势，熟能生巧，最终就能练成与正确姿势接近的自己的姿势，这时即使意外地遭到精神上或肉体上的不良影响亦能充分把持，不致误差太多。

固定是初学者最重要的一个基本动作，固定并非固定不动，而是一连串动作后松弦时一定要自然放松手指，不可发力造成回拉。射箭要注意到放箭的节奏，若节奏改变，表示动作已经改变。射箭的目的不在于增强肌肉，拉弦时不可使出全身之力，应只让两手用力扩张，肩膀的肌肉必须放松。你只有做到这一点，才算是符合了用心灵挽弓射箭的标准之一。吸气后，轻轻地将气往下压，使得腹部紧绷，再引弓射箭，呼气要尽量地慢而稳，而且要一口气完全呼完。引弓的那只手应轻柔地向后方伸展至完全伸直。

射箭的量要多，量多才能有技术的讨论空间。射箭动作在确立之后，不可轻易更改。

怎样跳高

跳高前的起跑不要冲得太凶，要慢慢地加快，最后用尽你吃奶的力气去腾空，然后保持身体向上的趋势，尽量保持在空中的停留时间，增加个人整体力量，特别注意对下身双腿和脚的力量的训练。但是不要把力量都练死了，那就没爆发力了，练完应注意放松。

要想跳得高，还要多进行有关的训练。下面提供的是一组跳跃的训练，记住不要休息。

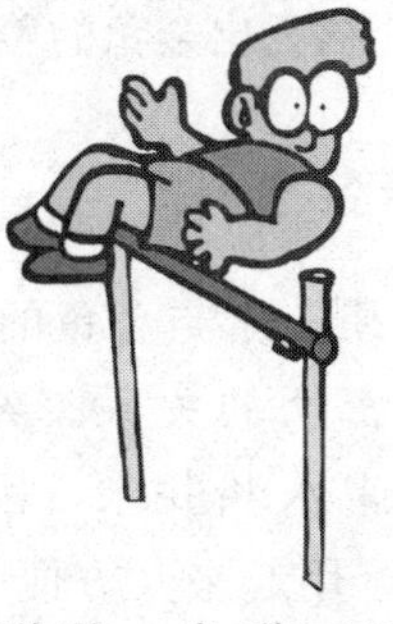

1. 半蹲跳：半蹲至膝的位置，双手放置于前，向上跳离地面最少20～25cm（若觉得容易的话，你可以跳至25～30cm）。在空中，你的双手需放在后面。着地时，完成一次。

2. 抬脚尖：找个梯级或一本书来垫脚，然后只把脚尖放在上面，脚跟不得着地或被垫。脚尖抬到最高点，再慢慢放下，完成一次。双脚做完，完成一个组。

3. 台阶：找张椅子来，把一只脚放上去，大腿和小腿垂直，尽全力地跳开，在空中换脚，再放在椅子上，双脚完成为一组。

4. 纵跳：双脚放直，与肩同宽，“锁紧”你的膝盖，只用你的小腿跳，只能弯曲你的脚踝，膝盖尽量不弯曲。到地时，再迅速起跳，完成一次。

5. 脚尖跳：将脚尖抬到最高点，用脚尖快速起跳，跳时不得超过2.5cm。

如何插花

插花就是根据自己的喜好和审美情趣，设计插花的造型。插花要注重容器的选择。花瓶、水盆、花篮、碗、碟、罐头盒、竹筒等都可以做容器，选择容器时，应与花枝长短、花型大小和花色相衬。木本植物要用大瓶，草本植物要用小瓶。

插花造型分为自然式、图案式、盆景式、花篮式等。自然式多将野花、野草仿照自然界中天然生长的姿态，搬入室内。图案式以几何图案结构的美学观点进行设置，一般用一枝花或几枝花为主体。盆景式是以枝干为主体，配上小花。花篮式是将许多花置于花篮中，花枝较多且饱满，讲究的是韵律的变化和层次丰富而不重叠。造型的选择要与环境协调起来。

插花的工具有花插座、剪刀、粘胶、瓶口稳定架。

如何挑选金鱼

1. 看色彩。质量好的金鱼色彩鲜艳，形态端正，肥胖适当，无伤无病。文种金鱼，体形短巧；五花金鱼，体色鲜艳，五彩缤纷，花斑清晰且花斑均匀分布于全身。

2. 看鱼眼。水泡金鱼，其水泡柔软、半透明、个体大、无倾斜且左右对称；龙睛金鱼，其眼球向上翻转 90°且左右对称。

3. 看鱼背。蛋种金鱼，其背部较光滑，无刺；文种金鱼，其背鳍高大挺直；龙睛金鱼，其背鳍挺直。

4. 看鱼鳞。不管是黑色的、白色的还是橘红色的金鱼，其鳞片都是整齐、闪光、无损的。珍珠金鱼，其鳞片还更加清晰可辨，一目了然。

5. 看鱼尾。蛋种金鱼，其尾部短而平展，薄而柔软；文种金鱼，尾鳍平展；龙睛金鱼，尾鳍宽且薄。

如何选择金鱼的容器

养鱼容器的大小、形状是否合适，对金鱼生长的好坏和饲养管理的难易关系十分密切。

因为金鱼的美丽色彩和千姿百态的变化，主要表现在头部、背部和尾部，所以自古以来，都饲养于各种盆、缸和池中。盆、缸、池的水面开阔，便于空气中的氧溶入水中，有利于金鱼的生长发育。

另外，金鱼容器内壁必须是浅、淡、单色的，或白或青，色越浅越好。这样，才能衬托出金鱼的美丽色彩。

怎样喂养金鱼

1. 水质。水与金鱼的正常生长、繁殖有着密切的关系。养鱼的水一般选用自来水和井水，因为它们的含菌量低，用起来又方便。

注意，自来水中含有氯，可先将自来水倒在铁桶里，让太阳光直射 2～4 小时，待水温冷却后，再倒入鱼缸中使用。

2. 水温。金鱼能在零下 39℃的水中生存，但却不耐水温剧变。金

鱼生长的最适宜温度为20～28℃。即使在适宜温度的范围内，水温的剧变也会使金鱼得病，甚至死亡。金鱼喜欢暖和的水，25℃是它们存活的最佳温度。

3. 晒水。无论选用哪种无毒水源，都要晒水，即将养鱼水存放24小时，以便使新水和原缸水的温度趋于一致，使水中杂质沉淀。

4. 水草。鱼缸内最好栽植水草，这不仅能带来美观，还可补充水中的氧气。

5. 换水。金鱼的新陈代谢快，所以，在炎热的夏天，1个月应换水两次以上，严冬时，每个月也应至少换1次水。

6. 补养。喂养金鱼时，只要饲养水体水溶氧量低于2毫克，金鱼就会“浮头”，到水面吸氧，呼吸频率显著加快，并会发出轻微的响声，俗称“叫水”。这表示鱼缸内缺氧，最好立即用氧气管补充氧气，或是减少鱼缸内金鱼的数量。

怎样给猫清洗

1. 洗脸。给猫洗脸，最好在洗脸水里加点盐，冬天要用温水。用左手按住猫头后颈，右手拿湿毛巾轻轻擦拭猫眼内角和鼻梁深陷处。

若想清洁猫的眼屎，可用棉花棒蘸湿水擦拭。擦洗动作要快，时间长了猫会因为不舒服而挣脱。每天早晚喂完猫后，最好都洗1次。

2. 洗澡。给猫洗澡时，将猫慢慢地浸入40℃左右的温水中，一边抚摩猫背，一边用手将水撩上猫身。注意不要把水弄湿猫的头脸部，引起猫的反感。

将猫毛完全湿润后，可把猫抱出水盆，用稀释过的宠物专用洗毛精淋在猫的身上进行搓洗，搓洗中要注意不要漏掉猫的腹部和腋下等地方。脸一定不要洗。泡沫完全搓匀后，再把猫放入水盆中清洗一遍。擦干后，可把猫放在纸箱里，用电热风筒将猫毛吹干。

猫毛吹干后，再用不含类固醇的抗生素眼药水和猫用滴耳油，对猫的眼睛和耳朵进行适当保养就行了。

洗澡次数也不能太频繁，夏天15天1次，冬天1个月1次即可。

如何训练鹦鹉说话

鹦鹉有着灵巧的发音器官，所以会学人说话。但是要想教会它说话，还有很大的学问。

不能让它对人感到陌生，更不能使其对人有恐惧感。我们每天要给它充足的水和食物，保持它和环境的清洁。鸟类在清晨最活跃，所以训练鹦鹉时，最好也是在早晨。

教它发音时，自己的发音要清晰准确，而且要有耐心。教较长的语句时，应分阶段训练。在它没有学会第一句话的时候，千万不能教第二句，那样鹦鹉会糊涂的。

如果鹦鹉只注意人而不注重发音的话，人应该藏到它看不到的地方，只发出声音来训练。

怎样调教宠物狗

家庭饲养宠物狗的时候，要训练宠物狗养成良好的生活和卫生习惯，要听从主人的命令。在这一过程中必须注意以下几点。

第一，保持室内整洁，不让狗随地大小便。

第二，规定睡觉地点，不要让它到处乱睡。

第三，听从主人命令，不要让狗在桌椅、沙发等地方跳来跳去。当主人喊它时，它能够马上跑到主人的身旁。

第四，不管主人在不在家，都要让狗养成不会破坏物品和家具的习惯。

第五，跟随主人外出时，不离主人左右。

第六，允许主人动它的东西，当主人拿走狗的食物和玩具时，它不会产生“抗议”。

第七，纠正狗的坏习惯，不要让狗养成乱咬别人东西、乱跳、乱叫、乱撞和偷吃东西等不良习惯。

第八，不让狗任性，要让狗养成听从命令的好习惯，不要让它养成高兴时就服从，不高兴时就不理睬的习惯。

如何养水仙花

水仙的盆里仅有一些清水而没有泥土，也可以长得绿叶青青，花味清香。当万花凋谢的冬季，看着一盆在清水中亭亭玉立的水仙，你一定会心神气爽。那么如何养水仙花呢？

一般的植物都要用根吸收土壤中的营养。而水仙是多年生鳞茎植物，所以它不需要土壤。11 月中旬前后，将水仙鳞茎外面干枯的鳞皮剥除，用小刀在其上部画一个十字纹，千万不要伤到花芽。然后把水仙放入水盆。由于没有泥土的固定，所以要用雨花石或鹅卵石压住鳞茎根部。往盆中加水，以淹没鳞茎三分之一为宜，每隔两三天换一次水。

把水盆放在有光照但不热的地方，如果没有充足的光照，水仙就会出现花头瘦弱、不开花或少开花的现象。如果温度太高或太低都不利于水仙生长。最好放在低于12℃，高于2℃的地方。

大鳞茎生长很快，一般几天后它就可以长出叶子，12月中下旬就会逐渐开出美丽清香的花朵。细心的养花人还可以用它做出多姿的造型。

如何选购鲜花

在购买鲜花时，应选花朵鲜艳清新、初开或开放一半的鲜花，并要求花枝坚实，叶片色泽浓绿有光泽。若鲜花的花朵下垂，花瓣松散，花色暗淡，叶片萎蔫不宜选购。

判断花是否足够新鲜，可将花枝从容器中提起，看看浸在水中的部分是否呈现异色，是否有臭味。如果有，说明剪切的时间已过长。

最后，还要查看鲜花的花朵、叶片和枝条等处是否有蚜虫、红蜘蛛等害虫。

怎样延长瓶中鲜花的保鲜期

1. 水质。瓶中的水若为自来水，则应除去水中氯气，可将自来水放置1～2天后再用来插花，并坚持每天换水。

2. 去叶。淹没于水下的部分不要留有叶片。

3. 剪枝。要在水里剪花枝插头，以免剪口接触外界空气而受污染。为防止花枝的养分下泄和枝干腐烂，可将剪口用微火烧焦。

4. 加入特殊成分。养水仙最好用加浓度1%的食盐水，养菊花、芍药花可把半片阿司匹林兑两千克清水装入瓶内，梅花、桃花可在水中放入少许硫黄，翠菊可用浓度1%的糖溶液。

如何选购渔具

现在有些同学跟着爱钓鱼的父母，也逐渐培养起了钓鱼的爱好。那么，你知道如何选购渔具吗？

渔具包括钓竿、钓鱼线和钓钩。选购渔具材料时，首先要看是否有厂名、厂址、商标、产品标准及规格、等级证书；其次看外观；最后向销售方索取产品的验证书和产品性能说明书。具备这些材料的产品，质量应该比较可靠。

选择钓竿时，要选择直、轻、韧、长的。

钓鱼线一般选用透明尼龙线。市场上销售的线产品有聚乙烯线、聚丙烯线及尼龙线，前两种比尼龙线便宜。所以商家在卖前两种产品时，会有意混淆。我们在购买时，可取一点线放在水里，下沉的是尼龙类，上浮的是聚乙烯或聚丙烯类。

在购买钓钩时，宜选购钩条未锈、刚柔相济、弯度适中、钩尖锋利、锡锤适中的。

如何钓鱼

钓鱼有益于身心健康，是培养毅力、陶冶情操的户外运动。一般都在温暖适宜的春秋两季进行。

学习钓鱼，首先要学会下鱼饵。下鱼饵是很有讲究的，鱼饵分为两大类：诱饵和钓饵。诱饵是下钩前引鱼集中的饵料，多用面包屑和碎米粒制成。钓饵是穿在钓钩上引鱼咬钩的饵料。各种鱼喜欢的食物不尽相同，比如青鱼喜食虾米、面筋、螺蛳肉、蚯蚓，鲫鱼喜食面筋、虾米、饭粒、肥肉丁等，要根据钓的鱼来下鱼饵。

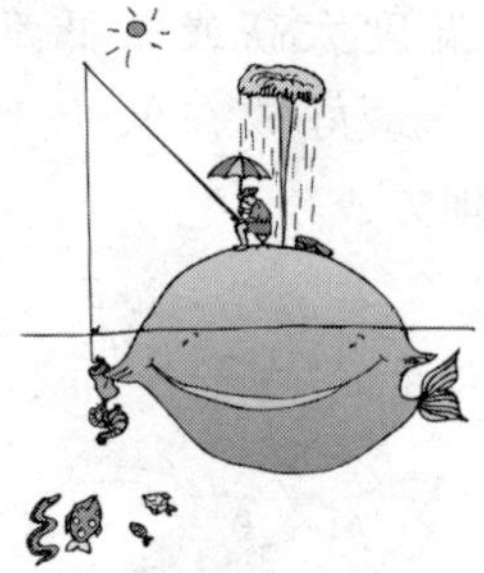

下钓的水色要清中带浊，因为鱼在太浊的水里看不到鱼饵，在太清的水里容易看到人影。下钓的原则是春钓滩、夏钓潭、秋钓荫、冬钓草。根据这个原则，下钓的地点宜选择偏僻的水塘、石洞、树根旁、下风口、下水口等。

最后，关键的是把咬钩的鱼钓上来。这要靠提竿的功夫。首先要稳住鱼的劲头，来回放拉几次，等鱼折腾不了了，再把它拖回岸边，提出水面。拉线时，手腕向上一抖，同时肘部向下一顶，钓钩就会钩住鱼嘴，然后把鱼拉出水面。

如何取信封上的邮票

从信封上剪下来的邮票，应经过处理再放进集邮册中。在处理过程中要注意：剪的时候要离邮票远一点，不能损坏边齿；然后把邮票放在冷水中浸泡，把背后的信封片去掉；把湿邮票放在干净的玻璃上，等阴干后才可以放进集邮册中。

如何剪报

剪报是把自己感兴趣的知识信息、方法介绍和语言优美的文章等从报纸上剪下来的一种行为。它不仅可以准确地保存有关资料，还免去了摘抄的麻烦。

剪报的内容很多，游记、故事、小诗、名言警句、重大新闻等都可以剪。但是剪的时候，要有目的性。剪下来的文章，经过整理分类，贴在剪贴本上，注上日期和出处。

坚持剪报，可以增长语言和其他方面的知识，提高阅读能力，为自己的写作积累素材，还可以丰富课余生活，这对自己的成长是非常有益的。

如何保护图书

每位同学都有自己的图书，为了延长图书的寿命，我们要好好收藏和保护图书。

1. 防尘。图书要放在书架或书橱内。书架外面可以罩上塑料薄膜，防止灰尘和风沙吹入。

2. 防蛀。存放的图书时间长了，经常会受到蛀虫的破坏。这些蛀虫身体极小，平时藏在书页间的夹缝里，一般很难除掉它们。我们可以利用含有杀虫物质的烟草来保护图书。将烟头或碎烟叶在水里泡两天，待水变成黄色时，把书签浸入其中，待第二天晾干后夹在书中即可。

3. 防霉防晒。图书应放在干燥通风的书架、书橱内，橱门不要长期关闭。但是也不能让太阳晒到。纸张在太阳的照射下，纤维素会加快氧化，从而失去韧性变脆，强度也会大大降低。

如何安全放风筝

春天，放学后或节假日，许多同学爱到户外去放风筝。放风筝的确是一项很有趣的游戏，但我们在玩的过程中一定要注意一些事情，以防发生不测。

不要在公路和铁路上放风筝。公路上来往车辆多，情况复杂，铁路上也常有火车通过。许多同学为了把风筝放起来，只顾向前奔跑或拉着风筝线倒退着走，这时如果有火车或汽车通过，就容易出交通事故。如果不注意，风筝搭上电线，造成短路，不但有触电的危险，还有可能引起火灾。

不能在设置高压线的地方放风筝。这些地段高压线密集，若风筝搭在高压线上，容易造成人员伤亡和电器设备的损坏。

如何养成良好的劳动习惯

不管社会怎样进步、科学怎样发展，劳动永远是人们创造美好幸福生活的根源。我们都应养成良好的劳动习惯。一个热爱劳动、懂得劳动的学生，才有可能成为全面发展的有用之材。

1. 认识到劳动在社会发展中的重要性，认识到劳动是最光荣的。因为人离不开劳动，离开了劳动便无法生存下去，是劳动创造了一切财富。

2. 多做一些力所能及的家务劳动。比如帮助家里买东西、洗碗、扫地、洗衣服、叠被子等。自己经过劳动，就会发现干净整洁的生活来之不易，就会倍加爱惜这些劳动成果。

3. 积极参加校园里的公益劳动。在班级大扫除时，不能偷懒，更不能怕脏怕累而逃避劳动。

从这三方面做起，久而久之，良好的劳动习惯就会养成。通过劳动，我们可以逐步培养起生活的自理能力和独立的精神，在劳动中克服一个一个的困难，又可以锻炼意志，养成吃苦耐劳的好品质。通过参加劳动，我们体会到劳动的艰辛，知道东西来之不易，从而加深与父母的感情，更加爱惜劳动成果，形成勤俭朴实的良好心理，同时，劳动还能促进大脑的发育和智力的发展。

社会安全

如何爱护公共卫生

公共卫生是大家共同的卫生，需要全社会所有的人去爱护去保持。公共卫生环境的好坏已经是衡量一个城市、一个地区人民的文明标志。我们作为学生，更应该以身作则。

1. 不随地吐痰，不乱涂乱画。果皮、纸屑等杂物要扔到垃圾箱里，如果附近没有垃圾箱，就用袋子带走。

2. 不在公共场合大声喧哗。

3. 遇到不讲公共卫生的人，要及时制止。

4. 遵守《公共场所文明公约》，做到随时爱护公共卫生。

讲究公共卫生不仅有利于环境的保护，也是我们自身素质的体现。所以，爱护公共卫生要从我做起，从现在做起。

如何对待搞迷信的人

迷信不同于宗教信仰，它是盲目的信仰崇拜。有些搞迷信的人，通过迷信活动骗取别人财物，还有些人竟然相信这些搞迷信的人，让他们“祛病去灾”，结果造成人财两空。

对待这些搞迷信的人，我们要做到：相信科学，反对迷信。自己和家里人都不参与迷信活动。遇到迷信活动，要用科学知识为武器，识破他们的假象，用摆事实、讲道理的方法，破除迷信活动。

如果迷信活动已经危害社会、坑害人民，一定要及时报告公安部门，以免产生严重的后果。

集体财产受到破坏怎么办

保护集体财产是每位公民应尽的义务。我们现在要做的是培养高尚的情操，爱祖国，爱人民，养成热爱集体财产的美德。只有热爱集体财产，才会主动地去保护集体财产。

如果发现有人在偷盗国家财物，绝不能袖手旁观，不闻不问，而要与坏人作坚决的斗争。不要被他的威胁吓倒，更不要被他的利益诱惑所打动，必要时一定要报警，或与有关部门联系，避免国家和集体的财物受到破坏。

如何识别交通信号灯

在繁忙的十字路口，几个方向来的车都汇集在这儿，有的要直行，

有的要拐弯，到底让谁先走？这就要听从红绿灯指挥了。交通信号灯，它是不出声的“交通警察”。我们要保证自己的交通安全就必须注意交通信号灯，听从它的指挥。

交通信号灯的含义：绿灯亮时，准许车辆行人通行；黄灯亮时，不准车辆行人通行，但已进入人行道的车辆行人，可以继续通行；红灯亮时，不准通行；黄灯闪烁时，须在确保安全的原则下通行。

如何安全骑车过路口

我们在骑车过路口时，千万不能心不在焉。我们不仅要看红绿灯，还要注意自己前方的车辆给自己的信号。

若是汽车一侧的方向灯一闪一闪的，这是在告诫人们：我要转弯了。当看到汽车的“方向灯”闪亮时，我们不要抢道，应及时避让远一点，让汽车先通过。所以，我们在骑车过路口时，除了注意来往直行的车辆外，还要注意避让转弯行驶的车辆。

如何停放自行车

从城市到农村，越来越多的中小学生骑自行车上下学。骑车时，需要注意安全，停放车时，也要注意安全。因为，自行车失窃现象很严重。

把自行车停放在安全的位置，尽量不要放在墙角或隐藏处。如果家里有院子，就放在家里，如果有车库或车篷，就不要放在走道上。在外面，要寄存在看车处。新车、高档车最好不要放在户外，车锁也要用好的。找好位置以后，一定要把车锁好，车锁必须牢固。如果只是放一下，马上就走，也不要怕麻烦，要把车上锁。

如何安全骑车

骑自行车要在非机动车道上靠右边行驶，不逆行；转弯时不抢行猛拐，要提前减慢速度，看清四周情况，以明确的手势示意后再转弯。经过交叉路口，要减速慢行、注意来往的行人、车辆；不闯红灯，遇到红灯要停车等候，待绿灯亮了再继续前行。骑车时不要双手撒把，不多人并骑，不互相攀扶，不互相追逐、打闹。更不可攀扶机动车辆，不载过重的东西，不骑车带人，不在骑车时戴耳机听广播或音乐。

公路上风沙大，容易有异物进入眼睛，所以骑自行车最好戴上防护眼镜。如果发生意外，应马上把车子抛掉，人向另一侧跌倒。同时全身肌肉绷紧，尽可能用身体的一部分面积接触地面。切记：千万不要用单手、单肩着地，更不要用头部着地。

骑车途中遇雨，不要为了免遭雨淋而埋头猛骑。雨天骑车，最好穿雨衣、雨披，不要一手持伞，一手扶车把骑行。雪天骑车，自行车轮胎不要充气太足，这样可以增加与地面的摩擦，不易滑倒。而且应与前面的车辆、行人保持较大的距离。骑车要选择无冰冻、雪层浅的平坦路面，不要猛捏车闸，不急拐弯，拐弯的角度也应尽量大些。

我们要经常检修自行车，保持车况完好。车闸、车铃是否灵敏、正常尤其重要。

国家《道路交通安全法》规定：未满十二周岁的儿童严禁在马路上骑自行车。所以为了自己的安全，一定要遵守此项交通规则，未满十二周岁绝不骑自行车上路。不能骑着儿童专用的自行车上路，应选择步行或者乘坐公交车上学、回家。

如何安全乘坐出租车

据统计，70%的道路安全事故是由车辆超限超载引发的，50%的群死群伤性重特大道路交通事故与超限超载也有直接关系。所以，当我们看到汽车已经满员时，我们就不要再上车了。因为车辆超载，容易造成汽车刹车失灵。特别是在下坡时，更是无法控制。车辆超负荷运行，增加了驾驶人的心理负担，加大了驾车操作难度，容易酿成车辆爆胎等事故。重要的是，车辆超长超宽会使得重心偏离中线，转弯容易造成翻车。

乘出租车时，要站在站台上或规定准许出租车停车的路边招手拦乘。上了出租车，关好车门，并按下门锁。车开动后不要随便动门的开关，以免引起事故。下车时，按计价器金额付费，并索要发票，以备有东西遗忘在车上，可及时按车票上的车号及电话与司机联系。到达目的地后，要开右边的车门下车，同时要注意门外有无车辆或行人通过。

如何安全乘坐公交车

乘公交车时，一定要排队候车，按先后顺序上车，不要拥挤。上下车均应等车停稳以后，先下后上，不要争抢。乘车时不要把头、手、胳膊伸出车窗外，以免被对面来车或路边树木等刮伤。也不要向车窗外乱扔杂物，以免伤及他人。要坐稳扶好，没有座位时，要双脚自然分开，侧向站立，手应握紧扶手，以免车辆紧急刹车时摔倒受伤。下车时要等车停稳后，观察后方无其他车辆驶来，再下车。下车时要一步一个台阶，不要蹦跳，这样极易摔伤自己。

如何避让机动车

你们知道汽车指示灯的含义吗？弄清楚汽车指示灯的含义是很重要的。当汽车拐弯、刹车的时候都会先用指示灯给行人、车辆打招呼。懂得这些指示灯的含义会令我们的出行更安全。

汽车前面的两个红指示灯都亮时，表示汽车直线前进；左边的指示灯亮时，表示汽车向左转弯；右边的指示灯亮时，表示汽车向右转弯。汽车尾部两旁的小红灯，叫刹车灯。当它闪亮时，表示“本车将要刹车，请后面的车辆减速并保持车距”。

还有一些特种车辆，消防车、救护车、警车出动是为了执行紧急公务，一般车顶上都装有标志灯。当标志灯灯光闪烁，并伴有鸣笛声时，表示“请车辆、行人主动让行”。

遇到交通事故怎么办

据世界卫生组织统计，2000 年，全球 126 万人死于车祸。在人类死亡和发病的原因中，车祸排在第 9 位。到 2020 年，车祸致人死伤的排名，将提前到第 3 位，远远高于艾滋病、疟疾等疾病。月有阴晴圆缺，人有旦夕祸福。如果遇到他人发生车祸，在这种紧急的时刻，你该怎么办才能使自己不卷入其中？怎样才能使肇事者得到应有的惩处呢？

一旦周围发生交通事故，我们首先要记下肇事车辆的车牌号，及时报案，保护事故现场。如果发生了同伴受伤的情况，千万不要惊慌，要及时给急救中心打电话。在自己不清楚同伴哪里受伤的情况下，不要动他。如果有出血情况，应及时止血。也可以向路人求助。若在校外发生交通事故，除及时报案外，还应该及时与学校或家里取得联系，由学校或家人出面处理有关事宜。如果事故发生现场有汽油、大火等，则要立即远离事故现场。

上学遇到堵车怎么办

据统计，全国各大城市，每年车辆增加速度远远超过道路阔修的速度。所以每天上下班时间，堵车现象都会很严重。我们放学的时间比下班早，所以不会堵车，但是上学的时候，同学们是不是都遇到过堵车现象啊？

每天坐公交车上学的同学，要估计好时间，提前出发。如果遇到堵车，千万不要急着下车，更不要在街上乱跑，要明白“欲速则不达”的道理。如果离学校很近，堵车情况又很严重，你可以向司机说明情况，提前下车，但还是必须走在人行道上，遵守交通规则。

有的同学因为堵车而迟到时，怕老师批评，就不敢进教室。这是不对的，同学们向老师说明情况，老师一般都会谅解的。

如何避让转弯的车辆

你知道汽车是怎样转弯的吗？汽车是依靠前轮来转弯的。随着前轮的转动，汽车车身也逐渐改变方向。但是前后两只轮子不是走在同一条弧线上，而是有一定距离差别的，这个差距称“内轮差”。因此，我们碰到要转弯的汽车，不能靠得太近，不要以为汽车的前轮过去就没事了。因为有“内轮差”，如果离转弯的汽车太近，很可能被后轮撞倒压伤。所以我们在穿过马路时，除了注意来往直行的车辆外，还要注意避让转弯行驶的车辆。

我们在道路上行走时，千万不能心不在焉。我们不仅要看红绿灯，还要注意自己前方的车辆给自己的信号。若是汽车一侧的方向灯一闪一闪的，这是在告诫人们：我要转弯了。当看到“方向灯”闪亮时，我们不要抢道，应及时避让远一点，让汽车先通过。

如何应对汽车急刹车

乘坐机动车时，我们常会遇到急刹车的情况。在那一瞬间，你可以安全度过，但也可能会受伤，而所有这一切，都取决于我们是否知道急刹车时的自我保护措施。

打瞌睡时，头不要靠在车窗玻璃上，防止发生事故时被玻璃划伤。要尽量将头和身体靠在自己座位的椅背上，以防止刹车时，头部在前冲后仰中受到撞击。如果你坐在后排，可以将轻便衣物放在靠背上，这样，可避免在急刹车中，头部与玻璃或车体直接相撞。

突然发生刹车，你应迅速用手保护好头部和胸部，以避免受伤。

在行车过程中，你最好不要在车门附近站立，更不能靠在车门上，以防止刹车时无意间碰到门锁，将车门打开，从行驶的车上掉下。

公交车上遇到流氓怎么办

在乘坐公交车时，经常会遇到一些流氓的骚扰，遇到这种情况，要加强自我防护意识，否则犯罪分子会利用许多女孩子的害羞心理而更加嚣张。

首先遇到犯罪分子，不要害怕，否则只能证明自己的胆怯，使对方更加放肆；此时最好是远离他，站到女性比较集中的地方或者靠近司机的地方或用胳膊肘猛地撞他一下。因为公共场所人多，流氓内心发虚，只要勇敢反抗，流氓就不敢再怎么样。

当乘坐的公交车非常拥挤，并发现有流氓骚扰你的胸部时，可以将自己的包放到胸前，以防流氓对你的骚扰。如果流氓还是不离开的话，还可以勇敢地踩他一脚，制止其罪恶行为。如果他恶言相向，也可以直接告诉乘务人员或拨打“110”求助。

当看到自己的同伴受到骚扰时，可以对她说“这里好热，我们换个地方吧”，并带着自己的同伴脱离魔爪。

总之，遇到流氓时千万不可软弱、忍耐，这样只能让流氓更加肆意妄为。

同学叫你去马路边踢球怎么办

放学后，很多小学生不愿直接回家，而是和同学们在路上玩耍。尤其是男同学，喜欢在回家的路上玩耍打闹，有的同学还在路上进行球类活动，把马路当做自己的游乐场。这样做是非常危险的。

大街上来往的车辆很多，行驶速度非常快。如果选择在这种地方踢球，车辆通行时往往会躲闪不及，酿成大祸。踢足球要在学校操场，

或是室外广场上进行。

为了自己的生命安全，千万不要在行车道上玩耍。所以，当同学叫你去马路上玩时，你一定要拒绝，还要对这些同学加以制止。

遇到特种车经过怎么办

特种车是指国家有关法规明确规定的，具有公共应急抢险处置功能的车辆，包括蓝白色警务车、红色消防车、白色救护车和黄色工程抢险车，它们分别安装固定式的红蓝色、红色、蓝色和黄色警示灯。

我们在见到这些特种车辆时，不要因为好奇就停下来围观，这样很容易造成交通事故，同时会影响特种车辆的行驶，延误救援时机。交通法规规定：一切车辆和行人都必须让执行任务的警车、消防车、救护车和抢险车先行。特种车辆往往因为有紧急任务而车速较快，按有关规定，如果谁妨碍了这些车辆的行驶，出了车祸要自己负责。我们遇到这些车辆时，应该及时避让，以免发生交通事故。

乘火车如何防盗抢

在旅游或者探亲的时候，要经常乘坐火车，在乘坐火车的过程中，一定要注意防盗、防抢，以免遭受不必要的损失。

首先，要防止被人掉包。因为有时候盗窃犯会将他的包放在你的旁边，然后乘你不备，拿走你的包。就算被发现了，盗窃犯也会搪塞过去，说自己拿错了。为了防止掉包，要做好以下几点。当旅行袋放到行李架上后，在乘车过程不要移动变换位置，也不要不断从袋中取东西，尽量不让罪犯发现袋、包的主人。临时用的东西，如毛巾、牙具、水果、书籍等，可放在身边的小兜子里；旅行袋应该放在时刻能看到的位置，如果放在身后或者正上方，自己看不方便，别人动的时候也不易察觉；携带多个旅行袋时，最好用链式锁锁在一起，以防行李包分散被人掉包。

防止浑水摸鱼。罪犯会利用人强烈的好奇心，在车上趁旅客发生争吵或故意制造争吵假象，伺机偷窃。所以要在这个时候提高警惕。

防止顺手牵羊。外衣挂在衣帽钩上时，如果衣物里有钱物，盗窃犯会将自己的衣物挂在你的上面。等你不注意时，拿走你的钱物。有时候，在你入睡时，盗窃分子会用手先碰一下你，看你是否真的睡着了，如果让盗窃分子发现你睡着后，就会乘机作案。盗窃分子还会以没有座位为由坐在地板上假装睡觉，伺机偷盗。

防止上下车时被盗。经历了上下车时拥挤的情况，当上去或者下来时，人们都会长吁口气，这时，警惕心容易放松，小偷就会乘机盗走你的东西。犯罪分子常常借助刀片，趁旅客上下车走动过程中割开旅客的背包，窃取钱财；小偷还常常利用各种各样的随身携带物品，有的将衣服搭在胳膊上，有的举个空兜子，有的拿一幅手套或者草帽，有的一只手抱个小孩子，在人群中挤来挤去，边挤边掏。因此，在上下车和乘车时要注意将物品随身携带好。

防止汽笛响起时被抢东西。为了避免歹徒抢夺，在乘车时要注意不要将贵重物品摆在茶桌上，否则会给犯罪分子留下可乘之机。

防止列车到站时被盗。列车到站时要特别注意看管好自己的行李物品，防止别的下车旅客拿错行李和小偷趁乱行窃。不要将装有钱包和手机的衣服挂在衣帽钩上，或趴在小桌上、躺在座椅上睡觉；卧铺车的旅客睡觉前要把自己的钱包、手机等贵重物品妥善保管好。尽量不露财、特别是大财，以防小偷注意到你。

如何安全乘飞机

随着我国航空事业的发展和对外交流的扩大，乘坐飞机旅行的人越来越多，一些小朋友也有了多次国际国内飞行的经历。可你知道，在乘坐飞机的过程中，有许多安全常识我们要牢记。

初次飞行者或身体不适者会感到耳胀心跳头痛，此时可张合口腔，或是咀嚼口香糖之类的食物，使耳内压力减轻，消除不适。飞机起飞后，乘务员会通过录像或是亲自示范讲解安全带、救生衣、紧急出口等设备设施的使用方法，要注意听讲并理解。飞机上的一切用品均不能拿走，如厕所内的卫生用品，座椅背兜内的东西以及小毛毯、小垫子、塑料杯、刀叉等。晕机者可在起飞前半小时服用乘晕宁，一般座椅背兜中备有清洁袋。呕吐时，吐在袋内。

如何防止雷电伤害

雷电是常见的自然现象，它们实质上是由天空中雷暴云中的火花放电产生的。放电时产生的光是闪电，闪电使空气受热迅速膨胀而发出的巨大声响是雷声。雷雨天容易遭受雷击，致人受伤甚至死亡。所以，在雷雨天我们要注意自己的人身安全。

如果你在外出时遇到雷雨天气，要及时躲避，不要在空旷的野外停留。如果附近有山洞、防空洞，可放心进去，人多时，不要拥在一起，要尽量散开，不要挤在入口处。

雷电交加时，如果在空旷的野外无处躲避，应该尽量寻找低凹地（如土坑）藏身，或者立即下蹲、双脚并拢、双臂抱膝、头部下俯，尽量降低身体的高度。如果手中有导电的物体（如铁锹、金属杆雨伞），要迅速抛到远处，千万不能拿着这些物品在旷野中奔跑，否则会成为雷击的目标。

如何安全燃放烟花爆竹

过春节时，燃放烟花爆竹是我国的传统习俗。但是，燃烧的爆竹很容易引起火灾，或者伤到人。所以，你在玩烟花的时候，一定要注意。

如果你是低年级的小朋友，燃放爆竹时应该由大人带领。烟花爆竹应该存放在远离火源的安全地方，不能放在炉火旁。为了防止发生火灾，严禁在阳台、室内、仓库、场院等地方燃放鞭炮。也不允许在商店、影剧院等公共场所燃放。

严禁用鞭炮玩“火仗”游戏，这样做很容易伤人。燃放时，应将鞭炮放在地面上，或者挂在长杆上，不要拿在手里，这样做很危险，容易发生伤害。

点燃鞭炮后，若没有炸响，在未确认不存在安全问题以前，不要急于上前查看。燃放烟花爆竹，不要横放、斜放，也不要燃放“钻天猴”之类的升空高、射程远的难以控制的品种，以防止引起火灾或炸伤人。

学校大扫除时怎么做

在参加学校组织的大扫除时，除了要把卫生做好之外，还要注意其他的事项，避免在劳动时造成伤害。

一定要加强自我保护意识，在劳动的时候应该只做些力所能及的事情，不要去做需要爬高的危险工作，否则很容易发生意外，引发生命危险。

擦玻璃的时候尤其要注意安全，千万不要模仿专业的清洁工人攀到窗户外面，如果不小心坠楼，就会有生命危险。

刚清洗完的地板很滑，在上面行走时，一定要小心，防止摔伤；在擦桌椅的时候，一定要注意桌椅上的木刺、螺丝、突出的铁钉，千万不要让它们扎伤自己。

在大扫除的过程中，如果不小心受伤了，一定要及时去学校医务室治疗。

如何选择文具

文具和我们几乎是朝夕相伴的，所以在选购的时候一定要了解一些关于文具的基本常识。

在选购文具时，应该尽量选择简单实用的无香型文具，因为带有香味的文具里，添加了大量的化学芳香剂，其中包含苯、甲醛等多种对人体有害的物质，长期闻这种刺激性的味道，会让人感到头晕、头疼，危害身体健康，降低学习效率。

在选购纸张时应该非常注意，必须选择正规厂家生产的合格产品。因为好多不合格纸张中含有过量的荧光剂，使用过程中会加重人体的肝脏负担。

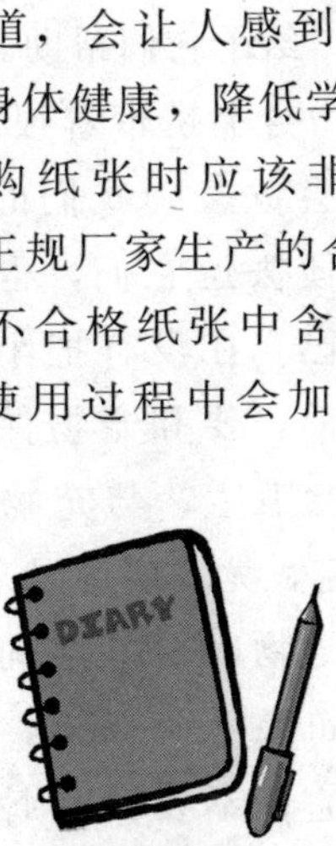

在选择文具时还要注意不要使用对人体有害的文具。比如涂改液。涂改液是要尽量少用的文具，因为它里面含有卤代烃和苯系物质，不仅气味难闻，强烈地刺激呼吸道，而且容易引发眼、鼻和咽喉发炎，使人出现头痛、恶心等症状。

在选购文具时还要注意查看文具的生产厂家，不要购买到劣质文具。

在平时还要养成写完作业就洗手的好习惯，防止铅中毒。

怎样做实验才安全

做实验是让我们通过实践来了解一些理论知识的很好的方法，但是如果在实验过程中操作不当，会带来意想不到的危险。

要有良好的学习习惯。实验室里隐藏着各种各样的危险，所以在上实验课之前，一定要听清楚老师强调的注意事项，按照正确的实验步骤和操作方法进行操作。

实验时要正确使用酒精灯。酒精灯是常用的实验仪器，在使用时不要拿着酒精灯在实验室里随意跑动。使用时千万不要用两个酒精灯对接着点火，用完酒精灯后记住要用灯罩将火熄灭，不能用嘴吹。

做实验时一定要做好自身防护。取用具有腐蚀性的物品或危险品时，应该小心谨慎，最好戴上手套，防止因与物体直接接触而发生意外。

做实验时要注意穿戴简单。

对于易爆品要注意安全使用：使用易爆品时，要远离火源，也不能与高温物体接近；不能点燃易燃气体与空气的混合气体；易爆物体如炸药、硝酸铵、TNT 不能受重压、撞击或点燃，等等。做有毒气体的实验时，一定要安装尾气处理装置，否则就会发生事故。

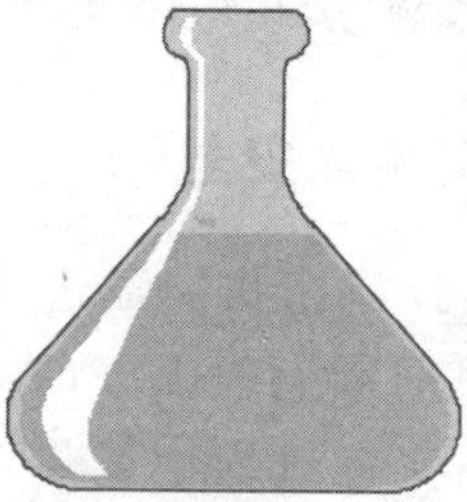

千万不要将实验室里的药品随意拿出实验室，更不能随意去别的地方自己做实验，这样会出现危险。

实验室里的仪器一般都带有药品或细菌。如果不小心被划伤，要及时用过氧化氢或硼酸水洗涤伤口，或涂上万花油。如果伤势严重，可以去医务室就诊。

如果出现其他小意外，及时告知老师，听从老师指挥。

化学药品溅到眼里怎么办

上实验课时，有时会出现一些小意外。在做试验的时候，化学物品就极有可能溅到我们的眼睛里。所以在做试验的时候，我们一定要格外小心啊！

如果化学药水溅到你的眼里，老师又刚好不在，你该怎么办呢？

这时千万不能用手去揉眼睛，那样只会令情况更糟。立刻用清水不断冲洗进了化学药品的眼睛。在冲洗的过程中要不断地眨眼，如果冲洗后眼睛仍刺痛不已，应马上去医院就诊。去医院时，要带上溅入你眼睛的药品的包装，以便于医生了解病情，并及时救治。

路遇宠物怎么办

如果在路上遇到被遗弃的小动物，千万不要随便地把它抱回家，可以和小动物救助中心之类的相关部门联系，给予它们帮助。

小动物身上携带着很多的病菌，很有可能会危害到我们的健康。所以不要随便去逗它们，也要防止它们攻击自己。在没有把小动物送往救助中心前，要和宠物保持一定的距离，注意卫生，与宠物相处时不要过分亲密，尤其不可以亲它们。

抚弄宠物时，手心向下，慢慢接近它，如果手心向上，宠物会觉得你要打它；不要突然惊吓它，否则容易被抓伤；当自己身上有伤口时，不要和宠物亲昵，以防宠物的唾液感染伤口。

如果不小心被宠物抓伤或者咬伤，要立即用水冲洗伤口，并且 24 小时内去医院打预防针。

如何预防火灾

引起火灾的原因很多，平时积极预防，才能避免火灾，以免引起不必要的损失。

首先不要因为好奇而玩火，更不要在建筑物附近或者易燃易爆品附近燃放烟花爆竹，如果有人这么做，要立即制止；如果停电了，需要点蜡烛来照明，一定要在离开时记得将它熄灭，而且，千万不能在蚊帐里点着蜡烛看书；点蚊香及其他明火时一定要注意不要在易燃易爆品附近，而且要放在不易被人碰倒或不易被风吹到的地方；在使用家用电器的时候，一定要在出门之前记得关掉，并使之冷却，放在远离易燃品的地方。

平时要多了解消防知识，并学会使用灭火器的使用方法，在火灾造成的伤害最小时，及时遏制。

发生火灾怎么办

俗话说：水火无情。一旦发生了火灾，必将会给我们的财产造成损失，严重的还会威胁到我们的生命。如果我们身处火灾现场，我们该采取什么样的措施，才能保证自己的生命安全呢？

首先不要惊慌，用湿毛巾捂住口鼻，防止被浓烟呛晕。如果手边有电话，就赶快拨打 119 报警。在逃生时，要尽量低头弯腰或匍匐前进。

被烟火围困时，尽量待在阳台、窗口等易被人发现和能避免烟火近身的地方。白天可向窗外晃动鲜艳的衣物等，在晚上可用手电筒不停地在窗口闪动和敲击东西，及时发出有效求救信号。在被烟气窒息失去自救能力时，应努力滚到墙边或门边，以便于消防人员寻找、营救，也可防止房屋塌落时伤到自己。

火势刚起时怎么办

遇到火灾，应及时拨打 119 报警。如果你们遇到了一些轻微的火情，知道如何处理吗？下面让我来告诉你一些小常识吧！

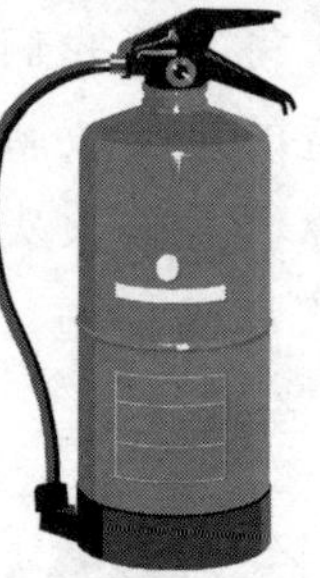

1. 水是最常用的灭火剂，木头、纸张、棉布等起火，可以直接用水扑灭。

2. 用土、沙子、浸湿的棉被或毛毯等迅速覆盖在起火处，可以有效地灭火。

3. 用扫帚、拖把等扑打，也能扑灭小火。

4. 油类、酒精等起火，不可用水去扑救，可用沙土或浸湿的棉被迅速覆盖。

5. 煤气起火，可用湿毛巾盖住火点，迅速切断气源。

6. 电器起火，不可用水扑救，也不可用潮湿的物品捂盖。水是导体，这样做会发生触电。正确的方法是首先切断电源，然后再灭火。

如何安全乘坐电梯

随着城市内高层建筑的增多，电梯的使用越来越广泛。它为我们的生活提供了极大的方便，但随之而来的伤亡事故也是触目惊心的。

电梯分为露天的和厢式的。如果乘坐露天电梯，应面朝扶梯的运行方向，手握住扶梯两侧的扶手，脚应站在踏板四周黄线以内，防止裤脚边卷入电梯周边的缝隙中。如果乘坐厢式电梯，在等候电梯时，先按一下要去的上行或下行方向按钮，灯亮后即可松手等候，不要将上下按钮同时按下，更不要用手拍打电梯门。电梯都有一定的载重量，当乘客满了之后，报警系统就会发出蜂鸣，这时，可以等下趟电梯，千万不可争先抢上，以免发生意外。

总之一句话，不管坐哪种电梯都要小心，不要推挤别人，不能在电梯上蹦跳、打闹，如果带有宠物，则必须抱着。低年级的小学生在乘坐时，要由大人陪同。

困在电梯里怎么办

很多小朋友喜欢乘坐电梯上上下下，不知疲惫。但是如果被困在电梯里了，你知道该如何脱险吗？如果电梯发生故障，自己被困在电梯中，首先要保持镇静，不要惊慌，电梯内若有管理员，一定要听从其指挥，切忌乱挤乱动。

如果没有电梯管理员，可以用电梯内的电话或对讲机求救，在电话中要报清自己的位置、楼号、楼层。或者也可以按下电梯内标盘上的警铃，或脱下鞋用鞋底用力拍门。如果一时无人接应，也不必紧张或害怕，要耐心等待，保持体力，等候营救。

在这里还要提醒一下，被困在电梯里时，千万不要试图撬开电梯门爬出去，因为电梯随时会起动、上升或下降，这样可能会造成很大的危险。

烧伤后怎么办

在用火或有火的地方，一不小心就会引火上身。所以，我们平时就要注意防火，但是如果真的被火烧伤了，怎么办呢？

我们应该检查自己身上的伤口，视烧伤情况不同采取相应的措施。如果只是轻微的烧伤。那么可以把受伤部位放在自来水下冲洗，或是在冷水中浸泡至少 10 分钟。这样可以减轻疼痛，并且减轻伤害。用一块干净、潮湿的软布将伤口轻轻地包扎好。

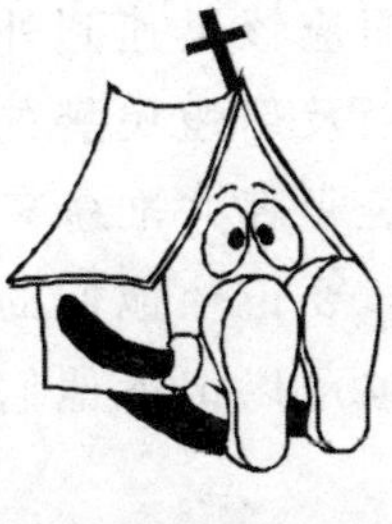

如果烧伤严重，此时不要急于把衣物从身体上脱下来，以免将伤口撕裂，加重伤势。而是找一块干净的衣物包住受伤部位，然后迅速到医院进行救治。因为烧伤时，皮肤表面会有创口，自己千万不要在上面涂抹药物，这样医生在处理烧伤之前还要清理伤口，严重的还会导致感染。

购物时如何防盗

人流量大的地方往往是窃贼们作案的好地方。现在越来越多的超市给我们的生活提供了方便，同时也给小偷们提供了新的作案场所。我们在超市购物时，要做好防盗的准备，以免遭受损失。要随时留心自己的钱包。有人认为把钱放在隐蔽的地方，就没事了。窃贼瞄准了这个规律，常利用人多拥挤时，轻易地将你的钱偷走。在柜台前挑选商品或试衣服时，也要保持警惕。如果发现有人在你身边挤来挤去，要把自己的挎包置于胸前。

当超市出售紧俏商品时，先不要急于挤上前去，而应把所需要的钱拿出来，把不用的钱放好，然后再上前购买商品。

丢失物品后报案时，别忘了告诉警察你的家庭地址、姓名、联系方式。因为窃贼得手后，常常把无用的东西扔掉，如果没有及时报案或报案时未讲清情况，会给公安机关破案及破案后的发还工作带来困难。

如果发现有人不怀好意地跟在自己身边，千万不要紧张害怕，可以走到超市里装有摄像头的地方，小偷就不敢下手了。你也可以向身边的超市内部人员求救，将不法分子抓获。

若小偷在偷东西时被你发现了，应当立即向公安人员或商店保卫人员报告。千万不要尝试与小偷单打独斗，可以大喊“抓贼”，让大家一起制服小偷。

陌生人敲门怎么办

如果你自己在家，有人敲门千万不可盲目开门，应先从门镜观察或隔门问清楚来人的身份，如果是陌生人，不应开门。

如果有人以推销员、修理工等身份要求开门，可以说明家中不需要这些服务，请他们离开；如果有人以家长同事、朋友或者远方亲戚的身份要求开门，也不能轻信，可以请他们等家长回家后再来。

遇到陌生人不肯离去，坚持要进入室内的情况，可以声称要打电

话报警，或者到阳台、窗口高声呼喊，向邻居、行人求援，使他们离去。还有，不邀请不熟悉的人到家中做客，以防给坏人可乘之机。

发现家里有盗贼怎么办

如果有一天，你在自己的家里发现了窃贼，一定不要出声，把自己藏起来，直到你确定安全了，才出来。如果窃贼已经发现你了，应机智灵活，随机应变，避免与盗窃分子正面接触，以免受到伤害。在其离去后，迅速报案。

如果你从外面回来，发现家里有窃贼正在作案，要保持冷静，切勿大吵大闹，也千万不要直接闯进去制止，而应该迅速到外面寻求邻居、行人以及巡逻民警的帮助。如果发现已经得逞并准备离开作案现场的窃贼，要记住他们的特征和逃离去向；也可以记下他们车辆的型

号、颜色、车牌号码，以便向公安部门报告，及时破案。

走夜路害怕怎么办

因为有好些时候我们要较晚回家，走夜路是避免不了的，所以夜间行路，要心里有数，会增加安全感，减少惊慌、害怕的心理感觉。

走夜路时尽量选择路灯明亮的大街作为路线，不要为抄近道而走偏僻的小巷；如果有同一方向的同学最好结伴而行，人多了，遭遇歹徒袭击的可能性就小；在人行道外侧走，如果人行道窄，就在马路边走，这样即使有歹徒埋伏在小巷里也不可能一下子接近你；要在马路左侧走，因为常有汽车迎面开来，歹徒不容易从背后袭击你；如果身

上有包，不要朝着马路一边，以防歹徒飞车抢劫；如果发现有人跟踪你，最好去一些热闹的场所，比如大商场、超市、餐厅等，然后通知家人来接你；如果路上只有你一人行走，为了安全，还是乘出租车回家为好，最好送到家门口，请司机等你进了屋或者家人出来接再离开。

了解了以上一些走夜路的常识，遇到事情时随机应变，走夜路自然就不再那么害怕了。

被人跟踪了怎么办

如果发现被人跟踪，首先要沉着冷静，千万不能慌张，对周围的环境和对方的言行进行仔细观察。如果对周围环境很熟悉或者记得附近不远的地方有商店、居民区或派出所的话，要想尽一切办法靠近这些地方；如果对环境比较陌生，而且前面不远的地方有亮着的灯光、车铃声和汽车的鸣叫声，要找机会向这些地方靠近。这样做既可以通过呼救引来外援，又可以有机会逃脱。

发现被跟踪后要有足够的信心和犯罪分子拖延时间，并找机会积极地向路人发出求救信号，选择合适的方式和时机摆脱犯罪分子。

为了防止被跟踪，平时尽量选择安全的路线，不要通过人迹较少的道路或废弃的厂房、工地；在外面不要待到天太黑，如果晚上必须出门，最好携带防身物品。

买东西时忘带钱包怎么办

买东西时忘记带钱包的情况偶尔会发生，遇到这样的情况应该正确处理。

首先千万不要向陌生人借钱，也不要自己去乘出租车，因为如果出租车司机起了歹心，后果不堪设想；如果附近有警察，可以向警察说明情况借钱，并打电话通知家人；也可以向售货员说明情况，并请他们打电话给家人，让他们来接；可以向同学或老师借钱。如果没有乘车买票的钱，可以到公共汽车站，向工作人员说明情况，他们会让你免费乘车。

如何识别扒手

在公共场合，尤其是人多的地方，是扒手经常出没的地方。所以，我们在这种场合要提高警惕，防止自己的钱物被盗。扒手在这种场合，肯定与常人有所不同，我们可以根据这些特点，来分辨扒手。

扒手的眼睛与常人不同。扒手在人群中寻找目标时，总是眼珠乱动或者侧目斜视，不断观察周围人的动静。如果遇到这种眼光游离不定的人，一定要提高警惕。

扒手的穿着常常给人与气候、身份不符的感觉。他们的原则是穿多不穿少，穿得多时可以掩饰自己的行为。

扒手专门往人多的地方挤。比如在公交车上，上车的人都是赶快上车，找个没人的地方站着。但是扒手总是在上车时卡住车门，在上车人身边挤着。或者上车后挤在人多的地方。如在电影院散场时，扒手们总是跟在拥挤的人流后面，伺机作案。当扒手得手后，会急于逃离现场。有时车还没有停稳，扒手就急于下车，或挤出人群慌不择路地逃离。在他们逃离的过程中，常常是一边跑一边回头张望。

如何识别赌博骗术

赌博骗术一般都是团伙作案，一个人当庄家，其余的人装作互不认识，先站在旁边。当围观的人多了，他们就出来装着与庄家开赌，并不断地提高赌金，结果往往是庄家输得多。这样，使围观的人利用侥幸心理，也上前参赌，结果呢，都是以输多赢少的结局收场。

现在知道了赌博骗术的惯用伎俩，千万不要再去上当受骗了。

如何认清诈骗犯的手段

诈骗犯在作案之前一般都经过缜密的预谋，所以手段变化多端，而且一般人很难从心理上预防。为了防止被骗，我们要先了解诈骗犯的常用的作案手段。

冒充推销员，以虚假伪劣物品冒充高档贵重物品，找出各种理由，以低价销售进行诈骗。

冒充干部、军人或执法人员，事先作好调查，利用对方心理上的弱点，帮助就业、调动工作、安排上学或介绍婚姻等为由，进行诈骗。

冒充华侨或外商，以回国探亲、旅游、开发投资为由，得到对方信任后，诱骗对方出国留学或工作，进行诈骗。

冒充和尚，以为某寺庙化缘为名义进行诈骗。

谎称自己被抢被偷，或者家里遭灾，骗取人的同情来诈骗。

这些诈骗犯一般都是流动作案，所以当遇到这几种情况时，一定不能有私心杂念，而被骗子的花言巧语所蒙蔽。

如何防止马路诈骗

很多骗子都选择在马路上行骗，这样不但有利于逃跑，还不容易让受骗人抓住证据。所以，我们在马路上好奇心千万不能强烈，更不能参与马路上的活动，以免受骗。

在马路上不要非法兑换各类货币票证，不要在马路上向无证摊贩盲目购买自己不了解价格和质量的商品。

如果有人在马路上玩魔术、设赌局，千万不要上前观看。以免自己因为骗子的花言巧语而放松警惕，最终上当受骗。

在马路上有人推销东西时，你就不用看。他们往往以次充好，以假乱真。还有些骗子以新的科技成果、祖传秘方等行骗。我们只要不贪便宜，一般都不会受骗。

如何防止假乞丐行骗

现在的大街上经常能看到各种乞丐，有些乞丐编写了自己的受难史，有些乞丐展示自己的残疾，把自己弄得惨不忍睹。其实他们都是些假乞丐，是为了博取大家的同情，骗大家的钱。这些假乞丐都是些好吃懒做的人，为了不劳动才想出这种骗钱的方法。

如果他们真的有难，或者遭灾，或者因残疾而无法生存，那么他们应该去向有关部门反映，政府会帮助他们的。所以，我们施舍给这些假乞丐钱，其实是助长了他们不劳动的恶习，给社会的治安和文明增加了负担。

对上门乞讨的乞丐，更应该提高警惕，他们有些是为了窥探虚实，为以后作案作准备，也有的会顺手偷走一些财物。所以，如果遇到上门乞讨的乞丐，我们只给他们一些食物就行，千万不要让他们走进家里。

如何防止被拐骗

坏人的行骗手段多种多样。由于缺乏处世经验，我们还不具备辨别真假的能力，所以一定要时刻提高警惕，不给坏人可乘之机。

平时不要讲排场、比阔气、追求高消费。有的孩子骑名车、穿名牌服装，身上经常揣有上百元甚至上千元的现金，这往往会吸引犯罪分子的注意。不要在外谈论自己的家庭情况。有些孩子喜欢在外面炫耀父母的工作情况。这些孩子极易成为被拐骗的对象。

如果你的父母在国家执法机关工作，由于他们打击不法分子的犯罪行为，所以更可能招致某些亡命之徒的嫉恨。具有这样家庭背景的人应该特别注意：无论何时何地，都要做到“守口如瓶”。

所以在此提醒你：不要随意上别人的车，不要随便吃陌生人的东西，谨防上当受骗，给坏人以可乘之机。

如何智斗拦路抢劫

我们在看电视时，经常会看到犯罪分子为了达到目的，劫持反抗能力较弱的青少年。可不要以为这种事只会发生在电视上，现实中我们也要警惕，并学习一些防范知识。

如果自己处于作案人的控制之下而无法反抗时，可按作案人的需求交出部分财物，然后再想办法。

切不可一味地求饶，应当尽力保持镇定，相信“邪不压正”，要与作案人说笑斗嘴，采取默认方式表明自己交出全部财物并无反抗的意图，使作案人放松警惕，以便自己看准时机进行反抗或逃脱。趁其不注意时在作案人身上留下记号，如在其衣服上擦点泥土、血迹，在其

口袋中装点有标记的小物件，在作案人得逞后悄悄尾随其后注意逃跑去向等。注意观察作案人，尽量准确记下其特征，如身高、年龄、体态、发型、衣着、胡须、语言、行为等特征。

遇到抢劫时只要有可能就要大声呼救，或故意高声与作案人说话。

在受到人身和财产的双重危险时，应以人身安全为重，以免受到更大的伤害。

如何防止醉酒人的伤害

很多人会借助酒劲胡作非为，其实“酒醉心里明”，这些醉酒人只要不是烂醉如泥，就不会到丧失辨别或控制自己行为能力的程度。所以，法律规定，对醉酒人破坏社会治安、实施不法侵害他人的行为，应予以法律处罚。

为了防止醉酒人的伤害，当发现醉酒人威胁他人人身安全时，我们可以对醉酒人实施强制手段，比如按倒、捆绑等，也可直接报警，或向他人求助。

如果醉酒人对你进行伤害时，你可以采取大声呵斥，用绳索、棍棒恐吓等正当防卫手段。由于醉酒人行动不便，所以，我们不能故意伤害醉酒人。在任何时候反抗，都要尽量做到防卫有度，防卫适度。

如何防止精神病人的伤害

在大街上，我们有时候会看到一些衣冠不整、肮脏邋遢、行为怪异的人，这些人就是精神病人。由于他们的思维和心理不正常，有时候可能会对我们做出攻击行为。不少人往往受到精神病人的伤害，而有苦无处诉。

为了避免受到他们的伤害，我们要尽快远离、躲避，不要围观。不要挑逗、取笑、戏弄精神病患者，不要刺激他们，以免招致不必要的伤害。当看到精神病人做出伤害他人的举动时，应当向老师、警察或其他成年人报告。同时，被伤害者也应采取正当防卫措施。

如何做才算正当防卫

正当防卫是在紧急状态下，为了保护合法权益而派生的一种权利。这是我国法律赋予每个公民的合法权利，它能使每个公民在面临不法侵害时，通过对不法分子造成一定人身或财产的损害，来保护自身的合法权益或保护公共利益。比如，小偷入室盗窃时，被主人发现，小偷转而用刀威胁，这时盗窃已经转化为抢劫了。对于抢劫，在正当防卫中，即使主人把小偷打死也不用负法律责任。

我国刑法第20条规定：“为了使国家、公共利益、本人或者他人的人身、财产和其他权利免受正在进行的不法侵害，而采取的制止不法侵害并对不法侵害人造成损害的行为，属于正当防卫，不负刑事责任。”

正当防卫权利不是随时都可以任意行使的。如果行使不当，或者滥用这种权利，不但达不到正当防卫的目的，反而可能对他人造成不应有的损害，危害社会，构成犯罪。因此，进行正当防卫必须遵守一定的条件。

如何把握正当防卫呢？根据我国刑法的上述规定，在现实生活中，认定行为人可以实施正当防卫需同时具备以下条件：①有正在发生的不法侵害；②必须是正在进行的不法侵害；③必须是出于为了使国家、公共利益、本人或者他人的人身、财产权利免受不法侵害的目的；④必须针对不法侵害者本人实施，不能针对第三者；⑤不能明显超过必要限度，造成重大损害。上述条件缺一不可。

如何拨打紧急电话求助

如果发现有人流血受伤或者不省人事，要打120求助。电话通了之后，将病人的病情简单说明，如果知道病人生病、受伤的原因，也最好说明，然后说出病人的详细地址。你也可到路口去迎接救护车，以免救护车因找不到病人的地址而延误时间。

如果发现坏人，或者碰到紧急的事可以打 110 报警求助。110 报警电话是维护治安、服务社会、保障公民生命财产安全的重要工具，千万不能随意拨打，更不能恶意骚扰。如果随便拨打 110 或使用 110 报警服务电话报假案等，造成一定影响或严重后果的，有关部门将依法予以处理。

如果发现有地方失火，应拨打火警电话 119。报警时要讲清楚着火地点，说明什么东西着火了，火势怎样。

拨打这些电话后，都要说明自己的姓名、电话号码和住址，待对方挂断电话后，你再挂机。有些情况下，要保护现场，不要乱动现场的人和物。

如何利用身边的物品自卫

如果歹徒在你毫无准备时对你袭击，你一定要学会利用身边的物品自卫。

1. 如果在客厅，可以利用扫帚、螺丝刀、茶杯、烟灰缸、皮鞋等物品向他还击。如果身边有椅子，可以抓住椅子的脚，根据歹徒手中的凶器进行自卫，让椅子起到盾牌的作用。对方还击时，可抓住椅脚，用力向歹徒甩去。

2. 如果在厨房，可以将油壶、酱油瓶、锅、铲、碗、面粉等物迅速砸向歹徒的脸部，最好能对准眼睛还击，使坏人的视力受到损害，你就有机会逃跑。

3. 如果在卧室，你可以用被子或衣服，将歹徒的头部蒙上，再拿东西砸歹徒。

4. 如果手边有尖锐物时，比如铅笔、钢笔、发簪等物，迅速向接近的歹徒的眼睛狠狠刺去，达到伤害歹徒眼睛的目的。

遇到歹徒时，只要保持冷静的头脑，机智勇敢地抓住时机，就会战胜歹徒。

如何与不法侵害者作斗争

社会上的一些不法分子，为了某种目的，常会以青少年学生作为侵害对象。如果遇到了歹徒，你应该怎么做呢？如果发现被歹徒盯上，不能惊慌，要保持头脑清醒、要镇定。同时，根据自己的体力和心理状态、周围情况、歹徒的动机来决定对策。如果被歹徒纠缠，应高声喝令其走开，并以随身携带的雨伞和就地捡到的木棍、砖块等作防御，同时迅速跑向人多的地方。

如果遇到凶恶的歹徒，自己又无法脱离危险，就一定要奋力反抗，以免受伤害。反抗时，要大声呼喊以震慑歹徒；动作要突然迅速，打击歹徒的要害部位，在此过程中要不断寻找机会脱身。

如果侵害行为已经发生，一定要采取种种手段，不让侵害人逃离现场，你要继续与侵害人周旋，并发出呼救信号，迅速记住侵害人的相貌、身高、口音、衣着、身上带的物品、逃离方向等情况，待事后立即向民警或公安部门报告。比如遇到拦路抢劫的歹徒，可以将身上少量的财物交给歹徒后，再与其周旋，记住歹徒的特征后，马上向有关部门报告。

如何防止性侵害

女同学在生理上逐渐成熟，但心理上还不成熟，很容易上当受骗。所以要增加自我保护意识，防止性侵害发生。

1. 独自外出时要小心谨慎，告诉家人自己去什么地方，和谁在一起，去干什么，大概什么时候回来。走夜路时要与同学结伴而行。如果无人相伴，要走有路灯和人多的路线，要随时注意是否有人尾随。如果有人骚扰和跟踪，就要大声呼救或向长者请求保护。千万不能惊慌失措，更不能向小路或偏僻的地方跑。

2. 一个人在家里不要给陌生男人开门。如果被流氓抱住，你可以用尖锐物攻击其眼睛，或者咬断流氓的舌尖，这些都是正当防卫。流氓致伤后必然去求医，就会自投罗网。如果被流氓推倒在床上，可用被子迅速罩住他的头，将他推倒后逃跑。还可以当他脱羊毛衫或其他套头衫遮住眼睛时，迅速一头将其撞倒。用脚踢或用其他物品打他的腹部，然后逃跑。

3. 去公共场合要注意自己的衣着打扮、言谈举止。不要穿太暴露、太紧身的衣服，更换衣物时也要选择安全的地方。不要随便与陌生人攀谈，不要随便告诉别人自己的姓名、家庭住址、电话号码等个人信息。

4. 交友一定要谨慎，不要与校外男青年有密切往来，不要与作风不检点的女同学交往。

5. 不要到公园的树林、假山或村外的河边、树下等僻静隐蔽处读书和复习功课，这类地方往往是流氓作案的场所。

6. 不要让陌生男人带路，不要单独搭乘陌生人驾驶的车辆，不要接受陌生人的馈赠。

7. 遇到流氓时，不能慌张、畏缩，一定要及时大声呼救，想办法及早脱险。

如何反击性侵害

由于生理和心理上的差异，面对性侵害，女同学应该怎么办呢？

1. 冷静对付。性侵犯突然降临，害怕是难免的。面对罪犯，受害者必须先控制自己的惊慌情绪，这样才有机会使施暴者平静下来；哭泣哀求只会令对方恼羞成怒，从而导致更严重的后果。

其实，犯罪分子在作案时都存在恐慌心理，他们既想满足自己的欲望，又担心案发后遭受牢狱之苦。所以，面对强暴，你不必惊慌失措，而应利用女孩儿容易被人相信的优势，去说服罪犯放弃犯罪行为。

2. 缓兵之计。一般来说，性侵犯行为是由强烈情绪冲动引起的，受害者应使用语言去缓和或减弱罪犯的这种冲动情绪，设法拖延这种行为的发生，以求得援助。如用语言表示顺从，然后提出要选择合适的时间、环境和有心理准备等条件，往往可以产生明显的效应。

3. 打击要害。如果前两种方法不能奏效，当性侵犯事件即将发生时，就需要用打击对方的要害来保护自己。当你处在十分危险的情况下，直接受到犯罪分子威胁时，最有效的方法就是打击其要害部位。只要迅速、准确，便能即刻使其丧失侵袭能力。

打击要害部位是以小制大、以弱胜强的有效手段，一般不需要特殊的杀伤性武器，也不需要特别强大的力气，具体可有以下几种。

第一种，当罪犯还未近身时，应紧握拳头、咬紧牙关、怒目而视，这样会使罪犯产生一定的恐惧感。同时，要就地取材，打击罪犯。身边任意一种物件，如匕首、棍棒、石块、刀、剪子等，都可随手捡来作为工具。可用砖块、棍棒或拳头猛击罪犯太阳穴。太阳穴在耳郭前、前额两侧、外眼角延长线的上方。而打击脑枕部则常造成致命的后果，因为脑枕部受打击极易形成脑震荡，这是对外力缓冲承受力最差的一个部位。

第二种，当罪犯近身时，如果罪犯抓住你一只手，你应迅速将手缩回，或用另一只手狠抓罪犯之手，或用口咬。当被罪犯抱住时，应用双手保护胸部，以免罪犯的胸部贴近乳房而增强性冲动，同时要突然、迅速、猛力向上提腿，以膝盖狠顶罪犯裆部，使罪犯疼痛难忍，从而停止犯罪行为。会阴又称裆部，是一个特殊部位，有生殖器官，又是神经、血管分布最为密集的地方。会阴部的睾丸神经丰富，对外界压、触极其敏感。以膝顶，脚踢，手揪、掐阴囊，可使其休克甚至死亡。

第三种，当罪犯强吻时，应尽量将胸向后扭，以避开嘴唇的接触。若罪犯将舌头伸入你的口中，应果断地将其咬断。如果遇到狡猾的罪犯，不能中计，也可咬其鼻尖等，并立即报告公安部门。

第四种，当罪犯将你摔倒时，你应迅速侧身或爬下。如果罪犯将你翻过来，压在你身上撕脱衣裤，准备强行无礼时，这正是你进攻的好机会，因为罪犯的注意力已集中在被害人的下身，此时，以下方法可以酌情选用。

可抓起地上的泥土或沙子抹他的眼睛；用手狠捏其阴囊，可使其立即昏过去，甚至休克、死亡；用玻璃划破其桡动脉（双手腕中医师把脉的位置）或划破其颈部的血管使其出血，甚至休克；用双手呈八字形压迫罪犯的颈动脉三角区，常可立即导致其昏厥或死亡。

当然，与罪犯搏斗的自卫行为应适可而止。

女同学如何应对性骚扰

应对性骚扰的有效方法：

1. 以有效保护自己为原则，要明确这不是你的过错，不要因此责备自己。

2. 面对性骚扰者，勇敢地说“不”，不要采取容忍退避的态度，你越害怕，他越会得寸进尺。性骚扰其实是纸老虎。面对那些骚扰者，你越是害怕、胆怯，对方越是兴奋、猖狂。所以要坦然面对，勇敢反击。

3. 尽可能保留证据以控制对方，如把他写给你的便条，他送给你的

淫秽画片或书刊、录像、光盘等留下来，这些都是证据。

4. 将情况告诉可以帮助你的家人和值得信赖的朋友，求得他们的帮助和支持。

5. 向老师或者有关部门反映，求得他们的支持。

性骚扰一旦发生，不要逃避，要学会勇敢地保护自己的合法权益，要早日调节好自己的心态，可以进行心理咨询和心理治疗，尽早地开始新的生活。

如何抵制黄色书刊的侵害

黄色书刊会使我们的内心和精神受到严重折磨，所以，我们一定要抵制黄色书刊的侵害。可以从以下几方面做起。

1. 端正认识，从自己做起。要戒除对色情小说的“迷”，必须对自己下得了狠心，单靠外界压力是不能解决根本问题的。

2. 循序渐进。一方面是表现在时间上的渐进。保证上课不看，在学校里不看，把学习以外的时间安排得满满的。另一方面，在内容上也要循序渐进。要逐步看一些与学习有关的报纸，如《中学生报》《英语报》等，还可以看有趣的科普书籍。此外，还要培养广泛的兴趣，如练书法、弹吉他、打球、下棋等，课外生活丰富了，就不会再迷恋黄色书刊了。

3. 增加学习兴趣。如果对学习有强烈的兴趣，每天忙于学习就无暇看此类书刊了。

4. 请周围的人监督帮助。把自己的决心告诉老师、父母、身边的同学，让他们提醒你不要丧失自己的意志力。

通过这些努力，相信你一定可以防止黄色书刊对你的侵害了。

怎样健康地玩电子游戏

一方面，电子游戏可以开发人的智力，锻炼人的动手能力和快速反应能力；另一方面，痴迷于电子游戏会损害健康、荒废学业，甚至成为点燃死亡的导火索。

长时间玩游戏的人，会患上一种“游戏综合征”，出现情绪低落、头昏眼花、双手颤抖、疲乏无力、食欲不振等症状，还伴随有如自主神经功能紊乱、激素水平失衡、紧张性头痛等一系列疾病。

少年儿童自制力一般比较差，经常玩着玩着就上了瘾，晚上不睡觉，上课打瞌睡，时间一长，沦为游戏的“奴隶”，把自己的主业——学习忘到九霄云外了。沉迷于游戏的孩子一般都学习不好。电子游戏已成为学生分心、家长担心、教师烦心、学校忧心的“洪水猛兽”。如果你已经沉迷于电子游戏中，必须采取恰当措施帮助自己摆脱来自电子游戏的诱惑，改掉迷恋电子游戏的坏习惯。

野外自救

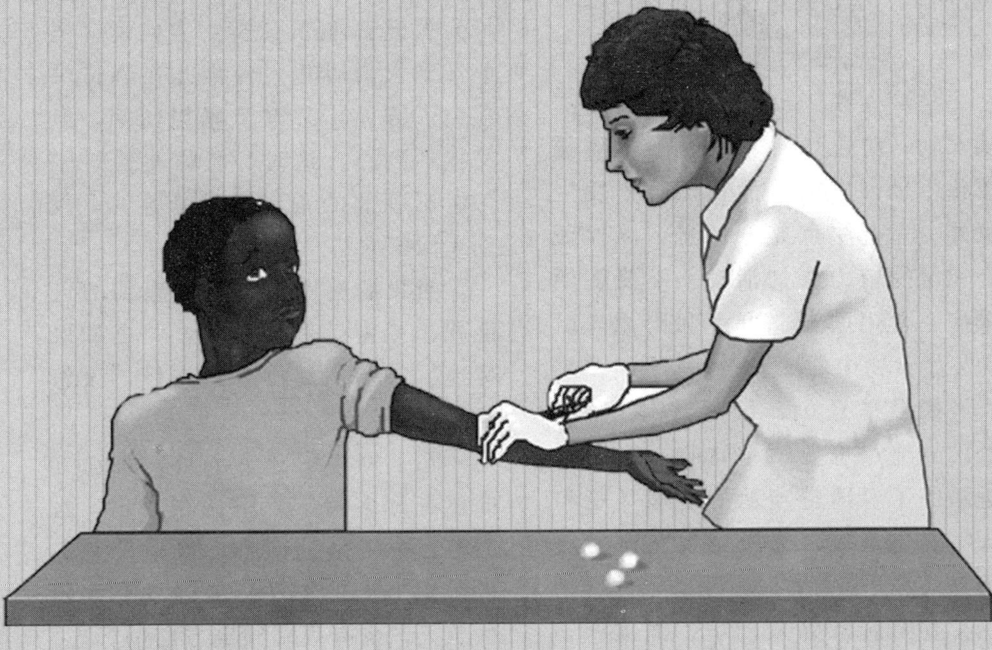

如何做好旅游准备工作

旅游的地点大都远离城市，比较偏远，物质条件较差。为了安全，我们要做好全方位的准备工作。要准备充足的食品和饮用水。准备好手电筒和足够的电池，以便夜间照明使用。准备一些常用的治疗感冒、外伤、中暑的药品。

早晨夜晚天气较凉，要及时添加衣物，防止感冒。活动中不随便单独行动，应结伴而行，防止发生意外。晚上注意充分休息，以保证有充足的精力参加活动。不要随便采摘、食用蘑菇、野菜和野果，以免发生食物中毒。

如果是登山，最好集体出行。登山的地点也要慎重选择。要向附近居民了解清楚当地的地理环境和天气变化情况，选择一条安全的登山路线，并做好标记，防止迷路。

登山前备好运动鞋、绳索、干粮和水。在夏季，一定要带足水，因为登山会出汗，如果不补充足够的水分，容易发生虚脱、中暑。最好随身携带急救药品，如云南白药、止血绷带等，以便在发生摔伤、碰伤、扭伤时派上用场。

登山时间最好放在早晨或上午，午后应该下山返回驻地。不要擅自改变登山路线和时间。背包不要手提，要背在双肩，以便于双手抓攀。还可以用结实的长棍做手杖，帮助攀登。

如何辨别方向

在法国著名儿童教育家卢梭的《爱弥儿》中有一个情节：一次，老师为教爱弥儿学会辨别方向，就把他带到大森林里。爱弥儿在森林中迷失了方向，又饿又累想回家，但又找不到路。这时，老师便通过中午树影朝北的常识引导爱弥儿，找到了回家的路。

当我们迷路时，首先想到的可能就是指南针和地图吧？但是如果你迷了方向，又没有指南针，该怎么办呢？

除了用树影的方向外，辨别方向还有好多种。太阳从东方出，西方落，中午是偏南方，这是最基本的辨识方向的方法。遇到没有太阳的阴天，也有很多判定方向的标志。树冠茂盛的是南方，树叶稀少的是北方；石头上的青苔通常生长在石头的北方；蚂蚁窝总是在树的南面。在夜晚迷失方向，如果不是特别紧急，一般不要轻易走动，应尽快找个地方休息，等天亮后再走；如果要找方向，则必须依赖星星来判断，比较简单的办法就是找到北斗七星，从勺边的两颗星的延长线方向看去，就可以找到北极星，那么，你面对着的方向就是正北。

我国的绝大多数房屋、庙宇、宫殿、宝塔等古建筑一般是坐北朝南而建。可以利用手表来判断方位，方法是：先把手表放平，以时针所指时数（以每天 24 小时计算）的折半位置对向太阳，表盘上 12 这个数的指向，就是北方。比如，我们在某地上午 8 时判定方位，其折半位置是 4，即以表盘上的 4 字对向太阳，12 的指向就是北方；若在下午 2 时 40 分（即 14 时 4 分）判定，应以 7 ：20 对向太阳。为了记忆方便，我们编了个顺口溜：“时数折半对太阳，12 指向是北方。”

如何热爱大自然

历史告诉我们，如果过分砍伐树木、破坏森林，就会导致整个生态平衡系统的失调，引起气候干燥，自然灾害频繁发生。两千多年前，今日的黄土高原上就是一片茂密的原始森林，郁郁葱葱，养育了千千万万的华夏子孙。后来，随着人们的不断开采、伐木，森林不见了，代之的是茫茫黄沙，如今人类受到了大自然的惩罚。

你热爱大自然、热爱我们的地球吗？

有些人错误地认为水是“取之不尽，用之不竭”的，所以不知道爱惜，随意浪费挥霍。其实我国水资源人均量并不丰富，地区分布十分不均匀。加上天气变化莫测，每年的降水差别都很大。在这种情况下，还有一些眼光短浅的人为了自己的利益，严重污染水资源。因此，我们的水资源更加紧缺。所以我们在生活中要注意节水。节水要从爱惜水做起，牢固地树立“节约水光荣，浪费水可耻”的信念。

每一棵花草树木都是大自然赋予人类的宝贵财富，地球上种类繁多的森林，是大自然的总调度室。树木能净化空气，能进行光合作用，吸收二氧化碳，放出氧气，这有利于我们的身体健康。

绿树成荫的环境不仅令人赏心悦目，还可以陶冶性情，培养人们高尚的情趣。树木还是噪声的大敌，据专家测定，一棵榆树能吸收40～50分贝的噪音，生活在树林茂盛的环境中，会使人心旷神怡。

地球是我们共同的家园，很难想象，如果有一天这个家园被我们自己毁坏了，那时候我们要怎样生活。所以，爱护环境，人人有责。爱护环境，从我做起，从身边的小事做起。

发生地震怎么办

因地下某处岩石突然破裂，或因局部岩层塌陷，火山爆发等发出震动，并以波的形式传到地表而引起的颠簸和摇晃，这种地面运动现象就叫做地震。

如果在平房里，突然发生地震，要迅速钻到床下、桌下，同时用被褥、枕头、脸盆等物护住头部，等地震间隙再尽快离开住房，转移到安全的地方。地震时如果房屋倒塌，应待在床下或桌下千万不要移动，要等到地震停止再进出室外或等待救援。

如果住在楼房中，发生了地震，不要试图跑到楼外，因为时间来不及。最安全、最有效的办法是，及时躲到两个承重墙之间最小的房间，如厕所、厨房等。也可以躲在桌、柜等家具下面以及房间内侧的墙角，并且注意保护好头部。千万不要去阳台和窗下躲避。

如果正在上课时发生了地震，不要惊慌失措，更不能在教室内乱跑或争抢外出。靠近门的同学可以迅速跑到门外；中间及后排的同学可以尽快躲到课桌下，用书包护住头部；靠墙的同学要紧靠墙根，双手护住头部。

如果已经离开房间，千万不要地震一停就立即回屋取东西。因为第一次地震后，接着会发生余震，余震对人的威胁会更大。

如果在公共场所发生地震，不能惊慌乱跑。可以随机应变躲到就近比较安全的地方。

如果正在街上，绝对不能跑进建筑物中避险。也不要在高楼下、广告牌下、狭窄的胡同、桥头等危险地方停留。

在野外如何发求救信号

到野外游玩，如果掉队或者迷路需要求救时，可以按照下面的几种方法发出求救信号：

国际通用的求救语言是“SOS”，你可以用石块、树枝等物品摆出“SOS”的图形，一定要摆得很大，而且显眼，以便空中的人看到。还可以把草坪上割出“SOS”的图形。

常用的民航地空联络符号是：“X”表示不能前进，“↑”表示正朝此方向前进，“｜”表示受伤需要医生，“‖”表示需要药品，“F”表示需要水和食物。

国际通用的求救信号一般采用声响、光照和烟雾，频率是每分钟 6 次，停顿 1 分钟后重复同样的信号。

还有一种最简单实用的方法就是夜间用火，白天用烟。夜间用几个火堆，白天在火堆上盖点青草就会冒白烟了。

野外迷路时怎么办

野外的风景着实引人入胜，曲径探幽也真是一件意趣盎然的事。可是蓦然回首，却发现自己陷入了“云深不知处”的“佳境”——迷路了，怎么办？利用指南针及地图设法找出所处位置。努力回忆曾经走过的途径，并经原路折回起点。若不能依原路折回起点，应留在原地等候救援。切勿再往前行进，以免消耗体力及增加救援的困难。

如果继续前进，要在每一个路口留下标记。如不能辨认位置，应往高地走，居高临下较易辨认方向，亦容易被救援人员发现。不能走向山涧深谷，身处深谷不易辨认方向，且下山危险性高，要再折回高地时也困难，以致消耗大量体力。

如何使用指南针

使用指南针，可使地图和实际地形的方位一致，探知现在你所在的地点和寻找的目的地的方位。指南针作为重要的识途工具，在郊游、探险方面起着无法取代的作用。所以熟识指南针的使用方法尤为重要。

那么如何利用指南针探知你所在位置呢？首先使实际地形和地图方向一致，在地图上找出两个显眼的目标物。将指南针的进行线（或长边）朝向其中的一个目标物，使圆圈配合箭号和指针（北）相吻合，不改变圆圈的方向将其放在地图的北方位置。指南针的长边之尖端吻合地图上的目标物，沿圆圈的箭号和磁北线延长线画一条直线，对另一目标依照同样的方法进行，两条线的交错处即是现在所在位置。

迷路后没水了怎么办

如果我们在野外迷路了，水也用完了，短时间内又无法获救，这时，我们该怎么办呢？在这里，我要向你介绍几种别出心裁的，在紧要关头能救命的取水方法。有了水，我们便有希望，不是吗？

在找不到淡水但找到了潮湿的沙地或者苦咸的水时，可以动手制一个太阳蒸馏器，通过它我们可以利用太阳光的热量使水分蒸发从而获得干净的淡水。具体做法是：在湿沙上挖一个深 1 米 、直径 1.5 米的沙坑，上面盖一层塑料膜，四周围用石头固定住；在塑料膜的中央放上一个重量恰当的小石头，它正好使塑料膜形成一个倒圆锥体。阳光透过塑料膜使沙坑中的水分蒸发后，水蒸气遇到塑料膜凝结成小水滴就会顺着圆锥体的顶端滴下……只要事先在圆锥体顶端的正下方放好接水的容器，就能喝上淡水了。这个方法一天之内可以得到蒸馏淡水 1.5 升 ，足以救命。

在植物茂盛的季节，还可以咀嚼树枝或根茎解渴。北方的白桦和黑桦的树枝，山葡萄的嫩条，酸浆子的根茎，南方的芭蕉茎、扁担藤，都可以解渴。在山沟两旁通常能发现可以储水的竹子，它直径 10 厘米左右，青翠挺拔。为了判断竹子中是否储有水分，先用手摇摇竹竿，听听有没有水的声响。如果摇起来有水的声响，而且竹子表面也没有虫眼，那么用刀子将竹节一头砍开一个洞，就可以方便地食用野外“自来水”了。喝的时候，可以削一根细竹管插进竹筒里吸；如果想储存一些，就把水倒进随身的水壶里。

如何游泳才安全

游泳是一种极为简单有效的锻炼方法，又可以使我们得到极大的快乐，一举两得，何乐而不为呢？但是，在游泳的时候，也有一些问题必须注意哦！

游泳前做一些准备活动，如伸展四肢、活动关节等，同时用少量冷水冲洗一下躯干和四肢，这样可以使身体尽快适应水温，避免出现头晕、心慌、抽筋现象。饱食或者饥饿时、剧烈运动和繁重劳动以后不要游泳。

水下情况不明时，不要跳水。要慎重选择游泳场所，不要到江河

湖海去游泳，也不能到有血吸虫、受污染和杂草丛生的水里游泳。初学游泳者最好有大人在旁边陪伴。

游泳时不应游潜泳，更不要为了逞强相互比潜水时间长、潜水距离远。要注意休息，不要长距离游泳，不要远离伙伴，游了一段时间要集体休息。如感到身体不适，要告诉同伴，并上岸休息，在岸上观看同伴游泳，留心他们的安全。

晕车晕船怎么办

有的人坐车乘船时感到头晕目眩，发生恶心、呕吐、出汗、面色苍白等现象，很不舒服，这就是所说的晕车、晕船。有的人坐飞机也出现这种现象，医学上统称为“运动病”。运动病是由于不规则的颠簸而引起的最常见的疾病。据统计，初次乘轮船发生晕船的人占 80 % 以上。

人的耳朵分为外耳、中耳和内耳三个部分。内耳镶在耳头里，装着一套调节人体位置平衡的器官——前庭器官。这个器官通过前庭神经与中枢神经相连。在神经系统的支配下，前庭巧妙地调节着人体位置的平衡。当乘飞机、轮船或各种车辆时，由于颠簸动荡，人体发生不规则的体位改变，刺激内耳里的前庭器官。如果它的适应能力强，就不会晕车、晕船，但有些人前庭器官过分敏感，对于颠簸而发生的不规则的体位改变适应力弱，就会出现晕车、晕船现象。

另外，晕车、晕船还与内脏器官传到大脑的神经反射有关。如：过饱、疲劳、闷热、睡眠不足、空气污浊或情绪紧张以及一些人对汽油等特殊气味和燃烧冒出来的油烟敏感等，都可能晕车、晕船，或者使晕车、晕船的症状加重。

失足落水怎么办

我们都喜欢游泳，喜欢水。在水里，我们可以像鱼儿一样自在地游来游去。但是如果你不会游泳，又不小心失足落入水中，而且当时没有人马上跳下来救你时，该如何自救呢？

首先一定要保持镇静、清醒，坚定获救的信心。大量的实例证明，对于求生者来说，意志往往比体力更重要。

头后仰，口向上，尽量使口鼻露出水面，进行呼吸。千万下要将手上举或挣扎，这样容易使身体下沉。

要设法发出声响，或者发出别人容易看到的视觉信号，以便岸上游人或其他船只发现。如果有人下水相救，要尽量放松，不要紧紧抱住施救者。这样会使他离你而去，甚至会使两人同时丧命。

抽筋怎么办

抽筋，是肌肉强制性地收缩。有的抽筋是由于身体缺钙引起的，有的抽筋是由于运动过度，或者受冷过度引起的。抽筋后，通常根据抽筋的部位，分别进行处理。

手指抽筋：将手握成拳头，然后用力张开，张开后，又迅速握拳，如此反复数次，至解脱为止。

手掌抽筋：用另一手掌将抽筋手掌用力压向背侧并做振颤动作。

手臂抽筋：将手握成拳头并尽量曲肘，然后再用力伸开，如此反复数次。

小腿或脚趾抽筋：用抽筋小腿对侧的手，握住抽筋腿的脚趾用力向上拉，同时用同侧的手掌压在抽筋小腿的膝盖上，帮助小腿伸直。

大腿抽筋：弯曲抽筋的大腿与身体成直角并弯曲膝关节，然后用两手抱着小腿，用力使它贴在大腿上并做振颤动作，随即向前伸直。

腹直肌抽筋：腹直肌抽筋即腹部（胃部）处抽筋，弯曲下肢靠近腹部，用手抱膝，随即向前伸直。

车祸后发现困在车内怎么办

大多数同学对路面上的车祸事件都习以为常，也都知道一些简单的应对措施。但如果车祸后汽车落入水中，我们该如何逃生呢？要牢

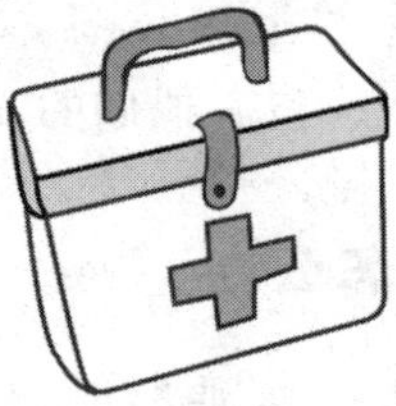

记一件事，任何汽车完全没入水中的时间不少于5分钟。因此你有足够的时间放松神经，调整心态，集中精力去做正确的该做的事情。

想从尚未完全没入水中的车门出去几乎是不可能的。一是因为汽车入水之前的冲击，极有可能使车门变形而打不开。二是因为车外的水压也不容你打开车门。最佳方案是先将坐椅靠背向后完全放倒，准备从车窗钻出去。

如水已没及车窗，但还未及车顶，切不可打开车窗。应耐心等待直至汽车几乎完全没入水中之后或已沉至水底时再行动。你还有大约3分钟的时间。应当等车厢内的水面升至安全带的上端紧固点时，你再做几次深呼吸，然后打开车窗。切

不可惊慌失措，你肺内的空气足够用60秒钟，而整个行动过程有20秒钟足够。全身紧缩，转身将后背对着打开的车窗，双手抓住车门的上框，钻出汽车。

野外如何处理自然水

大家都知道，自然水是不能直接喝的。但是，在野外，什么情况都有可能发生。万一带的纯净水喝完了，一时间又找不到干净的水源，该怎么办呢？那就只能饮用自然水了，但在饮用之前，我们必须对它们进行一些处理。

你知道处理自然水的方法吗？过滤自然水其实很简单：用一根竹筒或长管，一端蒙上一层干净的过滤网，往管子里放一层碎石，再放一些沙子和炭粉让碎石中间的缝隙变小，这样，一个简易净水器就做好了。或者将仙人掌、霸王鞭的完整植株，或是榆树的皮、叶、根，捣烂磨碎，放入水中，充分搅拌，再静置一段时间，就可以起到净化水的作用了。

自然水经过净化后，必须进行消毒，煮沸后再喝。

被雾困住了怎么办

喜欢野外探险的同学都知道，在森林中，雾是很平常的。特别是早上，森林中的雾会很浓，有时候一米的距离内，视线都会模糊。如果碰到了雾天，我们应该如何做呢？

如果被雾困住找不到方向，可以按照指南针所指，朝自己要走的方向望去，选定一个容易辨认的目标，再按前面方法寻找另一个目标。接连使用这个方法直至脱离雾区。如果没有地图或指南针，就不要乱跑乱撞，一定要留在原地，等待大雾消散。

掉进冰窟怎么办

冬天到了，昔日潺潺的流水都已经结成了冰，成了一块天然的滑雪场。你是不是也想叫上伙伴们到这里来好好地玩一玩呢？千万不要！冰冻的河面其实很危险，一个不小心，就会酿成大祸。如果失足落入冰窟的是你，知道该怎么办吗？

不要惊慌，保持镇定，要大声呼救，争取他人的救助。用脚踩水，使身体尽量上浮，保持头部露出水面。不要乱蹬乱打，这样会使冰面破裂加大。

这时你要冷静观察，寻找冰面

较厚、裂纹小的地点脱险。身体应尽量靠近冰面边缘，双手伏在冰面上，双足踩水，使身体上浮。双臂向前伸张，增加全身接触冰面的面积，一点一点爬行，使身体逐渐远离冰窟。

从冰窟爬上来以后，千万不要立即站立，要卧在冰面上，用滚动式或者爬行的方式靠近岸边，避免冰面再次破裂。

森林中起火如何逃生

野外活动中，如果遇到森林中起火是很可怕的，我们应该了解紧急避险的常识。

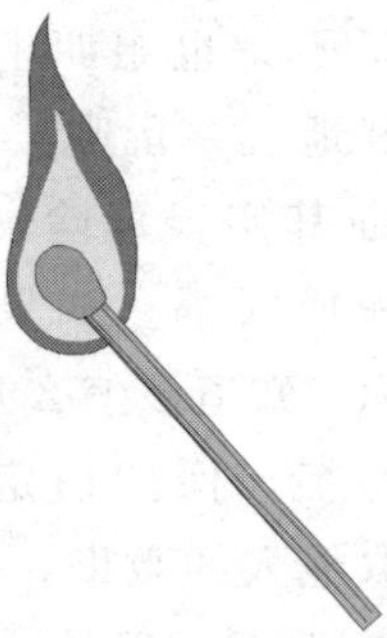

当发现起火时应该尽快往河流或有公路的方向跑；如果附近有小溪或池塘，应尽快跳进浅水区；如果大火封住了去路，要马上找个空地，最好再挖个地洞将自己隐藏起来。在草原上遇到大火也可以采取同样的办法，甚至可以在大火逼近前，将周围的草割掉，形成一块尽可能大的空地，使火绕过去。大火之后，要逆风走，寻找安全的出路。

独木舟倾翻怎么办

没有经过独木舟训练的人，最好不要划独木舟。在水面上，当独木舟倾翻时，可以用以下办法避险。

如果人被抛出去，应该立刻抓住独木舟，挪到其前部或者尾部，因为这两处容易抓牢；如果困于座舱，又不能马上用桨把独木舟翻转过来，必须抓住防波裙，从舱口拔脱，人弯腰抽身退出。必要时双手伸到臀后使劲撑脱独木舟；脱身之后，游到独木舟前部或尾部并且抓牢。如果可以，握住船桨；不要尝试把独木舟翻过来，可以抱着它顺水流漂浮，同时游向岸边；独木舟足以使人浮起来，如果离岸太远或无力游回岸边，就抱着独木舟等待救援。

为了防止独木舟倾覆，应在划独木舟前约好几个同伴一起去，同时在出发前研究好水道地图；出发前，还应该在独木舟两旁塞入一些助浮物。

遇到鲨鱼怎么办

鲨鱼是一种凶狠的动物，如果在海上突然发现不远处有鲨鱼活动时该怎么办呢？所以要了解以下的知识，以防不测。

如果正好有鲨鱼排斥器，就应该用它自卫，即使它只能用一次，没有十足的把握也应该用；如果鲨鱼已经向你发出进攻，你可在逃跑时边游泳边猛力击打水面，用来震慑鲨鱼；如果许多人在一起，受到鲨鱼攻击时，大家应该聚在一起，脸向内、脚向外踢，阻挡攻击。手成环状敲击水面，发出大的响声，再将头沉在水底大声喊叫。这一方法在很多人被困时，相当有效，即使一个人受到攻击时也可以使用此方法，多少也会有点效果。

在救生艇上如有鲨鱼在你周围活动，千万别将船上的物品扔下去，这样可避免鲨鱼很快找到你；当你靠向海岸时，千万不要放松警惕，应选好登陆的最佳位置，以图全身而退；如果漂到一个港湾中，要尽一切努力登岸，因为一旦潮汐变向，又会把你拖入大海，再次遭到鲨鱼的围攻。当你将船划到岸边后，应将船上的多余物品扔掉，以减轻小艇的重量。

如何处理小伤口

我们的生活中，有很多时候会受点小伤。比如玩足球时、用刀子切东西时、玩游戏摔倒时，都有可能留下小伤口。其实也不用担心，只要按我们教的去做，伤口会得到正确处理的。

如果是手指刀伤，而且伤口小而浅，只需要把受伤的手指举高，同时捏住指根两侧，即可止血。止血后用生理盐水清洗伤口，再用无菌纱布或干净的布覆盖伤口，用手压十分钟，然后再盖上一块纱布固定住就行了。三天后，如果伤口没有发炎，用酒精消毒涂抹伤口四周以消毒，再包扎好就好了。

如果伤口很深，或者发现伤口感染时，要马上去看医生。途中要尽量止血，并保持伤口处的清洁。切忌乱上药。

如果你被狗咬到了，要立即处理伤口，首先在伤口上方扎止血带(可用手帕、绳索等代用)，防止或减少病毒随血液流入全身。迅速用洁净的水或肥皂水对伤口进行流水清洗，彻底清洁伤口，对伤口不要包扎。然后迅速前往医院进行诊治，在 24 小时内注射狂犬病疫苗和破伤风抗毒素。

如果是摩擦的伤口，就要用干净的手帕轻轻拭掉伤口上的泥土。用肥皂和清水洗伤口，清洗时，要从伤口向外揩拭。轻轻挤压伤口周围，并洗掉渗出的血。用干棉球吸干伤处，在伤口处涂抹红药水消毒，最后用消毒纱布包扎受伤部位。

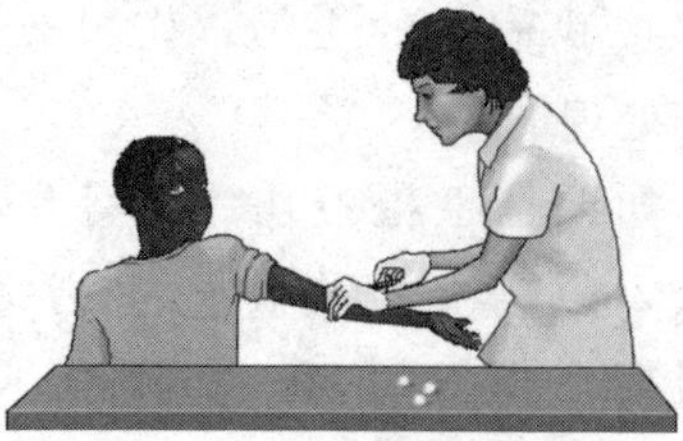

包扎好的伤口，不要再沾水。每隔一天就要检查一次，如果发现感染状况应去找医生处理。

有人中暑怎么办

夏季外出游玩时，由于气温比较高，我们的活动量又大，所以就比较容易发生中暑事件。此时，了解一些防止中暑和治疗中暑的知识就显得尤为重要了。

刚开始的时候全身无力、头晕、胸闷、心悸、口渴、大汗，然后体温高达 37.5 ℃以上，同时伴随着面红、恶心、呕吐、皮肤灼热，严重的时候昏厥、昏迷、抽筋或高热。轻度中暑的病人应当立即撤离高温环境，在阴凉处休息并饮用清凉含盐饮料，休息 2～3 小时可以恢复。

对于体温达到 41℃以上的病人，要把他全身除了头部之外都浸在冷水中降温，不断摩擦四肢皮肤，也可以把病人放在温度为 25℃左右的房间，在头部、腋下和大腿根部放置冰袋，同时用冷水擦洗全身，并且用风扇降温。假如病人已经高热不退、抽筋和神志不清，应该立即送到医院救治。

为了防暑，我们在外出活动，尤其是远足、爬山或去缺水的地方，一定要带够充足的水。条件允许的话，还可以带些水果等解渴的食品。

外出活动前，应该做好防晒的准备，最好准备太阳伞、遮阳帽，穿着浅色透气性好的服装。要随身携带一些仁丹、十滴水、藿香正气水、清凉油、万金油、风油精等药品，以缓解轻度中暑引起的症状。

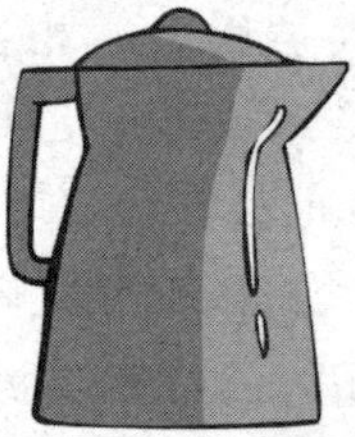

特别要注意的是，在外出活动之前要及时收看天气预报，气温太高的时候不要外出游玩。

如何进行人工呼吸

在抢救呼吸停止的病人时，医护人员常常口对口地为病人进行人工呼吸。如果我们遇到紧急情况，须要对患者进行人工呼吸时，你知道应该怎么做吗？

首先，要认真清除患者口鼻腔内的分泌物或异物，保证呼吸道通畅。使患者平卧，你用右手托起患者下颌，使其头尽量后仰，左手捏住病人的鼻孔，免得吹入的气体由鼻孔漏出。你深吸一口气，将嘴唇紧贴在患者的嘴唇上，将气全部吹入患者的肺内。如果方法正确，患者胸部可以隆起；停止吹气时会发出回气音。每分钟进行 13 次左右，一直做到患者恢复自主呼吸为止。

怎样防止被晒伤

必要的日晒可以让人产生机体必需的维生素 D，但是日晒时间太长就可能适得其反，会导致晒伤、皮肤癌以及早衰。

阳光中有两种紫外线对人体有害，B 紫外线通常会导致皮肤癌。这种紫外线损伤皮肤表层，导致起水泡、脱皮，而 A 紫外线可以刺入人的皮肤深层，导致各种皮肤病，促使皮肤老化，损伤眼睛，这些都会降低皮肤的抗病能力。

为了降低光线对皮肤的损害，你应注意每天的紫外线指数，穿着适度，外出的时候如果阳光强烈，要注意保护皮肤和眼睛。尽量避免太阳直射，防晒霜要在外出前 15～30 分钟涂抹并每隔 60～90 分钟涂抹一次，如果要接触水则应当用防水型的防晒霜，还可以使用太阳镜。好的太阳镜可以 99%～100%地保护你的眼睛不受两种紫外线的伤害，可以降低白内障和其他眼疾的患病率。

异物进入眼睛怎么办

你遇到过这样的事情吗？本来玩得正高兴，突然，一阵风刮过来，有沙子吹进了眼睛里，你痛得不得了。这时候该怎么办呢？其实哭一哭流些眼泪也是好办法，但是哭不出来呢？

如果有煤屑、沙子进入眼睛里，千万不要用手去揉。为什么呢？异物进入眼睛便会引起流泪，这时可以用手指捏住眼皮，轻轻拉动，使泪水进入有异物的地方，将异物冲出来。

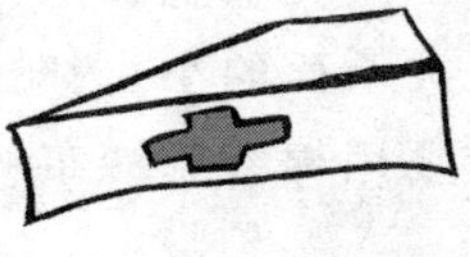

如果自己不能将异物弄出来，可以请大人用示指和拇指捏住眼皮的外缘，轻轻地向外翻，找到异物，用嘴轻轻吹出异物，或者用干净的手帕轻轻擦掉异物。翻眼皮时要注意将手洗干净。

如果情况较为严重，异物已经进入角膜或虹膜内，比如眼部受到外来撞击使眼镜的玻璃等危险物进入眼睛时，千万不要揉眼睛，而要用消毒纱布遮住眼睛并迅速到医院治疗。

小虫钻进耳朵怎么办

如果有小虫钻进了耳朵，千万不要惊慌害怕，更不要急着乱掏，这样会使小虫往里面钻得更深，甚至会碰伤自己的耳朵。可以用手电筒接近耳边照射外耳道，很多小虫都有趋光性，看见灯光后一般会自动爬出来。

如果是在白天，则可往耳中吹入香烟的烟雾，这样也能将小虫引出来。还可以往耳中滴入一滴油（花生油、豆油、橄榄油、甘油均可）将小虫杀死，然后把耳朵倾斜一边，让被杀死的小虫掉出来。但最后一定要用棉签或纱布将耳内的油擦干净。

耳朵进水怎么办

在水中游泳时，水很容易进入耳朵里，这时候，回到岸上就会感到周围的声音都听不清了。平时我们之所以能听到声音，是因为中耳的传声系统能将声音传入内耳。

中耳由鼓室、鼓窦、咽鼓管和乳突小房等组成。在鼓室中有一层很薄的膜，叫做鼓膜。当外界的声波进入耳朵，与鼓膜相遇时，鼓膜就会产生振动。声波强，鼓膜振动大；声波弱，鼓膜振动小。声音尖，鼓膜振动快；声音低，鼓膜振动慢。鼓膜按照传来的声波强弱和快慢产生振动，并将这种振动信号一直往里输送，通过内耳直到大脑，使人能听到声音。如果声波传不进耳朵，鼓膜不发生振动，人就听不到声音。

游泳的时候，耳朵进水了，正好挡住了声波的去路，声波进不去，不能使鼓膜产生振动，或者进去的声波因为受到阻挡变弱了，鼓膜振动小，自然就听不到声音了。你用棉花塞住耳朵，或用手捂住耳朵，就听不清声音，也是这个道理。

耳朵进水的时候，可以侧着脑袋，使进水的耳朵朝下，同时提起对侧的脚，跳几下，水就会流出来。也可以用火柴棍裹一些药棉，小心地伸进外耳道把水吸出来。

崴了脚怎么办

足部扭伤俗称“崴脚”，其中又以踝关节（位于小腿与脚之间）扭伤最为常见。当关节被猛烈的外力屈曲超过生理结构的限度时，附着于关节或在关节周围的韧带、肌腱、肌肉均可能遭受过分牵扯，甚至发生部分纤维的撕裂，这就是扭伤。

当我们行走在坎坷不平的路上，上下台阶或进行跳跃运动时，很容易因足部猛烈内翻而造成踝关节扭伤。踝关节或足部其他部位扭伤时，通常会出现疼痛、肿胀等症状，严重的会出现关节内血肿、关节中出血或骨折。

所以，发生足部扭伤时，应立即采取相应的处理措施。如果自己不小心崴伤脚，那么千万不要再随便走动，因为崴伤严重的话，可能发生骨折，这时走动是极其危险的。崴伤之后，要原地坐下休息，但切不可按摩，以免影响医治。可以用冷毛巾或冰块在崴伤部位进行冷敷。具体的办法是：用毛巾浸冷水，拧干后盖在受伤部位，毛巾温度升高以后要再次放进冷水中浸泡，然后再次冷敷。可以每隔 3～4 小时做一次，每次 5～8 分钟。

在休息的时候，可以用毛巾、布垫等厚实但柔软的物品包扎崴伤部位，不能随便走动，以免再发生骨折。

岔气了怎么办

在运动中，有时我们会突然感到胸部疼痛，这种现象就是“岔气”。

“岔气”常见的原因是运动前准备活动做得不够，就突然进行剧烈的活动或大运动量的训练。另外，有的人在运动时，不会做深呼吸，活动时呼吸的频率太快，深度不够，也会导致岔气。或者是身体过劳过弱，长期没有参加体力劳动或运动，又或者天气寒冷时，大量出汗，这几种情况都可能发生“岔气”。

为了避免运动时出现“岔气”的情况，我们一定要在运动前按照要求做好准备活动，尤其是在天气寒冷时。如果岔气了，及时做深呼吸，然后憋气，握拳由上到下捶打胸腔左右两侧，再缓缓作深呼吸，深吸气后，请别人握拳自上而下捶击后背。有时候躺在床上、垫子上反复滚动，也会使疼痛慢慢消失。

被蛇咬了怎么办

听到“蛇”字，往往都会让我们不寒而栗。然而外出旅游，尤其是在自然风景区内我们往往很容易和蛇发生亲密接触。此时，我们该如何预防被蛇咬伤呢？一旦被咬伤后又该如何处理呢？

所有的蛇都非常怕人，除非它们认为受到威胁，否则一般不会主动攻击人类，只要给予机会，它们多数会逃走，所以我们不要接近它们。如果要穿过草丛，最好穿长裤和有高帮的鞋，沿现成的小路行走，不要自行闯路，走草丛和杂树林。

毒蛇有毒牙和毒腺，头部大多为三角形，颈部较细，尾部较短且粗，色斑较鲜艳，牙齿较长。被毒蛇咬伤的，一般可在患处发现有2～4个大而深的牙痕，局部疼痛。被无毒蛇咬伤的，一般有两排“八”字

形牙痕，小而浅，排列整齐，伤处无明显疼痛。对一时无法确定的，则应按毒蛇咬伤来处理。如果被蛇咬伤了，可以采取以下的办法：立即就地自救或互救，千万不要惊慌、奔跑，那样会加快毒素的吸收和扩散；立即用皮带、布带、手帕、绳索等物在距离伤口3～5厘米的地方包扎，以减缓毒素扩散速度；每隔20分钟放松2～3分钟，以避免肢体缺血坏死；用清水冲洗伤口，用生理盐水或高锰酸钾液冲洗更好，此时，如果发现有毒牙残留必须拔出；冲洗伤口后，用消过毒或清洁过的刀片，以两处毒牙痕迹为中心做“十”字形切口，切口不宜太深，只要切至皮下能使毒液排出即可。

有条件的话，可以用拔火罐或者吸乳器反复抽吸伤口，将毒液吸出。紧急时也可用嘴吸，但是吸的人必须口腔无溃烂，吐出毒液后要充分漱口。吸完后，要将伤口温敷，使毒液继续流出。

也可以点燃火柴，烧灼伤口，破坏蛇毒。尽快服用各类蛇药，咬伤24小时后再用药则无效。同时可用温开水或唾液将药片调成糊状，涂在伤口周围，伤口上不要包扎。经处理后，要立即送附近医院。

脚底起泡了怎么办

脚泡的产生是由于脚底汗湿，表皮软化，足掌长时间着力和摩擦，促使局部组织液渗出而形成的；常与鞋袜、行走的道路不平、速度不匀以及旅游者缺乏锻炼等因素有关。脚部起泡不仅影响走路，可能还会发生感染。外出旅游，脚泡的发生比较常见，它会影响旅游的顺利进行，如果处理不当还会引起感染。

在旅途中，这是常见的遭遇，所以我们就要预防，更要知道如果起泡了怎么处理。

远足时要选择舒适柔软合脚的鞋子，如果要穿新鞋子也要事先在家里试一试是不是磨脚。当脚被磨得发红时，可以在袜子的外面抹上一层肥皂，在磨红的地方贴上一块药膏，以增加鞋与皮肤接触部分的润滑度。

如果脚上已经起泡，就用热水把脚烫几分钟，然后用碘酒、酒精消毒，而后用消毒过的针将水泡扎破，将里面的水挤出来，最后贴上药膏，以免感染细菌。

如果水泡已经被挤破或磨破，不要用手随意触摸，同时要换掉脏袜子，以免伤口感染。这时，可以在伤口处涂上碘酒消毒，然后贴上药膏。

如何处理昏厥病人

昏厥是暂时性缺血引起的短时间意识丧失现象。病人会突然衰弱无力，眼发黑，皮肤及口唇苍白，四肢发冷，出虚汗。如受惊吓、站立过久或长期卧床而突然起身引起的单纯性昏厥。

此时应让病人躺下，取头低脚高的卧位，增加脑部血液供应，盖好被子注意保暖，保持安静，喂热茶和糖水。

一般经过急救处理后，病人会恢复知觉。如果是大出血或心脏病引起的昏厥，要送医院急救。

如何急救心脏病发作者

首先，尽量解除患者的精神负担和焦虑情绪。

然后将硝酸甘油或消心痛放于患者舌下，并让患者取半坐位，口服1～2粒麝香保心丸。如患者感到心跳逐渐缓慢以至停跳时，应使其连续咳嗽，每隔3秒钟咳1次，心跳即可恢复。

如患者心搏骤停，施救者可将左手掌覆于患者心前区，右手握拳，连续用力捶击左手背。心脏停搏1～5分钟内有效。如患者呼吸也已停止，则应人工呼吸与心外捶击交替进行，直到将患者送至医院。

如何急救溺水者

1. 清除溺水者呼吸道内积水、泥沙、杂草及污物等，口腔紧闭者，可先按捏两侧颊肌，将下颌推向前方。

2. 溺水者呼吸停止时，应立即进行口对口的人工呼吸。

3. 溺水者心脏停止跳动，应在进行胸外心脏按压的同时进行人工呼吸，积极抢救。

4. 抓紧时间进行呼吸、心跳的

恢复急救，比使胃中的水吐出来更重要，因此不要为吐水而耽误了急救的时间。

5. 如果溺水者体温下降，应采取措施，给其身体保温。

6. 耐心急救的同时，尽快送医院。

如何急救割脉者

割脉会引起大量出血，使肢体循环血量骤减，若延误抢救时间，则会因为失血过多而出现休克导致死亡。

割脉的急救要点为如下。

1. 迅速用无菌棉垫或多层消毒纱布压住伤口止血，或加压包扎伤口。

2. 加压包扎后出血仍不止者，应在心脏近端按规定方法用止血带止血，或在血管搏动明显处采用血管钳止血。

3. 伤者取头低足高位，以保证脑部和重要脏器的血液供应。

4. 同时迅速送医院抢救。

怎样预防传染病

为了使我们能够远离传染病的威胁，平时一定要注意个人卫生，不随便吐痰、打喷嚏，勤洗手，并用流动水彻底清洗干净，不用污浊的毛巾擦手。每天开窗通风，保持室内空气新鲜，尤其宿舍、电脑室、教室等。

合理安排好作息，做到生活有规律。注意不要过度疲劳，以免抗病力下降。不吃不清洁的食物，拒绝生吃各种海产品和肉食，拒绝吃带皮水果，不喝生水。不随便倒垃圾，不随便堆放垃圾，垃圾要分类并统一销毁。

发热或有其他不适时及时就医。到医院就诊最好戴口罩，回家后洗手，避免交叉感染。避免接触传染病人，尽量不到传染病疫区。

骨折后怎么办

骨的完整性或连续性遭到破坏，即称为骨折。虽然这种情况很少发生，但我们仍有必要知道一些急救知识，以备不时之需。

如果你的朋友发生了骨折，你一定要镇定，马上打急救电话120求救。在等急救车来之前，如果伤口出血较多，你应立即找来干净的布包扎止血。可用干净柔软的东西做软垫，直接放在伤口处，然后用宽的带子紧紧包扎。

如果条件允许，最好使患者平躺，不要盲目搬动患者，不能对受伤部位进行拉拽、按摩。及时就地取材，选用树枝、木板、木棍等固定受伤部位。如果没有固定物品，对受伤的上肢可以用手帕、布条、领带等悬吊并固定在胸前；下肢则可以与未受伤的另一下肢捆绑固定在一起。

膝盖擦伤怎么办

无论是在玩足球时，还是同学之间相互追逐玩闹的时候，都可能摔倒而伤了膝盖。但如果在校外，在医生不能及时处理伤口的时候，我们应该怎么自救呢？

洗净双手，用干净的手帕轻轻拭掉伤口上的泥土。用肥皂和清水洗伤口，清洗时，要从伤口向外揩拭。轻轻挤压伤口周围，并洗掉渗出的血。用干棉球吸干伤口处，在伤口处涂抹红药水消毒，最后用消毒纱布包扎受伤部位。

如何注意划船安全

明媚的阳光，清澈的河水，这时候你是不是想划着一条小船与河水来一次亲密接触呢？如果是的话，那么划船之前，一定要穿上救生衣。

不要因为自己会游泳或是觉得救生衣太难看而不穿，这是对自己安全的一种保障。划船的时候，一定要有大人带领和保护，不可以私自划船。千万不要因为高兴而手舞足蹈，更不要打闹嬉戏，这样会很容易使小船失去平衡，造成事故。不要跳下船游泳，也不要在船上钓鱼或打捞水里的东西。

正在划船，突然遇到暴风雨，这时你应该及时把船划到岸边，千万不要在水面停留。

乘船时应该怎么做

我国江河湖泊众多，海岸线长，船舶航运历来发达。我们在外出旅游或探亲访友时，很多时候会选择乘坐轮船。在我们乘船领略美丽的湖光山色时，也要时刻牢记“安全第一”，这样才能保证我们旅途愉快。

上下船要排队按次序进行，不

得拥挤、争抢，以免造成挤伤、落水等事故。不要在船头、甲板等地打闹、追逐，以防落水。不拥挤在船的一侧，以防船体倾斜，发生事故。船上的许多设备都与保证安全有关，不要乱动，以免影响正常航行。

夜间乘船，不要用手电筒向水面、岸边乱照，以免引起误会或使驾驶员产生错觉而发生危险。

一旦发生意外，要保持镇静，听从有关人员指挥。

登山时如何预防风寒

山区拯救专家认为，风寒可能是不少登山者丧命的间接原因。人受了风寒后，体力骤衰，判断力减弱，很容易发生其他意外，例如失足等。有时候，人在登山途中染上风寒，致使体温下降，并且因耽搁久了而威胁生命。

风寒致病大多发生在夏天，因为这个季节里登山的人，对突如其来的寒风暴雨毫无防备。病情的轻重因年龄和健康状况而异，即使是非常健壮的成年人也可能在四小时内死亡，更何况未成年人呢？为了避免登山时染上风寒，登山前一晚要好好休息，最好不要连续赶路。出发前吃一顿水分充足的丰富的早餐；在旅途中，吃些高热量的零食，例如巧克力等。

穿着挡风、温暖的衣服，外衣裤最好能完全防水，牛仔裤和普通防水夹克都不能抵御狂风暴雨。最好多带两套衣服备用。途中若感到热，应该脱下衣服，以免身体被汗水浸湿，使体温下降，因为水分从身体吸取热量的速度比空气快。不要携带过重的物品，天气寒冷时尤其容易引起疲劳和受寒。此外，为了保持体力，脚步不要太大。

如果登山途中染上了风寒，尽快找个地方躲避风雨，脱掉湿衣服，换上干的。尽可能裹住头、面、颈和躯体，以保存身体热量。大约一半的体热是从头部和颈部散失的。吃些甜食，喝点热饮。钻进睡袋或塑料维生袋（连人和睡袋整个包住的防水袋）内休息。

遇到雪崩怎么办

在所有的高山区域，雪崩都是

一种严重的灾害。在这些地方游玩时，必须了解一些关于雪崩的安全知识。遇到雪崩时，不要往山下跑，因为雪崩的速度可达到每小时200公里，远远超过了人的奔跑速度。

如果遇上雪崩，又无法摆脱，要闭口屏气，因为气浪的冲击比雪团本身的打击更可怕。如果雪崩不太大，你可以抓住树木、岩石等坚固物体。如果被雪崩冲下山坡，一定要爬到冰雪表面，同时以仰泳或狗爬式泳姿逆流而上，逃向雪流边缘，压住你的冰雪越少，你逃生的机会就越大。

如果被雪埋住，一定要奋力破雪而出，因为雪崩停止数分钟后，碎雪就会凝成硬块，手脚活动将更加困难，逃生难度也将增大。如果雪堆很大，一时无法出去，就双手抱头，尽量给自己创造最大的呼吸空间。

遇到山体滑坡怎么办

我们去山区游玩或者爬山的时候，很可能会遇到泥石流、山体滑坡。这两种自然灾害，破坏力都非常大，如果我们不幸遇到了，那就要小心了。

沿山谷徒步行走时，一旦遭遇大雨，听到山谷有异常的声音或警报时，要立即向坚固的高地或泥石流的旁侧山坡跑去，不要在谷底停留。如果你在房屋里，一定要设法从房屋里跑出来，到开阔地带，尽可能防止被埋压。

发现泥石流后，要马上向与泥石流垂直的山坡上爬，爬得越高越好，跑得越快越好，绝对不能向泥石流的流动方向走。发生山体滑坡时，同样要向垂直于滑坡的方向逃生。要选择高地作为营地，尽可能避开在有滚石和大量堆积物的山坡下面扎营，不要在山谷和河沟底部扎营。

野外行走遇到河流怎么办

在野营时，我们可能会在途中被一些河流拦住去路。这时候，我们不得不趟过它。横穿河流隐藏着许多祸患，你对这些了解吗？

渡河时，要选择河面较宽处渡

河，那里水流较缓。不要从水草深处或泥质多的地方过河。这样有可能会让自己陷入沼泽。最好穿着鞋，这样可以防止脚意外受伤。背包最好不要卸下，因为它的重量有助于涉水时，保持你的身体平衡。最好拿着手杖之类的东西，来探测河深和保持过河时身体的平衡。为了防止河水对你形成强大的阻力，身体尽量保持与水流垂直或稍向前倾斜一点。

没有火种时如何取火

在野外活动中，火对我们来说是十分重要的。火可以干什么呢？除了将食物煮熟外，它还有很多用途：火苗释放热量产生暖意，会减少体内热量散失；可以烘干衣服；用火薰过的肉食可以较长时间保存；可以吓跑危险的野兽；它的烟雾可以驱赶蚊虫飞蛾。

如果我们的打火机用完了，而火柴又潮湿了，此时，我们怎么样才能在野外生火呢？放大镜或望远镜、照相机里的凸透镜都可以帮我们很快地生火。在有冰雪的环境下，将冰块加工成中间厚、周边薄的形状代替凸透镜也是可以的。具体的做法是：把放大镜或其替代物放在阳光下，经聚焦，在可燃物上面形成一个最亮的光点，保持不动。当可燃物开始冒烟的时候，用口把它吹燃。另外，在手电筒反光碗的焦点上放可燃物，向着太阳也能取火。

如果我们携带有电量较大的电池，将正负两极接在没有木皮包裹的铅笔芯的两端，顷刻间，铅笔芯就会烧得像电炉丝一样通红。把它放在可燃物上面，很快就可以取火了。火柴受潮也是有办法补救的，如果头发干燥并且不油腻，可将潮湿的火柴放在头发里摩擦一番，头发产生的静电会使它干燥。这样就可以利用它来生火了。

但是，还要记住：在生火的时候，要选择在靠近水的位置，或者是空旷的场地。在火堆的旁边预备一些泥沙、青苔等，以便在用完火后及时扑灭，等待白烟冒完之后再离开，以免引起火灾。

如何驱除飞蛾和蚊虫

在天气暖和的日子里外出旅游，难免遭到蚊虫和飞蛾的叮咬，虽然多数情况下不会有严重的后果，但如果我们对某种蚊虫和飞蛾的毒素过敏，或者遭到大批蚊虫飞蛾的叮咬，那就可能会危及生命了。

所以要选好合适的地方扎营。夏天不要在河边、湖边、溪边等靠近水源的地方扎营。因为这些地方在夏天时蚊虫较多，人容易被叮咬。另外草丛是很多昆虫的家，在扎营的时候也不要选择草丛茂盛的地方。

最好在露营时，带好蚊香和驱蚊药物。使用蚊香时，最好在天黑以前就点燃。飞蛾惧怕杉树的香味，我们可以在树林里找一些杉树枝和杉树叶，把它们放在自己的营帐周围，这样对于驱赶飞蛾很有效。还可以用空的细口玻璃瓶装上一点啤酒或糖水来进行诱杀。吃一些大蒜，对驱赶蚊虫也有很好的作用。

如何防止旅游性腿脚肿

出去旅游，不管是乘坐什么交通工具，不管是坐着、站着还是行走，只要时间一长，腿脚便会肿起来。医学上把这种由于旅游引起而查无其他原因的腿脚肿称为“旅游性腿脚肿”。

为了防止旅游性腿脚肿，旅行途中要注意姿势的变化，站立和行走一段时间后，要坐一会儿或躺一会儿，并把两腿翘起来。长时间坐车坐船时，要把两腿抬高，便于腿脚的静脉血液回流。

外出旅游需要长时间步行或登山时，最好打上松紧合适的绑腿，或用宽布带在小腿上缠几圈，用别针固定住。

每天旅游完以后，用热水烫脚，使脚部的血管扩张，便于血液回流。万一发生了旅游性腿脚肿，要平卧休息一两天，抬高腿脚，使其高于心脏的位置，以便血液回流，一两天即可好转。若腿脚肿仍未减轻，就要请医生进一步治疗。

被蜜蜂蜇了怎么办

蜂的种类很多，有蜜蜂、黄蜂和土蜂等等。蜂的腹部末端有与毒腺相连的蜇刺，当蜇刺扎入人体时，随之注入毒液将人体蜇伤，蜇伤后伤处会出现肿胀、水疱、局部剧痛或瘙痒，甚至出现头痛、恶心、烦躁、发烧等症状。

俗话说："捅了马蜂窝，定要挨蜂蜇。"马蜂蜇人，名不虚传。即使是一些不知名的马蜂，自卫的本能和警惕性也很高，只要侵犯了它们的生存利益，担任警戒任务的马蜂，会立即向你袭来。一旦被一只马蜂蜇了，就会很快遭到成群马蜂的围攻。这样可就更加危险了。

马蜂一般情况下不会主动袭击人的，只有在自己的家园受到威胁的时候才会发起进攻。所以，我们在见到马蜂窝的时候，要绕开走，千万不要因为好奇或是逞强而去捅它，这样做只能给自己带来伤害。

如果自己不小心误惹了马蜂，而遭到群蜂的攻击，那么就要用衣物保护好自己的头部，反向逃跑或原地趴下。

遭到马蜂围攻时千万不要挥动手臂进行反抗，因为这样只会加速马蜂示警激素的扩散，引来更多的马蜂。

被蜂蜇伤后，不要紧张、保持镇静。如有毒刺蜇到皮肤，先拔去毒刺。然后清洗伤口，最好用肥皂水、盐水或糖水，可以将大蒜、生姜捣烂后取汁涂于患处，如有韭菜，可取少许洗净捣烂成泥状并涂在患处。

如果被黄蜂蜇伤，可以用食用醋涂在患处。

参观动物园时如何注意安全

很多同学在成长过程中，都是通过参观动物园认识动物的，所以，我们有必要学习参观动物园时的安全知识，不然，很容易出现意外。

我们在参观动物园时，必须注意自身安全，严格遵守动物园的有关规定。在任何情况下，都不得攀、越、跨、钻防护栏杆，不得靠近饲养动物的铁笼去欣赏、挑逗动物或给动物喂食。在保证动物不伤害我们的情况下，我们也不能伤害动物。不用树枝、木棒等戳刺动物，更不能向动物投掷石子、塑料瓶等杂物。

如何应对暴风雨

俗话说，"天有不测风云"，天气的变化往往快速而难以预料。如果在外出游玩的时候突然出现了暴风雨的天气，我们该怎样做呢？

暴风雨出现的同时，往往伴随着雷电，这时候千万不要为了避雨而躲在大树下面，这样会很容易遭到雷击。如果在景区内遭遇暴风雨，

那么，就可以在路边的商店、超市等地方进行避雨。

如果是在登山的过程中遭遇暴风雨，而山的地质和植被状况又不是很好的话，则千万不要选择下山避雨，而是应该克服困难继续向山顶攀登。因为在暴风雨的天气中，有暴发山洪和泥石流的可能，选择此时下山就很危险了。

我们在外出旅游之前一定要及时收看天气预报，明确自己的旅游地点的天气状况，及时做好防范准备。

陷入沼泽地怎么办

在野外，存在着大量的沼泽，有时，为采一朵花，为捉一只蝴蝶，一不小心，我们就会陷进去。这时，如果不采取一些正确的急救措施，我们就会有生命危险。到陌生地点游玩时，为了防止误入沼泽，最好能随身携带手杖或临时找一根木棍等，随时试探地面的软硬程度。

一旦双脚陷入泥潭时，不要慌张，应大声呼救。同时，慢慢将陷入泥潭的双脚抽出来，切忌用力过猛、过大，这样有可能使自己陷得更深。然后将身体后倾，轻轻躺在沼泽地里，同时张开双臂，十指张开，平贴在地面上，采取仰泳姿势向安全地带“游”过去，切忌草率蛮干，尽量以轻、慢的动作进行。

如果看到有人陷入沼泽，你可用木棍等物，把已陷入沼泽的那个人慢慢地拉回到安全地点。

被狗咬伤了怎么办

狗的牙齿上生长着各种病菌和病毒，如果不慎被狗咬伤，这些细菌很容易通过伤口侵入人体，引发疾病。如果是被疯狗咬伤，还会由狂犬病毒引发狂犬病。狂犬病致人死亡率非常高，所以，被狗咬伤决不能轻视。为了避免被咬到，小朋友们在与狗亲密接触时，不要突然惊吓它，否则容易被抓伤。

当狗在你身边闻气味儿时，不要惊慌，原地站住不动。当狗追你时，不要抬脚踢它。有效的办法是站住，假装弯腰捡石头打它。抚摸宠物狗时，手心向下，慢慢接近它。如手心向上，狗会觉得你要打它。

如果你被狗咬了，要立即处理伤口。首先在伤口上方扎止血带（可用手帕、绳索等代用），防止或减少病毒随血液流入全身。其次迅速用洁净的水或肥皂水对伤口进行流水清洗，彻底清洁伤口，对伤口不要包扎。然后迅速前往医院进行诊治，在24小时内注射狂犬病疫苗和破伤风抗毒素。

被蜘蛛、蜈蚣咬伤怎么办

蜘蛛和蜈蚣是我们在外出旅游时常见的两种昆虫。大部分蜘蛛是没有毒腺的，它们不会对我们造成伤害。而一些蜘蛛和蜈蚣的体内则含有毒腺，被它们咬伤之后，会出现局部肿胀、皮疹、疼痛、头晕、恶心、呕吐、畏寒、发热、出汗乃至呼吸困难等症状。

如果你被蜘蛛咬伤，应马上用止血带或布带在伤口近心端包扎，每隔15分钟放松1次（约1分钟），以免肢体坏死，第二次包扎时位置可往患处稍远的地方挪动。

用5%的碳酸溶液烧灼患部，或是用2%的碘酒涂于患处。若有蛇药，也可敷于患处。症状严重者应送医院诊治。

被蜈蚣咬伤后立即用肥皂水、氨水或小苏打等碱性药涂抹伤口，或涂敷南通蛇药或六神丸。如果没有以上这些东西，也可以涂些牙膏救急。

剧痛者可到医院由医生进行药物止痛。

被蝎子蜇伤怎么办

蝎毒是一种神经性毒素，能引起剧烈疼痛，可持续数小时之久。蝎子用它的尾刺刺入人体皮内，注入蝎毒，使人皮肤渐渐肿起、变黑，并起水疱或血疱，最终坏死。毒素进入体内，会出现全身不良症状，如恶心、呕吐、出汗、心跳缓慢。严重者会出现口吐白沫或泡沫痰、呼吸困难、昏迷、抽风，甚至因呼吸麻痹而丧命。

如果被蝎子蜇了，要采取以下方法进行急救。

如果蜇在四肢，要立刻在被蜇处上方扎上止血带，同时用3%的氨水清洗伤处，也可以用一定比例的高锰酸钾清洗，约洗 20 分钟，以防毒液蔓延。然后用拔火罐的方法将蝎毒吸出。

可以用冰块或者明矾加米醋调成的糊状物敷在伤处止痛；还可以将眼镜蛇药捣碎后与凉开水调匀敷在伤处；也可以将大青叶和半边莲内服外敷；中药附子，加食醋研磨，用磨后的汁水敷在伤处，并尽量多喝开水，使毒素外排。

如果上面的方法使用后仍然没有起色，甚至出现呼吸困难等症状，应立即去医院请医生治疗。

被蚂蟥吸血怎么办

蚂蟥又叫水蛭，这种动物虽然不传染疾病也不立即使人致命，但它吸血多，叮咬处往往流血不止，容易发生感染，并使人的体力衰弱。所以要防止被蚂蟥叮咬，在被蚂蟥叮咬后要紧急处理。

为了防止被蚂蟥叮咬，下水前可以在腿、脚等处抹些肥皂、稻田防护膏、避蚊油、清凉油或烟油；进入稻田、沟渠、河流等处时，可穿胶鞋以防被咬。

如果被蚂蟥咬住身体的某个部位，可以用手掌拍打这一部位，使其滚下来；也可以用肥皂液、浓盐水、烟油、酒精滴在其前吸盘处，或用燃烧的香烟烫，让其自行脱落，然后压迫伤口止血，并用碘酒搽伤口，以防感染。也可以将烟汁、石灰水等洒在蚂蟥身上，或用火柴烤，使其脱落，也可以用刀子将其刮下。实在没有办法时，就不要管它，因为它吸饱血后就会自然脱落。不过千万不要将其硬拉下来，因为即使把它拉下来了，蚂蟥的吸盘也会使皮肤受到感染的。

如何减轻走坡路的疲劳

无论上坡，还是下坡，都要保持双脚用力的平衡，否则特别容易产生疲劳感。

上坡时消耗的能量是走平地时的好几倍。为了减轻上坡时的疲劳感，可以缩小步子，增加步行数。因为如果加大步子，就会加速心脏的跳动，这样就会消耗更多的能量。

为了上坡时步伐轻松，应该慢慢步行，使双脚充分承受体重。因为当你的一只脚站立起来以后再踏出另外一只脚，站立着的那只脚就会承担自身的全部体重和背负行李的重量，所以容易感到疲劳。

下坡时如果是短距离下坡就和走平地一样。如果是持续一个小时以上的长距离下坡，所消耗的能量就是走平地的两倍以上。而且长距离下坡，膝部会打战，在陡坡处还容易扭伤脚踝，所以必须小心注意。为了防止滑倒，应在确认立脚点以后再把脚平稳地放下，用着地的脚支撑体重；为了使脚踝和膝盖尽量承受小一点的负担，应该使膝盖和脚踝充分弯曲；在下陡坡的时候，应该一步一步顺序踏出，一边稳住一边下坡。

在野外肚子疼怎么办

野外活动中，因为饮食不当、环境不适、气候不稳定或者自身的问题，经常会发生肚子疼的情况。

如果遇到疼痛难忍时，千万不要揉肚子，也不要立即服用强力止痛的药物，揉肚子可能会引起其他病变，而吃强力止痛药会影响诊断效果。

如果左下腹部发痛，可能是食物中毒，或者身体受凉，可服用正露丸之类的药品，并注意腹部保暖，静躺保持轻松姿势，好好休息就可以痊愈；如果是右下腹部发痛，那就有盲肠炎的可能，可以先服用些止痛剂，并迅速找医院治疗。在去医院之前，可采取急救措施：不要吃东西，也不要喝水；在医生治疗之前，病人要仰卧，双膝直立，使肚子放松，运送的过程中，病人的身体姿势也要保持这样。

头部受伤如何扎绷带

头部受伤，扎绷带在处理过程中是一个很重要的环节，我们可以参照以下步骤正确扎绷带进行急救。下面的方法看起来好像比较复杂，实际应用时，只要按照步骤，一步一步包扎，其实也很简单。

如果是伤及头皮，应该这样扎绷带：戴上保护性手套，把流血止住，清洗外伤以后，找一块头巾大小的布，折成三角形；把这个三角形绷带放在头上，一个尖角在后面；前面的两个尖角在双耳上绕过头，在后面交叉，交叉的时候要压住放在后面的那一个尖角；把这两个尖角再绕回前额中心，把它们系起来；把绷带的褶边整齐地折卷在绷带下就可以了。

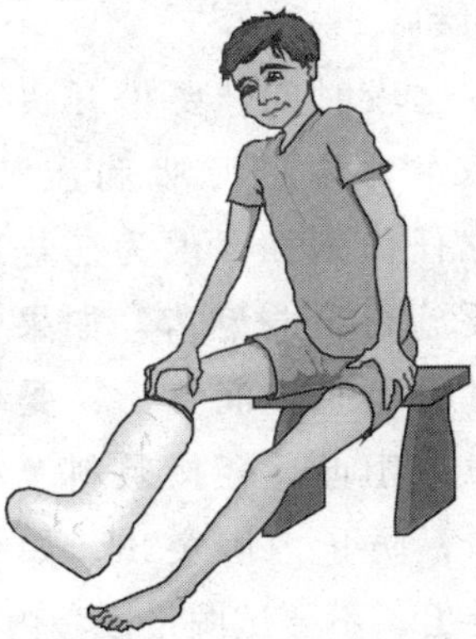

如果只是伤及前额，则在伤口处放一块消毒纱布垫，用一只手固定住这块纱布垫，再将一条消毒纱布绷带的一端放在纱布垫上，开始包绕头部，绷带至少要绕头3圈，以使其固定。为防止脱落，在头部背后使绷带上下缠绕并互相压叠。然后再剪下胶带把两头贴在一起；也可用牢固的绳扣绑在一起。

如果伤及耳朵和面颊，可以按以下步骤进行包扎：把一条长而厚的绷带放在下巴下面；把两头向上拉过耳朵与面颊，遮住已经处理过的外伤；两头在头一侧交叉于耳上；两头按相反方向包绕头部，形成一个“十”字，再绕到前额和脑后；在成“十”字的地方两头相遇，最后系在一起。

如果自己不会包扎，千万不可盲目去做，最好去求助大人或直接拨打120急救电话。

胸部受伤怎么办

胸部受伤时要稳住自己的情绪，准确判断，然后根据不同的情况进行自救。

发生创伤性浮动胸壁的情况。一般有反常呼吸，一旦发现，应该尽快盖住伤口，恢复正常呼吸。可以先用手掌按住伤口，千万不要用力，用力可能会伤到胸腔的其他器官。然后慢慢地用力，一直压到不再出现反常呼吸为止。如果需要长时间按住伤口，可以找一块干净的手帕，盖在伤口上，然后在手帕上再盖一块塑料膜或铝箔，用胶布把四周粘牢密封。也可在伤口处放上多个棉垫，然后用一长条绷带，围着胸腔层层包扎。包扎时也要适当用力，紧到没有反常呼吸为止。这两种做法，目的都是为了稳定浮肋，只要断肋不动了，疼痛就可以消除，危险也就减少了。

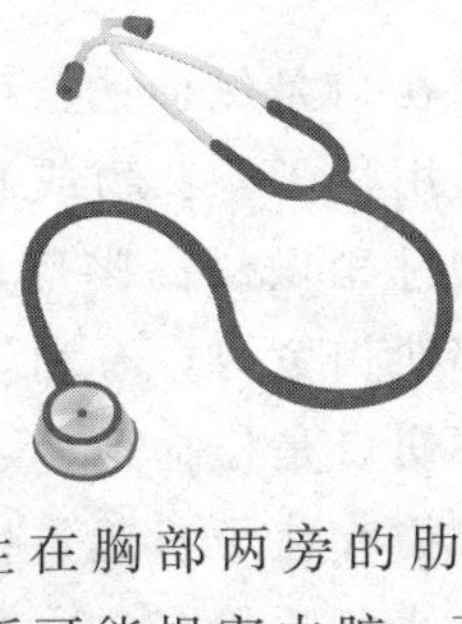

发生在胸部两旁的肋骨骨折。此处骨折可能损害内脏，引起胸内出血，伤者会咳出红色带泡沫的血

液，咳嗽时胸痛加剧。气息微弱，胸部感到紧绷绷的。如有几根肋骨折断，断骨相互碰撞时还会发出声音。如果属于这种情况，应侧身而卧，伤侧在上，这样可以稳定骨折。

遇到比较严重的肋骨骨折情况，应该立即去医院或者就近请医生处理。

腹部受伤怎么办

腹部是人体躯干下方三分之二的部分，内有胃、肠、肝、脾、肾、胰、膀胱等重要器官，一旦受伤，里面脏器多半直接受伤，非常危险。

如果腹部所受的是外伤，可以按照下面的方法自己进行处理：解开伤口周围的衣服时动作要轻，不要向伤口咳嗽、打喷嚏或喘气，以免伤口感染；用敷料或叠好的清洁布块，盖在伤口上止血；然后用绷带或围布扎好；盖上毯子，上肢露在外面。

如果伤口是纵向的，可平躺下来，然后用毯子、衣物或其他随手拿到的物件稍微垫高脚部，这样可以使腹部肌肉紧绷，有利于伤口闭合。如果伤口是横向的，可平躺下来，将衣物或毯子折起，垫于双膝下面，以使双膝抬高，这样有利于减少腹壁肌肉和皮肤的拉力，加速伤口闭和。

在这段时间，要松开头部和腰部的衣物，以便呼吸和血液循环；不要吃任何东西，因为送进医院后可能要施行全身麻醉，如果觉得口渴，可用水润一润嘴唇；受伤后如果咳嗽或呕吐，轻按敷料及布块保护伤口，防止内脏突出。如果内脏已经突出，不要试图推回腹内。

腹部受伤不能光看外表，有些没有表面伤痕，但可能是内部出血，表现出以下症状：腹痛，有压痛感；腹壁紧绷，或有淤伤、擦伤；有内出血的，可导致休克；恶心和呕吐；肌肉抽搐；如果胃、肠、膀胱受伤，则会便血、呕血或尿血；面色苍白、前额冒汗；昏厥。如果有上述症状，应是腹部内伤，情况严重，应立即去医院接受治疗，以免错过最佳的治疗时机。

扭了腰怎么办

腰部承受不了突然出现的过大力量时，就会发生疼痛，导致受伤，这就是扭腰。扭腰后，疼痛剧烈，行动会十分艰难，甚至连打喷嚏、咳嗽都会增加疼痛感。所以日常生活中，为了防止腰被扭伤，在拿重物时要慢慢拿起，不要突然转动身体，在做运动前，应先做热身活动。

扭腰以后可以采取下面的方法进行急救。

和别人背靠背站直，用自己的肘弯勾住别人的肘弯，然后让对方低头弯腰把自己背起。此时，要全身放松，贴靠在对方的身上。接着，自己的腰左右摇晃，同时双足向上踢。5～7 分钟后，让对方把自己放下，休息几分钟后重复，经过几次后，急性腰痛会有好转。以后每天这样重复进行，直至痊愈。

腰扭了还可以进行热敷，把炒热的沙或盐装入布袋内，敷在痛处，小心不要因为太热而烫伤皮肤。每次半小时，每天 2～3 次。

还可以采用揉按法。俯卧在床上，注意全身伸直。让别人站在自己的左边，先让对方将双手搓热，然后将手掌根放在自己的脊柱两边，开始先从后肩的高处，一边揉动、一边按压，逐渐往下直到臀部两边，再向下至大腿后面中间的部位，再往下到小腿后面的肌肉，最后向下停止。这样从上而下地揉按 3～5 次，然后在腰部最痛的地方，用大拇指揉按几次，就可以减轻疼痛。

药物治疗。剧烈的腰痛，可吃止痛药。最痛处贴上伤湿止痛膏或跌打膏，内服七厘散，开水冲服。

要睡硬板床，不能睡软床，防止腰肌再次受伤。在疼痛最剧烈的时候，可以让别人在你的身子两旁放上沙袋，把身体夹住，以防随便活动身子时加重腰痛。

如何消除淤青红肿

淤伤通常是遭受磕碰或撞击所致的皮下出血的一种症状。如果不小心受了淤伤，可采取下面的措施进行处理。

消除淤伤，可以冷敷。如果受伤不久，在患处冷敷，有助于消肿。将浸过冷水的毛巾拧干，敷在患处；也可以把碎冰装入塑料袋内，扎住袋口，再用布裹住冰袋敷于患处。冷敷可以减缓血液流动，利于消肿。如果毛巾升温了，要更换，每次至少 30 分钟，一天三四次；也可将淤伤部位置于水龙头下，用冷水冲洗。

热敷具有化散淤血的作用。如果受伤已超过 24 小时，最好选择热敷。把热而不烫的毛巾，拧干后敷在伤处即可。用手指轻轻揉动淤伤部位，也有此功效。

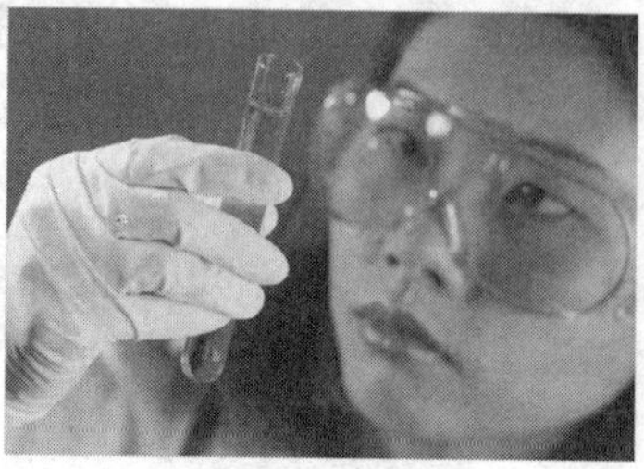

如果有以下情况之一，应该去看医生，即：剧痛，或是24小时之后，移动淤伤部位仍有困难；身上无故出现淤伤；眼部淤伤，皮肉青肿，导致视力受损。

发现有淤伤后，不要有大幅度的动作，以免不小心撞击到了淤伤部位，严重时还可能伤及体内器官。

长了水痘怎么办

水痘相对于其他疾病来说，是更容易患的传染病。初期，患者胸背出现非常刺痒的皮疹，然后蔓延到四肢、面部及头部。开始时患处出现突起的红点，形成水疱，随后水疱溃破或萎缩、干瘪、结痂。皮疹约四天内陆续出齐，因此患者身上可能同时有各个阶段的皮疹病变。患者发热，三四天内会感到不适。

身上长了水痘，如果症状轻微，就不用看医生，采取以下护理措施，一般可自行痊愈。

每天淋浴一次，浴后轻轻拭干身体；在患处涂上炉甘石乳剂，每天两次，可减轻皮疹的刺痒；要把手指甲剪短，并用肥皂把手洗干净，以防将水痘抓破及感染细菌；万一水痘破了，应用药水仔细消毒，然后涂上止痛软膏；不要挤压水痘，否则会留下小麻点；要大量喝水，如果食欲不振，不必勉强进食；如果口中发疹，应注意饮食，避免吃过硬的、太热的食物；多休息，按规定剂量服用止痛剂，可退热及缓解不适症状。

如果自己采取措施后，还没有得到效果，应该马上去医院，因为水痘可以并发水疱感染、肺炎及脑炎，发病率虽然不高，但后果很严重。若出现以下情况，应去医院就诊。发高烧、呕吐或剧烈咳嗽；精神状态有些改变，或者头部剧痛，或精神错乱；不仅眼睑上有，眼睛也出现水痘。

经过3～4天水痘一般会停止长出，并会变成黑色的硬痂，7～10天后自然脱落，不会留下痕迹。结痂期间，体内潜伏病毒，传染力很强，在这段时间不宜出门。

皮肤过敏怎么办

花粉、化妆品、吃海鲜或刺激性食物都会引起皮肤过敏。

如果起斑疹了，可以涂抹氨水来中和毒性，或者涂抹抗组胺软膏及硫酸锌油，这样就不会肿得太厉害。

在野外活动的时候，为避免皮肤过敏，可以在容易起斑疹的手及颈部、脸等露出的部分涂抹植物油及矿物油，避免皮肤接触到漆树。或穿着长袖上衣、长裤，戴上手套、帽子等以作防护。起斑疹后皮肤可能会感觉瘙痒难忍，这时记住千万不可以去搔、抓，因为这种做法可能会引起皮肤中毒。

如何应对沙尘暴

天空变得昏暗起来，还刮起五六级的大风，霎时间，飞沙走石，这是典型的沙尘暴天气。

如果这时要外出的话，一定要戴上口罩和防风镜，因为狂风掺杂着沙子刮来时，空气中悬浮的极其微小的颗粒物被吸进肺部后，会引起多种呼吸道疾病。

如果在室外行走时遇到了沙尘天气，应远离树木、广告牌、电线杆，以免这些东西被风刮倒砸伤自己，尽快到商场、饭店等地方躲避风沙。

如果有异物被风刮到了眼睛里面，应该找一个背风处，用干净的手帕从眼角朝鼻子方向擦拭，因为眼泪可以将异物冲掉。如果眼睛仍然感觉疼痛，就一定要到医院进行治疗，千万不要用手使劲揉眼睛。

在洪水中如何自救

受到洪水威胁，如果时间充裕，应按照预定路线，有组织地向山坡、高地等处转移。在措手不及，已经受到洪水包围的情况下，要尽可能利用船只、木排、门板、木床等，进行水上转移。洪水来得太快，已经来不及转移时，要立即爬上屋顶、大树、高墙，暂时避险，等待援救，不要单身游水转移。

在山区，如果连降大雨，容易暴发山洪。遇到这种情况，应该注意避免过河，以防被山洪卷走，还要注意防止山体滑坡、泥石流的伤害。发现高压线铁塔倾倒、电线低垂或断折，要远离避险，不可接近或触摸，防止触电。

遇到海啸怎么办

海啸是由海底剧烈的地壳变化

引起的海洋巨浪。当海啸发生时，海水陡涨，突然形成几十米高的“水墙”，惊涛骇浪向陆地席卷而来，所到之处一片废墟。

地震是海啸的“排头兵”，如果感觉到有较强的震动，就不要靠近海边、江河的入海口。如果听到有关附近地震的消息，要做好防海啸的准备。

如果发现潮汐突然反常涨落，海平面显著下降或者有巨浪袭来，都应以最快速度撤离岸边。

海啸前海水异常退去时往往会把鱼虾等许多海生动物留在浅滩，此时千万不要前去捡鱼或看热闹，应当迅速离开海岸，向内陆高处转移。

发生海啸时，航行在海上的船只不可以回港或靠岸，应该马上驶向深海区，深海区相对于海岸更为安全。

如果在海啸时不幸落水，要尽量抓住木板等漂浮物，同时注意避免与其他硬物碰撞。在水中不要举手，也不要乱挣扎，尽量减少动作，浮在水面随波漂流即可。这样既可以避免下沉，又能够减少体能的无谓消耗。

尽量不要游泳，以防体内热量过快散失。不要喝海水。海水不仅不能解渴，反而会让人出现幻觉，导致精神失常甚至死亡。尽可能向其他落水者靠拢，既便于相互帮助和鼓励，又会因目标扩大而更容易被救援人员发现。

与人相处

怎样做个大家都喜欢的人

有的同学喜欢一个人活动，什么事情都自己做，这样下去，容易形成孤僻的性格。特别是那些学习成绩好的同学，自认为成绩很好，十分孤傲，不愿意帮助其他同学。慢慢下去，就没有人愿意和他们一起玩了。

老师发现，上课时，这些同学经常出现走神的情况，平时也总是闷闷不乐的样子。到期末考试的时候，他们的名次不但没有上升，反而下降了。所以，当同学在学习或生活中遇到困难时，我们要主动去帮助他们。

人与人之间最直接最有效的沟通，就是善意的微笑和文明礼貌。这样可以让人感觉彼此更加友善，生活更加温馨。而且，文明礼貌可以反映一个人的宽容大度，别人帮助你时，要懂得说句“谢谢”，这样可以使对方的内心更加温暖；出现矛盾时，一声“对不起”可以消除对抗情绪，使双方冷静下来，熄灭怒火。

与同学相处，还要善于发现对方的优点和长处，诚心诚意地赞美对方。不能在同学面前夸夸其谈，自吹自擂，这样，将没有人会喜欢你。

我们在学校里，不但要学习知识，还要全面地成长，在和同学的交往中，让自己各方面的能力都得到提高，做个大家都喜欢的人。

青少年应如何交友

交友是青少年社会交往中非常重要的事情。伙伴之间常常是互相模仿、互相影响，彼此之间常常是无所不谈，可以互诉苦恼、互相安慰，常常从伙伴那里得到温暖和力量。有时会达到言听计从的程度，为哥们儿义气可以“上刀山、下火海”，在所不惜。却常对父母和老师的教导和劝告，持怀疑和漠然的态度。

青少年结交朋友本是正常的现象，在青少年时期结交的好朋友往往可以维持到成年，甚至到老年，这是一件好事。但是，有些青少年在交友问题上，往往缺乏认真的考虑和选择。如果交了一位坏朋友，则后患无穷。他会影响你改变你，让你走上和他一样的道路。这样，久而久之，你也会陷入泥潭。当然，对有缺点的同学，我们不能嫌弃他们，应该帮助他们。但是你一个人的力量是薄弱的，应该争取老师和家长的指导，帮助你的朋友和你共同进步。在一定条件下，伙伴对青少年的前途有着重要影响。

怎样消除与父母的隔阂

父母是我们在成长过程中的第一位老师，教给我们各种知识。但是随着我们的成长，两代人之间的行为方式和价值观发生分歧，于是隔阂就产生了。如何才能避免和消除与父母之间的隔阂，和他们融洽相处呢？

首先要加强学习，充实自己的思想，端正自己的人生观和价值观。

其次，和父母发生矛盾后要对自己的语言和行为进行反思。站在父母的角度上，想想自己的不当之处。父母都希望儿女们尊重他们，如果我们在言语上顶撞了他们，他们肯定会很难过。因此，我们在和父母相处时，要心平气和地说话，遇到有分歧时，可以讨论，而不能争吵。

防止和父母发生争吵，还有一个有效的方法就是提前有个约定。比如，谁的理由合理就听谁的，如果双方意见不相同，但是都合理的话，就采取折中的方法，互相让步，采取新的方案。

男女同学应该怎样相处

学会与异性交往确实有很多好处。男生与女生在智力、个性方面都有很大差异，和异性交往可以使我们互相学习、差异互补，有益于智力的发育，也可以使性格更健康更开朗。异性交往不但使我们了解了异性，还在交往过程中认识了自己，建立了良好的自我意识及群体认同感，从而也增强了责任心。但是，异性交往只能是思想的交流和情感的表达，都不要与恋爱有关。我们在与异性同学交往时，要慎重地对待这一点。

首先，我们在态度上要肯定男女间的交往是纯洁的，正常的交往可以发展自己的个性，促进学业。

其次，男女同学要共同参加集体活动，在共同的班级生活中，建立纯洁的集体式友谊。

最后，男女同学在交往中，要把握分寸，适度交往。不能乱开玩笑，但是也不能过分冷漠，否则会伤害对方的自尊心，让人觉得你孤傲无礼，不愿和你交往。男女同学之间不能过多地单独约会，否则，友谊就会“变质”。

不敢和异性同学说话怎么办

男女同学之间正常的接触和建立友谊关系是必要的，有利于我们

身心的健康发展，对社会、对个人、对学习都有好处。和异性同学不敢说话可以从以下几点着手改善，注意克服心理上的顾虑。

要克服羞怯。与异性交往要感情自然，举止大方，不失常态。以免使正常异性交往误入歧途。

要端正态度，培养健康的交往意识，淡化对对方性别的顾虑，交往时自然就会落落大方；其次，要广泛交往，减少个别接触。

要真实坦诚。在交往过程中要做到坦荡无私，以诚相待，这是建立和发展良好关系的前提和基础。

要留有余地。虽然结交的是知心朋友，但是，所言所行要留有余地，不能毫无顾忌。另外，男女交往还要在谈话中避免触及那些不良情绪和行为；在集体活动中避免过多地单独相处；在交友范围上不作过多限制。与更多的异性同学交往，可避免与异性单独相处时产生的不适应和不自然心理。

男女同学交往的方式可以以集体活动为主。参加集体活动的好处是活动的场合、气氛和方式更容易消除男女同学交往的羞涩感。

师生之间应该怎么相处

有些同学看到老师就会害怕，有些同学专门与老师唱反调，还有的同学什么事情都不愿意和老师沟通，严重影响了师生间的感情。如何建立良好的师生关系呢？

首先，我们要真正地理解和信任老师。这不仅是处理师生关系的需要，也是人与人之间交往的需要。我们要站在老师的角度，去理解老师教导、培养我们的苦心，老师肯定希望每位学生都好，所以我们不该对老师有抵触情绪，更不能专门与老师唱反调。

其次，要全面客观地对待老师。“人无完人”，老师也有做错的时候，面对老师的错误，我们要诚恳巧妙地指出来。不应把老师偶像化，认

为老师做什么，怎么做都是对的。

最后，要尊敬老师，对老师要有礼貌，并养成良好的行为习惯。比如，见到老师要问好，分别时说再见，在课堂上认真听讲，积极举手发言等。

与老师交谈时应该如何做

学生与老师交谈，可以获得知识和信息，可以解决自己思想、学习和生活上出现的问题，还可以增进师生间的感情和友谊。因此，有机会我们要多和老师接触、交谈。

在与老师交谈时要热情礼貌，要用敬辞和雅语，姿态要端庄，要注重反馈和情感交流，还要注意忌讳。

嫉妒别人怎么办

嫉妒是指对才能、名誉、地位或境遇等比自己好的人心怀怨恨。这种心理会危害一个人的健康成长，还会给他人造成伤害。

要想消除嫉妒的心理，首先要从根源上来认识嫉妒。产生嫉妒的心理是由于别人比你出色，所以你要树立远大的目标和理想，勤奋努力，用公平竞争的方式向你嫉妒的人看齐。

另外，要对自己有个客观正确的认识。每个人都有长处和短处，一个人不可能在各个方面都比别人强。所以，在嫉妒别人的长处时，也要看到自己的长处。比如，在体育方面，有的人跳远好，而你的引体向上好，想一想，自己也就不嫉妒了，或许别人也在嫉妒你的臂力呢。

要想彻底消除嫉妒心理，不仅要与私心杂念作斗争，还要做到心底无私，才能感到天地广阔。

被同学嫉妒怎么办

嫉妒者看到别人比自己强，就会在语言和行动上有怨恨和攻击的表现，比如用嘲讽的口吻和不屑的眼神对待嫉妒的对象。如果你是被嫉妒的对象，该怎么办呢？

你应该真心地对嫉妒者说出你在取得成绩时所付出的努力，也可以说出你的不足之处，并且希望得到他的帮助。这样，对方的自尊心就会得到一点安慰，嫉妒心理就会减弱或者消除。

如果你这样做了，嫉妒者依然对你心怀不满，那你就不必在意了，“走自己的路，让别人说去吧”。

怎样克服说谎的毛病

知道匹诺曹吗？那是一个一说谎鼻子就会变长的小木偶。不想让鼻子变长的唯一办法就是诚实。诚实，是忠诚正直，言行一致，表里如一。

诚者为王，在我们的现实生活中也是这样。平时，你是否好好地审视过自己的言行呢？自己是否用真诚去待人处事了呢？从小到大，我们的长辈都教导我们要诚实，不要撒谎，但我们真正做到的又有多少呢？我们应该经常自我反省，告诫自己不说谎话。

诚实是一种优秀品质，不应该因为怕受到惩罚而说谎。其实不被惩罚最好的办法就是大胆地承认错误，用你的诚实和改正错误的决心来获得同学、老师和家长的谅解。

亚里士多德认为，心灵的高尚之处在于能公开说出自己的爱恨，能十分坦诚地评论各种事情，能为了真理而不顾别人的赞成或反对。那些没完没了说谎和弄虚作假的人，他们唯一能获得的好处，就是即使讲了实话，大家也不会相信他们。因为再美的谎话也只能欺骗别人一次两次，多了就没人会相信了。

同学叫你外号怎么办

随便给人取外号会影响同学之间的团结，伤害同学的自尊心。对于同学给你取的绰号，也分几种情况。不要因为同学叫你的外号，你就整天闷闷不乐。你要先看看同学给你起了什么外号。比如，你长得矮，同学都叫你“小不点”；你每天上学都拿个苹果，同学们会叫你“苹果”；你不讲卫生，每天穿的衣服都很脏，同学们会叫你“臭蛋”等等。如果想让这些外号消失，只能改变自己的行为。

还有一些外号是同学们随便取的，或者专门给残疾同学取的，这些同学的行为是缺乏教养、不懂礼貌的表现。你对这些外号置之不理，久而久之，给你取外号的同学自觉没趣，外号也就自然消失了。

同学之间最好不要互相起外号，因为这样不但会影响同学之间的感情，有时还会在同学的心里留下终生难以退去的阴影。所以，我们都要礼貌地叫同学的名字，不要给同学取外号。

同学欺负你怎么办

如果同学们经常欺负你，你要先分析一下是什么原因造成的，再拿出解决的方案。

首先，要从自身找原因，反省一下，看看是不是因为自己的自私、嫉妒、粗鲁等，引起同学的一致反感，所以才欺负你。这些缺点是一定要改掉的。如果是因为生理上的缺陷，无法改变的，那就应在学习和工作中努力争取好成绩，让同学们对你刮目相看。

其次，尽量避开经常受欺负的场所或欺负你的人，以沉默的方式来对付这种不文明的欺负。以你的“大人大量”使对方感到尴尬和自讨没趣。

如果这两种方法不管用，对方还是欺负你，那你就不能再忍气吞声了，要请老师和家长出面解决，必要时诉诸法律。千万不能以暴制暴，意气用事，使自己也犯下错误。

同学之间怎样开玩笑

同学之间，朝夕相伴，在紧张繁忙的学习之余，总免不了开开玩笑，打打闹闹。这既可以放松一下，又可以增进同学之间的友谊。然而，俗话说：“乐极生悲”，如果玩笑开过了头，嬉闹不注意分寸，就有可能引发意外事故。

所以在开玩笑的时候一定要注意，切忌拿人的短处开玩笑，这样会伤害别人的自尊，损害同学之间的友谊。

还有的同学，喜欢在同学身后用双手卡住他的脖子，这样做容易造成颈椎骨折。突然吓唬人，万一同学有心脏病，那后果可就严重了。

趁人不注意把他的椅子抽了，千万别这样做，会摔着你的同学。

怎样处理同学间的矛盾

生活里常常发生由于传言、多疑及背后议论等因素导致的被同学误解，这确实是一件令人心烦的事情，但也不要过于在意，关键是要处理好这些矛盾。处理好了，同学之间会更加亲密、和谐；处理得不好，就可能会造成严重的后果。

如果你和同学之间发生了冲突，应该先检讨自己，想想自己的行为有没有可能引起误解的地方。如果有这样的行为，要真诚地向同学道歉，并且以后要特别注意。

有些问题一时无法解释，这时你可以暂时不去理会，相信时间和事实迟早会证明你的清白。要知道，原谅别人、礼让别人也是一种美德。宽恕别人不是软弱无能的表现，而只能说明你有一颗博大宽厚的心。

被老师误会了怎么办

当你被老师冤枉，感到委屈时，建议你采取下面几种方法。

1. 要冷静，不与老师争辩，不顶撞老师，耐心听完老师的讲话。如果确实是老师批评错了，要向老师讲明真相。

2. 如果有可能，请同学作证，相信老师弄清事情的来龙去脉后，会还你公正的。

3. 如果你认为自己没有力量说清楚被委屈的事情，可以把自己的想法告诉父母，请他们帮助你解决问题。

4. 如果发生的只是很小的事情，你又认为没有必要一定跟老师说清楚，可以不必放在心上，学会心胸开阔。这样，同学、朋友也会更加佩服你。

如何拜访他人

拜访熟人和朋友是件愉快的事，但如果不遵守拜访的礼节，就不会成为一件快乐的事情了。那怎样拜访他人呢？

第一，避免没有预约的拜访。尽管对方说："我就住在附近，请经常来串门吧。"但是不事先联系就去拜访也是违反礼节的，因为对方如果知道有客人要来，要打扫房间，也要准备接待客人。但也可能有自己的事情，还没准备迎接客人。拜访的时候，必须提前两三天用电话预约。即使顺便来到附近，想见面的时候，也要用电话联系，以确认对方是否方便。

第二，按约定时间去。决定拜访的时间，要先考虑一下对方是否方便，要在当天按约定的时间进行拜访。比约定的时间提前到达，会使对方慌张，而迟到了，则会让对方担心。最好是按约定的时间进行拜访。拜访时，多长时间才算打搅，要看与对方的亲密程度。如果是熟人要考虑限制在一定时间为宜。即使是很亲密的朋友，如果拜访超过两个小时，也应该告别，长时间拜访不好。

第三，要带对方喜欢的礼物拜访。可随手携带的礼物有糕点和水果等，原则上不要带剩下的东西。总之，要选择一些对方喜爱的东西去。把所携带的礼物交给对方的时间一般在被请进室内、寒暄之后比较合适。

如何与邻里相处

结识邻居对你来说不仅仅是讲礼貌的一种表现，而且还对自身的安全有益处。和邻居之间相互交往可以帮助你学会怎样结交人，怎样面对与自己不同的人以及在别人遇到困难时提供帮助。所以处理好邻里关系是非常重要的。

第一，要以礼相待，互相体谅。如果家里有事情会影响到邻居，要事先打个招呼，请求谅解。

第二，不要随便打搅左邻右舍。在家里要保持安静，不要大声喧哗；使用音响设备要掌握适当的音量；搬动家具要轻点。

第三，不要往楼下倒污水，扔脏东西；不要堵塞下水道，那样会给整个楼的住户带来麻烦。对于公用场地，不要随便吐痰、占用，不乱扔东西，并能主动打扫。

第四，不在背后议论、猜疑，不去打听邻居的私事。

如何孝敬父母

我们每个人的成长都离不开父母的养育，爸爸妈妈辛辛苦苦在外面工作、在家里干家务，还要兼顾我们的学习和生活。他们都有一个共同的特点，就是总爱说“反话”，明明是累了，但为了让我们吃好穿好，却说自己不累；明明是饿了，但有好吃的却为我们留着，说自己不饿；明明是困了，还陪着我们做功课，说自己不困。当父母的大都这样，把自己的身心都给了孩子。可是我们做子女的，是否常常为父母着想？

孝敬父母不是空话，应该体现在行动上，更要从小事做起，在日常生活中养成孝敬父母的好习惯。

有好东西要和父母一起吃，不能独占；父母生病时应该主动端茶送水，多说宽慰的话；父母外出时，我们应提醒父母是否遗忘东西或注意天气变化；承担力所能及的家务劳动，比如打扫卫生、收拾房间、洗刷碗筷等；记着爸爸妈妈的生日，到时候亲手为他们做一个小礼物；父母批评我们的时候要虚心接受，想想父母都是为我们好，自己应该学会反思并渐渐改掉缺点才对。

如何尊重老人

尊敬老人是中华民族的传统美德，我们有必要将这种美好的品德继承下来。同时，尊敬老人的美德也反映出了一个人的道德素养。

在平时的生活中，尊敬老人的事随处可见。我们可以看到马路上，戴着红领巾的同学扶着老人过马路的情景；在公交车上，有人主动给老人让座等。

在我们的家庭中，除了爸爸妈妈之外，爷爷奶奶是最疼爱我们的人了，甚至超过了爸爸妈妈对我们的疼爱，我们没有理由不尊敬他们，更没有理由伤害他们的心。

老人的听力不好，我们在和老人说话时，要走近大声说；老人行动迟缓，我们要耐心地等待或者帮助老人。平时，我们可以陪爷爷奶奶聊天，给他们唱歌跳舞，给他们盛饭、洗碗等。

尊重老人的习惯要从小培养，时时刻刻想着为老人做些事情，自己能做的事情坚持自己做。

如何面对妈妈的唠叨

人在压抑到一定程度的时候，应该学会自我发泄，唠叨也是一种自我减压的方式。

对于妈妈的唠叨，你不但不应该有反感，更应该对此毫不在意。你拥有一个幸福的家，拥有一个健康的妈妈是件值得高兴的事。

有的时候妈妈对你唠叨，更是一种爱的表达方式，对他们这一代人来说，唠叨就是对孩子的一种爱。因为他们脑子里的教育观念就是“良药苦口，忠言逆耳”。他们对你们要求比较严格，因为他们对自己不够满意，所以把更大的希望寄托在自己的孩子身上，请一定要理解父母的良苦用心。

在妈妈唠叨时，你可以试着与妈妈开开玩笑，让紧张的气氛变得轻松一些，让妈妈郁闷的心情烟消云散。

尽自己所能去努力学习，少让父母为你操心，也要接受妈妈的唠叨，更多地为妈妈做一些力所能及的家务劳动，减轻妈妈的家务负担。

妈妈唠叨的时候你们多关心关心她，她就不好意思对你唠叨了。如果她一时改不了，她再唠叨的时候，你表面上很关心地，心里不用在意她在唠叨什么，这样你也不会生气。当然，你也应该在妈妈高兴的时候给她提提她这个爱唠叨的毛病，适时地提出应该会有一定改善吧！

我努力了父母还不满意怎么办

在成长的过程中，父母总是对我们抱有很大的期望。即使你已经很努力，但父母可能还是不满意，这时，我们要从不同的角度去看待这样的问题。

父母会经常担心你的不努力会使你在今后的人生道路上不顺利，如果你已经很努力了，但他们并不了解，这就需要你主动和父母聊聊天，让他们更了解你的变化和努力，不要为你担心。不要埋怨父母，要主动了解父母对你的期望，听听他们的想法，从而得到他们更多的尊重，从中也能得到他们的理解和认可，这样他们会更加相信你。

尝试着站在他们的立场，从他们的角度出发考虑问题，有助于理解父母，并想想自己做得有什么不足，尽力弥补，在取得更大的成绩后得到父母的认可。

当然有些时候父母的想法和自己的兴趣并不是一致的，这时候即使你努力了，也没有和他们的想法在同一个方向上。这时候，要主动和他们沟通，如果他们要求的方向自己并不感兴趣，一定要说明自己的想法，心平气和地听父母给你的正确的意见和建议，如果自己的想法是合理的，争取得到父母的支持。如果努力后得到不错的成绩，父母当然会满意了。

同学借我的东西不还怎么办

同学借东西不还，是一种失信的表现，如果想要回原本属于自己的东西，还要保持同学间的友谊，可以按下面的方法去做。

同学借你东西，有可能忘记了还，这时候你只要礼貌地告诉他，自己现在要用，如果他用完了是否可以还给你。这种情况下提醒了同学，他一般会主动把东西还给你的。

如果同学借你东西，故意不想还给你，这时候要坦白和他说，不要因为问得次数多了不好意思而不说，毕竟你还没有独立的经济能力。

如果是比较贵重的东西，最好不要借给同学，倘若非借不可，最好让同学写个字据。万一贵重物品损坏或丢失，就不要考虑会有碍情面，可以向家长讲明，这样能比较好地处理事情。

如果有同学不还所借的东西还恐吓你，要及时告诉老师和家长，以获得妥善处理。

同学偷看了我的日记怎么办

日记记录着自己的成长轨迹，宣泄了自己的忧愁烦恼，也记载着自己的隐私。如果有同学不自觉偷看了你的日记该如何处理，下面给你出几个主意。

如果同学没有经过允许偷看了你的日记，被发现后，同学主动承认错误并向你真诚道歉，说明他并没有不好的动机，要学会原谅别人，不要耿耿于怀。

同学偷看了你的日记被你发现后，他还觉得这并不是什么大不了的事情，这时你要告诉他，偷看别人隐私是不道德行为，并且是违法的，要他向自己道歉。

同学偷看了你的日记后，还有可能把你日记里的内容大肆宣扬，这样对你平时正常的学习生活会有不良影响。对于这种行为不要忍耐和包容，如果自己解决不了，可以告诉老师或者家长让他们批评并制止这种行为。

父母偷看了我的日记怎么办

日记被自己的父母偷看了，作为子女的你，要选择正确的方法处理这种事情。

父母发现你有什么需要帮忙的事情，你却不肯说出来，父母想通过看你日记的方式去了解，虽然做法是错误的，但是也不要急着去埋怨父母，要和父母主动沟通，心平气和地告诉他们，自己内心的感受。同时也要反省自己，平时有什么事情可以告诉自己的父母，并且及时解决问题，不要让他们太着急。

父母平时和你缺少沟通，想通过偷看日记的方式了解你，这时也不要一味抱怨。要知道和父母缺少沟通，自己也有责任，在告诉父母偷看自己日记是错误的行为的同时，还要主动和父母多沟通，及时把自己的喜悦或者烦恼和他们分享。父母的生活经验不仅会让你受益，还能拉近你和他们的距离，这样父母也就没有必要通过偷看你的日记来了解你了。

有些父母还会认为看你的日记并不是什么大不了的事情，也许看完后还会理直气壮，甚至不能理解你日记里的想法。这时，如果你不希望他们再看你的日记，要告诉他们这是侵犯个人隐私的行为，并且不希望他们再看你的日记。当然，也不要和父母闹情绪，要主动让他们了解你的想法，并让他们认识到这样做是错误的。

同学笑我来自单亲家庭怎么办

父母之间发生某些事情，让你生活在单亲家庭，这对你来说是一种不幸，却也是你不能改变的事实，当同学因为这样就嘲笑你时，心里一定要清楚这不是你的错。

生活在单亲家庭并非你所愿，不要因为同学笑你，就不愿和别人交往而使自己变得孤僻。要坚持多去参加一些集体活动，在活动中锻炼和表现自己，增强自信心和保持乐观豁达的心态，慢慢地就会快乐和轻松起来了。

生活在单亲家庭的你，不要因为同学笑你，就变得敏感。在学习和生活中从小处着眼，认真做好每一件事，认真学好每一门功课，认真耐心地处理好与每一个同学的关系，积极主动地参加一些活动，在活动中服务集体，奉献爱心。不要盲目地、不切实际地与别人相比或相争，只要能做个最好的自己，最真的自己，你就会被自己的某种进步所打动，同时将被周围的同学、老师所关注和认可，同学也不会再因为你是单亲家庭的孩子而笑你了。

同学讥笑我有继母怎么办

同学讥笑你有继母，这样的行为会给你带来伤害，但是他们没有意识到是错误的。这时你要用正确的方法和心态去面对。

你有继母，这对别人不会造成任何的影响。在同学讥笑你的时候，你要从心理上认识到这不是什么见不得人的事情，也要同样地告诉讥笑你的同学。而不能因为他们讥笑你就觉得自卑，甚至不想接受这样的事实。

同学因为你有继母而讥笑你时，也不要因此冷漠地对人或对事。很多困难要看我们怎么对待，如果把

它看成是挑战、锻炼、经历，就能够培养你面对生活的能力，学到坚强和坚韧，那是不良境遇送给人的很好的礼物。

试着构建一个强有力的兴趣来支撑自己，兴趣可以是体育运动，也可以是对艺术的追求，兴趣是一个可靠的朋友。当然，兴趣也可以使你克服自卑，在同学之间建立感情。一旦培养了某种特定的兴趣，生活就会豁然开朗，你就不会总想着同学的讥笑而闷闷不乐了。

在某个方面努力做出成绩，这样同学对你的注意力就会慢慢转换，而不再一味去关注和讥笑你有继母的事实了。

父母没时间照顾我怎么办

父母因为工作或别的事情太忙没有时间照顾你，那要多体谅父母，同时要加强自己的生活自理能力，学会照顾自己，让父母少一些担心。

父母不可能一辈子都陪在你的身边，因此从小就要养成自己能做的事情自己做的习惯，即使父母不在身边，也不会在遇到一些简单的、力所能及的事情时，手足无措了。所以平时除了学习以外要多锻炼自己的其他能力，学会做一些简单的家务，当父母没有时间照顾你的时候也可以正常地学习、生活。

父母不在你身边的时候，有可能还会发生很多意想不到的事情，在遇到这些事情的时候不要慌乱，也不要害怕，要运用平时的知识冷静思考。这就需要你在平时多积累一些生活常识，增强防范意识。否则就会在事情发生需要自己作决定时乱了方寸。

父母不在身边照顾你的时候，如果遇到自己难以解决的事情，要及时告诉其他亲人或老师，他们会帮助你，不要因为自己的不正确处理带来不良后果。

老师一直看不起我怎么办

在某个方面自己做得不是很让老师满意，而让老师失望了，自己会总觉得老师看不起你。

首先要考虑自身的原因。要让别人认可你，必须自己做得很好，老师对你失望，一定是你在某个方面不努力，没有达到你本应达到的水平。要找到自己的不足和错误所在，下决心努力改正，并且用正确的方法取得好成绩，这样做自然会引起老师的注意，改变对你的看法。

如果老师对你的成绩还是表现出不满，这时要找机会和老师沟通，了解老师对你的看法，也许在同一问题上老师和你有不同的看法，要听取老师的意见，结合自己的想法

努力找出合理的方向，找到正确的方法。在引起老师注意的同时，还能做到事半功倍。

如果确定自己的做法是正确的，各方面也得到家长和同学的认可，老师还是看不起你，那就不用太在意了，因为一个人不可能得到所有人的认同和肯定。努力做好自己应该做的事情，等到取得惊人的成绩时，老师自然会对你刮目相看。

留级后如何和低年级同学相处

如果你因为某种原因留级了，那就有很多时间要和低年级的同学在一起度过学习和生活了，所以和他们相处好是很有必要的。

个别低年级同学可能会因为你的留级嘲笑你，这时候你不要去和他们计较，也不要觉得自卑，要更加努力。当你在各方面取得优异的成绩时，这种嘲笑自然就不会再继续了。

留级后有些知识是你已经学习过的，可以利用自己的这个优势，当低年级同学在学习中遇到困难时，主动去帮助他们，而且态度要谦虚。

在和低年级的同学相处时，要时时处处关心他们，多为别人着想的人是会受到大家的欢迎和认可的。

转校后如何和新同学相处

转校意味着你将面对陌生的环境，和新的同学相处也是一门学问。

首先要主动和同学结识，态度要谦恭，可以先作自我介绍，并且询问对方的情况，但注意不要去询问对方的隐私。接下来可以谈论一些轻松的事情，尽快摆脱同学之间的陌生感。与同学交谈时要面带笑容，如果有不同的看法要以协商的口吻委婉提出，并征求对方的意见。如果对方说得有道理，就不必固执地坚持自己的意见，趾高气扬、自以为是的态度都是不可取的。

要记住同学对你的好，同学有困难要尽力给予帮助。同学病了要经常去看他，因病耽误了学习要尽量抽时间去帮他补课。在困难的时候得到了你的帮助，同学会很感激你的。

要能容忍别人的缺点。只要不是原则性的缺点，不必太计较，当同学认识到他的错误后会更尊重你，

如果多为同学考虑，融入新的

集体中，你会成为一个受欢迎的同学。

在同学家过夜时怎么做

有时候在同学或者朋友家里过夜，这种事情虽然不经常发生，但也是我们该注意的。当主人说，“请像在自己家里一样随便”时，并不意味着你真的可以像在家里一样，在卫生间一待就是半个小时，在洗漱台上乱放洗漱用品，把毛巾随便丢在某个角落。这些行为都是很失礼的。在朋友家过夜时，最好多问几句，了解并遵循主人家摆放物品的习惯。只有这样你才会成为一个受人欢迎的客人，并且不会让你的朋友尴尬。那么，我们要注意哪些细节呢？

1. 带上一些必需品。一般要自带牙膏、牙刷、毛巾等，肥皂和洗发水可以用朋友的。

2. 用过洗水槽后清洗干净。这点是十分重要的，使用过的水槽可能沾上了肥皂泡、头发等物，所以不要等着别人帮你清理。

3. 拉开沐浴帘布，把下水道的头发弄干净。

4. 高效快速地使用卫生间，只在里面做必要的事情。而吹头发、涂乳液、穿衣服，这些事情都可以在卧室做。

5. 和朋友聊天、开玩笑可以，但是不要无休无止。最好遵循朋友家人的作息时间，或者降低音量。

6. 如果你是个“夜猫子”，而朋友是个“瞌睡虫”，那么在征得他的同意后可以看书或者做其他事情，但是必须保持安静，不要未经允许就打开朋友家的冰箱或者玩声音嘈杂的电子游戏。

7. 早晨起床后，应该整理床铺。在朋友的家人起床后，应该问好。

同学提出结拜怎么办

同学之间有了深厚的友谊，有的同学提出结拜，以为这样更能加深友谊，其实，这样的想法是不正确的。

结拜行为容易在大集体中产生小团体现象，不利于同学之间的团结。结拜后在同学之间容易产生哥们儿义气，这样的现象不利于你思想的健康发展，并且有可能在处理一些事情的时候，为了讲义气而做出一些比较极端的事，带来不良后果。

当同学提出结拜时，要委婉地告诉他，你很珍惜你们之间的友谊，但结拜只是一种形式，并不重要，并且不能加深你们之间的友谊。就算没有结拜这样的形式，你们之间还是会互相帮助的，并且不要担心你的拒绝会让你们之间的关系疏远，真正的友谊是不会因为你这样做而不存在或变淡的。

同学要报复我怎么办

同学之间朝夕相处，发生矛盾在所难免。发生矛盾后如果同学要报复你，这样，事态只会向不好的方向发展，要针对情况，进行妥善处理。

如果同学起哄，还拦截你、骂你，甚至打你，这时，最好不要正面与之发生冲突，你的反击，可能会带来更严重的后果。可以试着和对方交流一下，跟他讲道理，如果实在不行，可以先顺着他，然后把此事告诉家长，让家长出面处理。自己也要正气凛然，最终老师可能也会知道，你也不用担心，因为这样做，你确实没有什么错。

同学请我喝酒怎么办

青少年处于生长发育的最佳时期，喝酒对身体是有危害的，而且喝完酒容易出事，同学请喝酒一定要拒绝。

喝酒有可能引发酒精中毒，当同学请你喝酒时不要因为情面或者义气而不好意思拒绝。一定要拒绝，还要告诉他喝酒的危害，劝他也不要喝酒。

喝酒后人的行为会不受控制，做出一些危险的事情来。这样既损害了自身健康，还会有潜在的危险。如果同学一再要求你喝酒，要果断拒绝，同时也要劝说同学不要喝酒。

如果同学在外面喝酒，自己又拒绝不了，最好找借口离开。

同学请我抽烟怎么办

对吸烟的危害性，同学们也许知道一些。抽烟对谁都没有好处，尤其对处于青春发育期的青少年而言，危害性就更大了。所以千万不要去学习抽烟。

如果原来就没有抽烟这个坏毛病，就更不要去学了。如果有同学请你抽烟，千万不要觉得好奇，或者觉得嘴上叼支烟很神气，一定要拒绝，一支也不要沾上，而且应该对抽烟的同学说：“吸烟有害健康，小小年纪不要吸烟。”虽然你比原来长大了，但不是成人，身体各种器官都还没有成熟，吸烟的危害要比成人更大。

如果原来就有抽烟的坏毛病，同学给烟时一定要做到不抽别人的烟，自己也不买烟，看到别人在抽烟就绕着走，不管有什么特殊情况，一口也不行。即使已不抽烟半年多，再抽一口也不可以。死灰复燃就会从这一口烟开始。如果能从思想上对香烟产生厌恶，听到香烟就头痛，闻到烟味就恶心，那就更好了。

如何“追星”

追逐明星是大家生活的一部分，不管是政治明星、体育明星，还是影视明星或者歌唱明星都有不同年龄段的人们喜欢着。人们有时候可以向自己喜欢的明星索要签名、照片或者其他的东西。那么我们在平时是否可以呢？怎样才能得体、适当地追星呢？

1. 尽量在一些公开的活动中向名人索要他的签名，比如一位作家会在自己新书的促销会上给购书者签名，或者一个歌唱明星也会在自己的歌碟上签上自己的名字。不要在名人的私人时间内突然去索要签名。

2. 不要用邮寄物品的方式向名人索要签名。因为名人没有义务在收到的物品上签名，而且这些东西很可能将不会被退回。

3. 如果你恰巧是名人的邻居，不要随便去偷窥他们的生活，更不要未被允许去打搅他们。

4. 不要一味地去模仿名人，沉迷其中，耽误自己的学习生活。

5. 在公共场合不要围追堵截名人，因为他们也有自己的私人生活，也有做一个普通人的权利。

同学向你借钱时怎么办

在和同学相处的过程中，如果遇到同学向你借钱，可不能一味地“助人为乐”，要分清情况，酌情处理。

如果是学校要交费，同学忘记带了，你可以借给他。如果同学忘记还钱或者故意拖欠不还，要坦白和他说，让他还钱，不要因为不好意思而不说，毕竟自己还没有经济

独立。

如果有某个同学总是向你借钱，而且借的数目比较大，此时就要考虑他借钱的原因。因为作为一个普通学生，不可能总是需要很大的开销，如果他总是向你借钱，可能会做一些不好的事情，比如去玩游戏、赌博或者买香烟等。这样的事情对他是有害的，所以不要去“帮助”他，同时应该要回他以前向你借的钱。

如果同学之间借东西，比如文具之类的学习用品，要互相帮助。但如果是比较贵重的东西，最好不要借给同学。因为你还没有足够的经济能力去购置这些东西，家长也不会同意。倘若非借不可，最好请老师做个见证，并让对方写个借条，这样虽然有碍情面，但万一贵重物品损坏或丢失，自己可以向家长讲明，并且能比较好地处理事情。

如果有同学恐吓你，并强行向你借很多钱或较为贵重的东西，要及时告诉老师和家长，帮自己妥善处理。

看到同学偷东西怎么办

遇到身边的同学偷东西，被你发现了，这时一定要坚定信念，不要被他们所诱惑或威胁，自己更不能参与其中。

如果看到同学偷东西，也要有敢于救助同学的正直和勇气。首先要对同学进行劝阻，告诉他们这样做是违法的，会受到法律的制裁。如果他们实在不听，你也无能为力了，因为你已经尽到了自己的责任。

看到同学打架怎么办

当发现有人打架时，因为打架的人有可能带有凶器，如果此时上前围观或劝架，可能会受到伤害，所以无论是否有你的朋友在里面，最好的处理方法就是马上离开现场，并在第一时间告诉大人或者立即向警方报案，并且自己要做好防护措施。

发现有人打架时，坚决不要围观、追逐以及上前劝架和“参战”，也不要为双方呐喊助威；当双方在你旁边打架时，应该赶快离开，不要让他们的行为殃及自己；捡拾到打架者散失的物品、凶器切不可据为己有，一定要及时交给警方，为侦查破案提供线索和证据；械斗一方如果有自己认识的人应该理性对待，切不可因碍于情面而出手相助，因为打架斗殴是一种违法行为，也有可能因为过多的人参与而造成更加严重的后果。

网上交友怎么做

互联网的出现拓展了人们的交往空间，也因此改变了一些人的交友方式。好多人都认为网上交友是一种有趣的交流方式，但网络上很多人都会掩饰自己的真实身份，现实生活中被网友敲诈、欺骗的事例屡见不鲜。

为了避免受到无辜伤害，在网上交友时一定要注意这些事项：不要说出自己的真实姓名、地址、电话号码、学校名称等信息；最好不要与网友会面，如果非见不可，可以请人和自己一起去，确定见面地点时，尽量选择人流量大的地方；对网上求爱者不予理睬；对谈话低俗的网友，不要反驳或回答，要以沉默的方式对待；不要轻易相信网友给自己的一些诱惑，并且不要为之所动。

怎样避免早恋

早恋往往是在自己内在的冲动和对方的吸引下发生的，缺乏思想和情感方面的基础，或者对对方某一方面的优点产生倾慕之情，缺乏对对方的全面评价。早恋的双方得不到外界的支持和认同，经不起考验，极易不欢而散，对双方的学业和生活造成负面影响。

所以，我们要避免早恋。在与异性交往中，做到以下三个原则。

泛而不专，与异性交往要尽量广泛，不要一直与一位异性同学交往。长短有度，在与异性的交往中，要注意时间不要太长，不要形影不离。疏密有度，不要与同一位异性过于频繁的交往。

如果你已经喜欢上了某个异性同学，你也要克制自己不要发生早恋现象。你可以向你最好的朋友说，但请他一定要为你保守秘密。你也可以请老师帮忙，给你换座位或者做你的心理医生。你还可以跟自己做一个约定，五年后如果还是很喜欢对方，就坦率地向对方表白。

对方拒绝了你的表白怎么办

在我们身边经常会有“落花有意，流水无情”的爱情，并不是每一份爱情都能得到圆满的结局，所以你的表白也很可能被你心仪的对象拒绝。

这时，有人会觉得委屈，有人会觉得自卑，有人会觉得懊悔，有人会因此奋发，还有人会因爱生恨。被拒绝后怎么办呢？

理清思绪，寻找原因。被拒绝的原因是多方面的，有的是两人性情不合，有的是对方早已心有所属，有的是由于自己的表达方式不当，也有些可能是自身确实存在着缺点和不足，要根据情况分析清楚原因。

找到原因后，不是为了再一次向对方表白。而是要从失落的情绪中走出来，找回自信，回到学业上来。毕竟早恋的弊大于利是经过多少代人验证过的。

收到情书怎么办

青春期的少男少女给心仪的对象写情书表白，是很常见的现象。收到情书的人要采取正确的处理方法，不能写回信狠狠地骂对方，更不能将信交给老师或者在班上公开，应该采取低调的处理方法。

首先，自己先检讨一下，在和对方的交往过程中，你是不是有过亲昵的动作，让他误会了。如果有要立即纠正，如果没有，你可以像平时一样和对方正常交往，时间长了，他觉得你对他根本无意，就会放弃了。

如果对方一再给你写信，你就主动找他谈话，告诉他早恋是不会有结果的，拒绝得不要留有余地，

同时要珍惜双方的友情，保持以后的正常交往。在拒绝对方时，要尊重对方，平等地对待对方，将对彼此的伤害降到最低。

如果对方属于死缠不放，道理讲不通的那种人，只好把这件事告诉老师或家长，让他们帮助解决了。

见到外宾怎么做

我们伟大的祖国是一个历史悠久、文化灿烂的礼仪之邦。以礼待人、彬彬有礼总是到处受人欢迎的。作为祖国未来的主人，在遇见外宾时一定要以礼相待，充分展示我们的风采。

那么，遇到外宾时，我们应该怎么做呢？

1. 恰当的称呼。外国对男子都统称“先生”，对已经结婚的外国女士称“夫人”或者“女士”，对未婚女子称“小姐”，对一些未知是否结婚的女子可称“小姐”或“女士”。另外，外国人很忌讳“老”字，都

希望自己年轻。所以，当我们见到老年外国人时，不要称呼其“老先生”或者“老婆婆”，只用叫“先生”或者“女士”就可以了。

2. 主动热情地向外宾问候致意。如果你会简单的英语问候语，可以主动用英语同外宾打招呼。一般是右手打招呼并点头致意或微笑致意。

3. 如果外宾主动和你交谈，你的表情要自然，语气亲切和蔼，表达得体，善于聆听，切记不要手舞足蹈、唾沫横飞、拉拉扯扯。交谈时不应左顾右盼、心不在焉，应注视对方。

4. 和外宾接触时，要大大方方、不卑不亢。如果外宾主动向你招手并与你拥抱、握手、交谈，不要羞涩，躲躲闪闪。外宾如出于友好要给你照相，可以摆手示意，婉言谢绝或者微笑同意。

5. 千万不要在公共场所围观、尾随外宾，或者当着外宾的面，指手画脚，议论他们的容貌、肤色、服装等，这是极其不礼貌的行为。

6. 与外宾交谈一般要选择外宾感兴趣的话题，比如天气、体育、电影、烹饪等。不要谈论私生活或者令人不快的事情。

7. 要注意尊重外宾的习俗和禁忌。

寻求帮助时怎么做

1. 用语要文明。即使是小至陌路问津，也要用上“谢谢”、“对不起，请问”等礼貌用语。

2. 注意态度友好。寻求帮助时，态度必须谦虚、客气。但是也不必自卑，低着头或者回避对方的视线会增加对方的不信任感。另外，不应该故意缩小事情的难度，以免别人答应帮助你后又无法做到。

3. 应讲究方式。一是求人解决问题，不宜唠唠叨叨，二是要注意场合，三是要用商量的口气，不能硬要别人保证一定办得到。特别是对待自己过去曾帮助过的人更不能有意无意地给对方造成一种压力。

4. 真诚感谢。得到别人的帮助后，一定不要忘记向他（她）表示感谢。即使没有帮到你，也要感谢别人。

5. 分清对象。寻求帮助也要看对象，对待陌生人和朋友的方式是不一样的。朋友可以直截了当地说，一般的人则应该试探一下，免得令对方感到为难。

如何问路

出门在外，难免会找不到方向。张开嘴巴问问别人是最好的办法。但是问路也有问路的礼仪，否则你不但得不到帮助，反而会遭人戏弄。问路应注意以下几点。

1. 麻烦别人应先向别人表示歉意。在问路或者问询时应当先抱歉地说："对不起，我可以向你问个路吗?"或者说："我可以打搅您一下吗?"如果所问的是个交通警察，而对方正在聚精会神地指挥交通时，就应先在旁边稍候，等其稍空后再提出问题。如果对方是在屋里，则应先轻轻敲门，等他出来后再提问，而不要贸然闯入。

2. 在问询之前要热情、得体地称呼对方。一般可以根据对方的年龄来选择合适的称呼，不要用"喂"、"哎"这种对人很不礼貌的语气词来称呼对方，这会让对方感觉不快，不愿回答你的问题。

3. 向回答你的人表示谢意。当人家告诉了你所问的路该怎么走，或回答了你所提出的问题后，应该诚恳地表示感谢，不能不辞而别，一走了之，好像别人应该为你服务似的。如果对方也不知道，你也不能一言不发调头就走，应该很有礼貌地表示感谢，然后再寻找其他询问对象。

如何使用得体的称呼

称呼时要看对象的职业、年龄、性别等。见到工人时尊称为"师傅"；见到农民时亲切地称为"老乡"；见到干部、战士、知识分子称为"同志"；见到年纪略长于自己的人，可称"大哥"、"大姐"；对年纪略小于自己的人，可称"小弟"、"小妹"。

称呼要注意区分不同对象、不同场合。例如，恋人、夫妻之间的亲昵称呼，不宜在公开场合或父母、

孩子面前出现。

对长辈，尊称为“老大爷”、“老大娘”、“大叔”、“大婶”、“你老”等；对学者、知识分子可称他们的职称，如“李教授”、“王工程师”等；对同辈人或下属，可亲切地称“小王”、“小张”、“老李”等，有时也可亲昵地称其名字，但千万不要省略姓氏。

称呼要考虑对方的心理因素，在称呼时要尽量避开对方较敏感或较忌讳的词语，若称别人为“剃头的”、“做饭的”、“卖票的”等就太不尊重对方的人格了。

另外，称别人的绰号，特别是带有人格侮辱性质的绰号，最使人反感。如当面称一只眼的人为“独眼龙”、跛脚的人为“铁拐李”等，这无疑是对被称呼者人格上的不尊重，必然引起对方的不满，影响相互间的正常交往。

怎样做才是尊重别人

人人都有自尊心，也都想得到别人的尊重。我们要学会尊重他人，只有这样，你才能获得同学、伙伴的尊重。那么，不妨试一试以下建议：

1. 说话、做事时要顾及他人的自尊，学会控制自己的情绪。

2. 学会用赞赏的眼光看他人。适当地赞美他人，可以增进友谊。在你赞赏别人的同时，也可能得到别人的赞赏。这是一门双赢的艺术。

3. 不断提高自身的礼仪素养。在日常生活中充分展示自己的礼仪，比如路上遇到熟人主动打招呼，乘车的时候为老弱孕残让座等等。一个人只有在实际行动中表现自己的素养，尊重他人，才能真正赢得别人的尊重。光说不练是不行的。

4. 在各种时候都要注意自己的形象，站有站相，坐有坐相，不在他人面前掏耳朵、抖腿等。因为这样做都是对别人的一种不尊重。

5. 平时待人诚恳、心地善良，不要把自己的责任推给别人。因为做人正派是被人了解和受人尊重的开端。

6. 说话要算数，不作空洞的承诺。

7. 尊重外地人、农民等社会地位较低的人。

8. 处理事情要宽容大度，不可小肚鸡肠。对别人的错误、失礼，以礼相待，原谅他们；对自己犯的错误，坦然承认，不掩饰，这样的人一定能得到别人的尊重。

9. 多读书，积累知识，提高自己的学识，吸引他人，也会获得别人的尊重。

素质礼仪

怎样开发智力

人的智力是可以被无限开发的，即使爱因斯坦也只开发了大脑智力的10%。所以，我们只要科学地开发智力，都可能成为科学家。

首先，要增强抽象思维能力，这是科学和文学研究的基本功。

其次，加强语言能力和计算能力。

第三，学会做笔记。这有助于加强理解，提高注意力和记忆力。

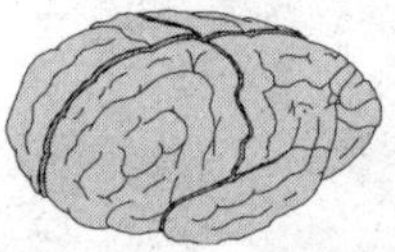

第四，提高解决问题的能力。有了问题，不要等着老师或家长去解决，而应该在征求了他们的意见后，自己去识别、判断，从而正确地解决问题。

第五，丰富自己的业余生活，参加社会文化活动。

第六，选择自己感兴趣的方向。

开发大脑智力的运动方法，主要有：伸懒腰、跳绳、倒立、刺激手掌、摩擦脚心、头部按摩、旋转运动等。

怎样提高观察力

观察力是智力活动的源泉，人的智力活动是从观察开始的。观察力是我们学习进步的保障，不管学好哪门学科都需要有超常的观察力。提高观察力须要具备：第一，丰富的知识经验；第二，良好的心理素质；第三，明确的观察方向；第四，培养间接兴趣；第五，克服内外干扰，集中精力；第六，变换学习活动，把看、读、写结合起来，交替进行。

观察方法主要有八种：全面观察、重点观察、解剖观察、对比观察、重复观察、长期观察、有序观察和多方观察。

怎样提高记忆力

人的记忆有五个特征：第一，初段的记忆力较强；第二，后段的记忆力较强；第三，有联系的事情较易记忆；第四，突出的事物较易记忆；第五，经常温习，记忆力较强。

我们可以根据这五个特征，来提高记忆力，同时还要有提高记忆力的信心和丰富的知识。提高记忆力的方法有：联想记忆法、理解记忆法、选择记忆法、歌诀记忆法、音乐记忆法、谐音记忆法、强化记忆法、概括记忆法、复习记忆法、幽默记忆法、比较记忆法、系统记忆法、规律记忆法、切割记忆法、头尾记忆法、间隔交替记忆法、图形记忆法、提纲记忆法、列表记忆法、核心记忆法、争论记忆法、网络记忆法、字头记忆法、自我测试记忆法等。

怎样提高想象力

想象力是创造的源泉，拥有丰富的想象力是社会发展对我们青少年的要求。提高想象力主要有八个要点。

1. 学会模仿。许多有成就的人都是模仿大师的长处而得到启发，然后再在前人的基础上加以创新，走出自己的路子来，从模仿到创造，这就是想象力发展的结果。

2. 不断储备新知识。想象不是凭空产生的，知识是想象力的基础。

3. 提高文学艺术修养。几乎所有的心理学家都非常强调文学艺术修养对培养、提高想象力的重要性。

4. 善于进行观察。观察越细，感受越深，想象力就会驰骋起来。

5. 培养多种兴趣。广泛的兴趣和多方面的爱好可以使你思路开阔，想象也就有了广阔的天地。

6. 丰富的表象储备。一个人的想象水平，是以一个人所具有的表象数量和质量为依据的，只有表象丰富，想象才会开阔、深刻，形象也会更加生动逼真。

7. 闭目尽情想象。闲来无事，在安静的环境中闭目想象，这对锻炼想象力也有很大帮助。

8. 倾注自己的感情。人的许多情绪和情感是想象活动的直接动力。

开发想象力的具体方法有：泛想法、猜想法、幻想法、联想法等。

怎样开发创造力

创造可以满足人类的一切需要，人们想上天，于是发明了飞机；想下海，于是发明了潜水艇；想变成“千里眼”，于是发明了望远镜；想成为“顺风耳”，于是发明了电话……没有创造，社会就会停滞不前，所以我们要培养创造意识，开发创造力。

首先要进入创造角色。创造心境是进入创造角色的一种自我体验，是把自己想象成创造者的心理。

第二，把握创造的时空观念。创造者常常弄不清自己所处的空间，爱因斯坦在光线上生活，随着相对论远驰星空；伽利略乘坐地球这颗行星，游荡于茫茫太空；吴承恩则上天入地，无所不能。

第三，强化创造动机。创造动机是创造发明活动的内在动力，只有不断地强化它，才能使个体不断地思考和奋进。

第四，敢于突破常规，独辟蹊径。

第五，收集、整理素材，挖掘创造潜力。

第六，注意想象力的培养。想象力是创造力各要素中最需要的能力。

第七，学会正确思维。包括抽象概括思维、非逻辑思维联想、变换思考顺序和逆向边缘思考。

怎样提高注意力

当我们欣赏美丽的孔雀时，我们要注意看；当我们欣赏美妙的音乐时，我们要注意听；当我们上课听讲时，更应该集中精力注意听。但是，有时候，我们总是为难以集中注意力而烦恼。如何才能提高注意力呢？

1. 保证身体健康。健康的身体是集中注意力的首要条件。身体健康主要体现在提供足量的脑营养、充足的睡眠和应付疲劳三方面。

2. 明确目的，增强责任感。充分认识自己做某件事的意义和目的，是调动自己注意力，取得成功的重要条件。

3. 对自己有信心。

4. 给自己规定期限与任务。

5. 由简到繁，循序渐进。要提高注意力，不能急于一时，要从简单的任务开始，增强信心，一步步走向成功。

提高注意力的方法主要有：明确任务法、兴趣法、自我调节法、减少干扰法、交替学习法、劳逸结合法、故事法、竞赛法、游戏法等。

怎样在饮食方面提高智力

人体对营养素的需要是多方面的，任何一种食物，都不能包含人体所需要的全部营养素，所以只有保证饮食的多样化才能确保身体所需要的营养供应均衡。如果长期偏食、挑食，单吃一种或少数几种食物，就会造成体内某种营养素的缺乏，而不能保持身体健康。所以，我们不仅需要脂肪和蛋白质，还需要各种维生素、糖类以及无机盐等多种营养成分。那么吃什么能补充这些营养呢？蔬菜中含有各种维生素、矿物质；米、面中含有淀粉；肉、蛋、奶中含有蛋白质和脂肪。

多吃蛋黄及含维生素 B 的食物。含维生素 B 的食物主要有花生米、黄豆、香蕉、瘦牛肉、牛肝、猪肝、猪心、小米、白菜等。

酸性食物是对智力发展有害的食物，它会破坏人体功能。过多地食用酸性食物还会溶解身体中的钙质，对身体的发育不利。

生姜和香菜很容易损害智力，吃多了还会影响记忆力。而对智力危害最大的莫过于烟酒，所以，我们一定不能吸烟、酗酒。

怎样让大脑休息

人人都有两个宝，双手和大脑。我们的大脑，时刻都在活动，即使在我们睡觉的时候，大脑也在不停地工作，管理着我们的身体活动。也许你会问：“我们的大脑会不会累坏啊？”不用担心，我们的大脑只要不是长时间高速运转，是不会出现问题的。

换句话说，一个人的大脑只要没有先天性的病理缺陷，他就可以成为天才。只要大脑的潜能得到超出一般的合理开发，他的能力就不会比爱因斯坦逊色。

但是，大脑潜能的开发，要一步一步地进行，如果“揠苗助长”，结果只能是用脑过度，造成大脑长期疲劳，甚至发生悲剧。

紧张地学习一段时间后，就要休息一下，先深深地伸个懒腰，排出肺部淤积的二氧化碳，再做一些简单的体操，然后继续集中精力学习。

取得好成绩之后怎么办

在学习的道路上，我们都在为取得好成绩而努力着。当我们在某个阶段取得了好成绩之后，我们除了喜悦，还应该怎么做呢？

首先，要明白“谦虚使人进步，骄傲使人落后”的道理。一个谦虚的人能学到更多东西。骄傲自大的不良习惯，最终会影响他们个人的发展，甚至失去同学，脱离集体，丧失目标，成为一个自私自利的人。一个人如果谦虚就会永远不知足，就会不断学习新知识、新事物，学习别人的长处和先进经验，使自己不断进步。而一些人骄傲自满，故步自封，由于不具备谦虚的品质，就不会懂得尊重他人，一味地自以为是，盛气凌人，不会团结他人，最终导致失败。“谦虚使人进步，骄傲使人落后”，只有明白了这个道理，才有利于我们今后的进步和成才。

其次，我们要肯定自己的成绩，总结成功路上的经验和不足，为下次取得更好的成绩而努力。

怎样哭笑才健康

把微笑写在脸上，让自己拥有

一份快乐的心情。

“有时候很烦，怎么也笑不出来。”是的，有时候烦恼的确让我们不知所措，但是为何不换个角度想想呢？说不定烦恼可以帮你进步。

当你不高兴的时候，并不一定要写在脸上，你可以找父母、同学或者亲近的朋友聊天，谈一些高兴的话题或者做一些自己喜欢的事情，慢慢地，你的心情就会好起来。

把微笑写在脸上，不仅可以使自己保持一份愉悦的心情，还会影响他人。可能你已经注意到，喜欢微笑的人，他的伙伴总是很多，他周围的人都会因为他的微笑而暂时忘记烦恼。

人们常说，笑比哭好。笑确实对健康有益，其实哭对健康也是十分有益的。我们可能有这样的体会和感受：当受了委屈，或者悲痛欲绝的时候，只要痛痛快快地哭一场，就会感到轻松了很多。

哭使人健康，时常哭哭可以增强泪腺，同时毒素也可以通过眼泪排出。谁也不能保证不会紧张和激动，感情强烈冲动时，血液涌向心脏，血压猛然上升，会有一种心脏快要胀破的感觉，这种情况医学上叫痉挛。这时就需要通过哭来进行放松。

怎样赞赏别人

莎士比亚曾经说过这样一句话：“赞美是照在人心灵上的阳光。没有阳光，我们就不能生长。”在人与人的交往中，适当地赞美对方，会增强和谐、温暖的气氛。

赞美也是一种艺术，需要讲场合、分寸和技巧。首先，赞美必须是真诚的，不能言过其实，否则就成了阿谀奉承。现在人们都喜欢在公开场合称赞别人，这就更需要真诚了，否则很容易引起对方的误解和反感。赞美别人的优点时，要尽量具体，比如“你真好”就远不如“你待人真热情”深入人心。

除了语言上的赞美，还有行为上的赞美。用你的一个眼神、一个手势或者一个姿势，就可以表示对别人的赞美。尤其是相交多年的好朋友之间，有时候语言上的赞美会显得很多余，远比不上一个手势或一个眼神的作用。

怎样培养口才

口才是指说话的能力，这种能力不是天生的，而是通过后天努力培养出来的。

要想拥有好口才，第一步是敢于开口，要克服害羞和怯场，消除

心中的紧张情绪。不要因为怕说错话而不敢与人交谈，这样的最终结果是慢慢地与人产生隔阂，不利于自己的身心健康。

第二步是多看书看报，搜集素材，丰富自己的知识。在阅读时，可以在有意义的语句下面做上记号，或者摘抄下来。听别人说话时，要把充满智慧的谚语写在纸上，记在心中。久而久之，你就会变成一个能说会道、出口成章的人了。

第三步是要把握对象和时机，也就是见什么人说什么话。与不同年龄、不同背景的人谈话，都要动脑筋想一想，用什么样的内容、形式和语气合适。比如与地位较高者谈话时态度要尊敬，说话要自然；与地位低的人谈话要庄重、和蔼。

第四步是讲话前要确定是什么目的，一般分传递信息、引起注意、争取了解、激励、说服劝告五种目的。只有明确了目的，才知道用什么话题，不能信口开河。

怎样培养幽默感

幽默是一种人生智慧，是一种悠然自得的生活态度，体现着积极乐观的处世方式和豁达的人生态度。当我们面对严肃或尴尬的场面时，可以恰到好处地来一段轻松幽默的话。

培养幽默感，首先要品德高尚，宽容大度，对人充满热情。幽默的谈吐是建立在谈话者思想健康、情趣高尚的基础上，一个心胸狭窄、思想颓废的人是不会幽默的。

其次，一个人必须具有敏锐的观察力和丰富的想象力，才能通过比拟、引用、比喻、夸张、双关等修辞方法说出幽默的话语。没有人天生就有好的幽默感，幽默需要在生活中不断观察和练习。

最后，较高的文化素养和表达能力是幽默感的工具。幽默是一个人聪明才智的表现，只有对古今中外、天南地北、历史典故、风土人情等知识有所了解，再加上丰富的

词汇和灵活多变的表达方式，才会处处表现出你的幽默感。

怎样正确休息

我们每个人每天都需要休息，那怎样的休息才是最合理的呢？每个人除了晚上必须保证的足够自然休息——睡眠外，在工作、学习之余的休息也是必不可少的，心理学家把这种休息分为两种情况：积极休息和消极休息。

首先，我们来看看什么是消极休息。消极休息就是指停止正在进行的工作与学习，到沙发上躺一躺、靠一靠，让大脑相应的管理区域像刚刚熄火的马达一样慢慢地自然“冷却”下来，得到休息。这是大多数上班族经常采用的方法。然而积极的休息，则是换一种活动或工作，比如刚才是紧张的看书学习，现在则去打打球，唱唱歌。换一种活动，则大脑皮层另外一个管理这一活动的区域就会兴奋，而它的兴奋则会抑制其他区域，包括先前管理学习的那部分区域也会受到抑制，这就好像利用可能条件促进马达“冷却”一样。

在工作、学习之余，你觉得哪种休息方式更好呢？自然是积极休息。有时某一项工作或活动使大脑过度兴奋，仅仅停止活动并不能使大脑得到休息，因为脑子里可能仍然在想刚才的工作。在了解了积极休息更好的原因之后，同学们应科学地安排自己的生活，比如看书看累了，就出去玩会儿，然后再静静地看会儿书；做题做累了，可以去看些小说等，重要的是让自己获得更好的休息。当然，不论是积极的休息还是消极的休息，每天必须保证足够时间的自然休息——睡眠。

怎样培养团结合作的能力

俗话说：“一个篱笆三个桩，一个好汉三个帮。”在现代社会中，生存和发展都离不开和他人的团结合作。有些同学独立自主的能力很强，但缺乏合作能力，这就使得很多应该成功的事情失败了。在学习方面，也缺少不了合作能力。

培养团结合作的能力，首先要学会欣赏和接受别人。合作就是学习别人的优点，弥补自己的缺点。只有相互认识到对方的长处，欣赏对方的长处，合作才会有真正的动力和基础。我们要认识到任何人都有他的长处，应该带着这种想法去发现别人的长处，真诚地欣赏他的长处。

其次，凡事要为他人着想。我们要养成慷慨大方的气度，经常想到别人。如果自私自利，凡事都只想到自己，遇事就会斤斤计较，也就难以与别人友好相处，又怎么谈得上与别人合作呢？我们要学会互惠与信任，与朋友分享不是对你的一种剥夺，而是平添更多更新更好的乐趣和机会。

第三，在生活中，多参加合作活动。积木、拼板等游戏，足球、篮球、跳皮筋儿、跳绳等活动，既有两个团体之间的对抗与竞争，也有团队内部的协调与合作，这些都非常有利于培养我们的团队精神和竞争能力。

最后，还要学会合作的规则与技巧。我们在与别人合作时要尊重对方，服从大局，讲统一，也就是说在合作过程中，不能只想着自己，要充分顾及到他人的需求。但同时也要有自己的立场，因为容忍和随和是有尺度的。

怎样培养自制力

你是否是一个坐不住的人，外面一有风吹草动，你就想出去玩。我们知道小学生有一个很明显的特点就是自制力差，受到外界诱惑时，便管不住自己，比如说，许多小学生都爱玩电子游戏，虽然家长与老师教育他们多次，他们自己也明白玩电子游戏的危害性，可一放学，他们却依然控制不了自己。常听见有学生后悔地说："我也知道这样不好，可我也不知道怎么回事就进了游戏室。"这便是典型的自制力不强的表现。

要提高自己的自制力，需要从小事做起，自己给自己定下计划，立下标准，管不住自己还要给自己一点惩罚，如一个星期不能吃冰激凌，取消参观动物园的计划等，这样日积月累，你的自制力就一定会得到提高。

怎样才能摆脱忧郁心情

由于社会竞争日益激烈，学生们面临着越来越多的压力，这些压力迫使学生们产生了自找烦恼的忧郁心情，而这种忧郁的情绪向深处发展，会给个人的身心健康带来不好的后果。

那我们怎样才能摆脱这种忧郁

的情绪呢？

1. 心情与环境有密切关系，人的心情常常随环境的变化而变化，“触景生情”就是这个道理。如果你真的在这所学校或者这间教室遇到过重大事情，使你心情忧郁，无法摆脱心理上的阴影，就向家长和老师说明情况，学校会给你一个合理的解决方案。

2. 改变自己的形象，从而少受挫折。如果学习方面受到挫折，就刻苦努力，迎头赶上，争取在学习上取得更大的进步；如果自己做了错事，就公开承认，下决心坚决改正，保证下次不犯同样的错误；如果被误解，遭受委屈，应主动去找老师改善自己的学习环境。

3. 每一个有忧郁心境的人，都应该面对现实，而且只有正视了现实，才能进一步改变现状。对残酷的现实要幽默对待，在忧郁的心境下，要多看积极的一面，多想一些愉快的事情，将自己的苦闷向知心朋友或关系好的同学一吐为快，能使忧愁减少很多。

情绪激动时怎么做

永远别在生气的时候胡乱做出决定。

在人的情绪极度激动的时候做出来的决定往往不太明智。在自己的人际交往中要牢牢记住这一点，做一个理智的人，能够自如地控制自己的情绪。把快乐和平静而不是愤怒和不平带给身边的人，能够因为自己的坦荡而快乐，不是因为自己错误的决定而后悔。只有这样的人才能得到朋友长久的友谊和尊重。

怎样发泄情绪

当我们受到很大的挫折时，我们总要把积压在自己心头的痛苦、愤怒和悲伤等情绪发泄出去。因为这样做可以减轻我们精神上的紧张程度，从而避免了因心理问题而产生的疾病，保持了良好的心理健康。

是否任何一种发泄情绪的办法都可以维护心理健康呢？不是的，有些人不会利用心理防卫手段。例如，某个人在外面受气了，不好发泄，回家后要么对妻子孩子发脾气，要么砸锅、摔碗等以损坏家具和生活用品来出气。这种无所顾忌的方法不但不能够解除紧张的情绪，而且还会带来更大的坏处。

那么怎样发泄情绪呢？首先，选择适合自己的发泄方法。每个人都要学会驾驭自己的情绪，即使在发泄自己的情绪时也不能够无所顾忌。在发泄情绪时，既要舒缓自己的紧张情绪，又不能给他人带来伤害。其次，要有效地发泄自己的情绪，一种较为简单的方法就是把自己的情绪用适当的话语表达出来。把心中的苦水倒出来，把所受的委屈都摆出来，如此，心情自然会慢慢好起来。

另外，痛哭也是一种发泄自己情绪的好方法。当人们在遇到意外的打击，产生极大的悲伤、愤怒和委屈情绪时，就可以用痛哭的方法来发泄自己的情绪。在现实生活中，遇到这种情况，安慰你的人经常会说："你别难过，痛痛快快地哭出来吧！"为何痛哭能够缓解紧张的情绪呢？因为情绪本身是一种自我调节的机制，情绪体现的过程也就是情绪缓解的整个过程。一旦情绪缓解以后，因为情绪紧张而带来的感觉、记忆和思维障碍也就自行消退，这样便可以比较客观地去感知外界事物，恢复有关的记忆，并冷静去思考，寻找遭受挫折的原因与解决的方法。

并不是任何场合下都可以痛哭和诉说的，在不能够发泄的场合，只能千方百计提高自己承受挫折的能力，并保持镇静，渡过难关，使自己所要承受的打击减少至最低。而在有些场合，最有效的发泄情绪的办法，莫过于把紧张的情绪所积蓄起来的能量，投入到战胜挫折或者有益于社会与个人成长的活动中去，例如司马迁因为受侮辱发奋写《史记》。从心理学角度分析，这可以视为发泄情绪积极而且有效的方式。这样做不仅有益于个人的身体健康，而且也有利于社会的发展。

怎样克服人际交往中的羞怯感

你是否有过这样的经历，不敢在集体场合发言，在大庭广众之中讲话就会脸红心跳，遇到陌生人会局促不安、手足无措等。这就是在人际交往中的羞怯感，那我们应该怎样克服这种羞怯感呢？

首先，应该增强自信心。人首先应该尊重自己，并承认自己是世界上独一无二的。无论在什么场合都没必要为自己的短处而感到自卑，而应该时刻想到自己的长处。增强自己的信心，只有这样才能克服羞怯感。

其次，不要怕人的议论。在与人打交道时产生羞怯感的主要原因，是怕听到别人否定的评价。在现实生活中被人评价是很正常的，不必过分看重它。有时否定的评价也能成为激励自己上进的一种动力，更能使人进步。

还有就是要讲究练习方法，一开始在熟人多的环境中练习，然后再到生人多的地方练习，循序渐进，这样会增强对羞怯心理的抵抗能力。另外，到某一场所之前，要事先做好充分的思想准备，争取成功，因为成就感能够增强人的自信心。

最后，在陌生场合感到紧张时，心里就默念“要镇静，不要怕……”来稳定情绪，把陌生人当成熟人一样看待，这样羞怯感就会减轻很多。有的心理学家认为，“当一个羞怯的人在陌生场合勇敢地讲出第一句话之后，他的羞怯感就会消失，随之而来的就是那顺理成章的语句”。

怎样克服自卑感

自卑是一种因过度的自我否定而产生的自惭形秽的情绪体验，是一种消极的自我评价或自我意识，认为自己在某些方面不如他人而产生的消极情绪。自卑感会影响人的一生，所以一定要克服自卑感。

1. 不说泄气话。永远不要对自己说“我不行”、“我做不好”，而应该经常给自己积极的心理暗示：“这事我能做，而且一定能做好”、“我一定会成功”。

2. 如果自己失败了，又受到别人贬低，而产生自卑情绪时，就应该清醒地认识到，人们之间的差异并不像人们所想象的那么大。“尺有所短，寸有所长”。何况，一时一事的失败，并不等于一生的失败。成功的关键通常不是能力问题，而是信心和意志问题。

3. 如果是因为缺乏知识或能力而引起的自卑，就要把压力变成动力，努力学习，刻苦锻炼，不断充实和完善自己。

4. 学会发挥自己的特长，在自己所擅长的领域中多次获得成功，信心就会大增。

5. 要大胆尝试。对一些没有做过的事情，总是担心做不好，而不敢去做，这时不妨大胆尝试一下，不论干什么事情，首先要相信自己能干好，并且满怀热情地去干，力争比以前干得更好，在不断改进工作的同时，不断完善自己。这就是自信心和自豪感。

6. 学会自我表扬。在做完一件事后，自己对自己进行一番表扬和鼓励，即使没有获得成功，也要为做的过程中自己某些突出的表现而夸奖自己几句。

7. 主动地与他人交往。虚心向别人学习，主动听取别人的意见。每个人的知识结构不尽相同，知识水平高低不一，对待同一问题也会有不同的理解，爱好与特长也各有侧重，因此要有勇气承认自己的不足和短处。只有这样，才能和他人取长补短，共同提高。

8. 不理睬别人的贬低。按照概率统计，这世上肯定你的人和否定你的人大约各占 50%。人无法讨得人人欢喜，因此，对于那些无聊的讽刺和贬低不必在意。自己想做又能做的事要大胆地去做，不必过分担心别人会怎么看待你。“走自己的路，让别人说去吧!”

只要你按照上面的方法去做，你一定能够战胜自卑，一定能够昂起头来，成为社会的强者。

怎样取得别人的信任

说话算数，说到做到，是我们与他人相处时一个非常重要的原则，也是做人的美德。只有守信用的人才能得到别人的尊重和信任，才能成就大事业。

一个满嘴大话、空话、假话的人，你愿意和他交往吗？如果一个朋友说星期日来找你一起出去玩，你满心欢喜地在家里等着，可他却没有来，早已把自己的话忘在脑后了，你会喜欢这样的朋友吗？他再约你去哪里的时候，你还会相信他吗？

所以，我们要养成言而有信的好习惯。当你对朋友承诺了一件事之后，一定要说话算数。即使遇到了困难，也一定要做到，只有这样才能获得别人的信任。如果你言而无信，朋友们上了一次当，就不会上第二次当，那么，你的朋友会越来越少，你就会被孤立起来。

谁都想有好朋友，都希望朋友能真诚地对待自己，可是，如果你对别人不诚实，是很难获得他人的友谊和信任的。诚实守信的好习惯，需要我们在日常的学习和生活中努力培养，而且要从每一件小事做起，严格要求自己。

怎样树立正确的审美观

审美观是指一个人用什么样的审美观点、抱什么样的审美态度和运用什么样的审美方法对自然景观、社会生活、文学艺术和人生进行审美活动的总称，是一个人审美情趣和审美理想的集中表现。

荷马说："美是神的赐予，不可轻易地抛掷。"可以说，爱美是人的天性，然而对于科学的审美观，并不是每个人都能轻松掌握的。确立科学的审美观，对于塑造美好的人生形象具有十分积极而重要的作用。那么，我们应该如何树立科学的审美观呢？

1. 应丰富美学知识，提高审美素养。

2. 加强审美感觉、审美鉴赏和审美创造能力。

3. 积极投身美育实践活动，做到以真为美、以善为美和以纯朴为美，在社会实践中寻找、发现、体验美的人和美的事。

怎样才能磨砺意志

大家都知道，在现实生活中，意志力是非常重要的，那你知道怎样磨炼我们自己的意志吗？大体上，意志力的磨炼需要注意以下几点。

1. 明确学习目的，树立崇高的理想。只有目标明确，才能引导人奋勇向前，百折不挠。

2. 分析自己意志的类型，采取不同的锻炼方法。如果你是一个执拗、顽固的人，就要培养你行为的目的性和原则性；如果你是一个胆

小犹豫的人，就应该培养你的胆壮、勇敢和果断的品质；如果你是一个任性、不自制的人，你就应该提高自己控制和掌握自身行为的能力；如果你是一个缺乏毅力的人，就应该培养你坚持不懈达到目标的品质……

3. 勇于与困难作斗争。意志是在克服困难时表现出来的，是在克服困难的过程中形成的。常常为自己提供困难的环境，将自己置身于困难面前，并且用顽强的毅力和必

胜的信心去克服所面临的困难。你克服的困难越多，志向就越坚定，当遇到其他困难、坎坷时，就不会有畏难情绪了。

4. 养成遵守纪律的好习惯，加强意志力的自我磨炼。人的意志品质的形成，常受到周围人的影响，同时和自我修养也有直接关系。养成良好的习惯，能使人戒除不良嗜好。常常自我反省、自我检讨是人的意志品质形成的重要条件。要经常用名言、格言检查自己、激励自己；注意同优秀同学进行比较，明确差距，奋起直追；在生活中严格要求自己。

怎样培养毅力

做事情要抱着一颗坚定的心，坚持到底，这才有成功的希望，半途而废是成功的大忌。

在做事情的过程中，很多人一时失意，受到了挫折，或者失去了一些珍贵的东西，于是就心灰意冷说放弃。有的人还会怨天尤人，认为这个世界不公平，却很少有人想过是否要给自己打造一颗坚强不屈的心。如果一个人连一颗敢于面对重重险阻和困难的心都没有，那么，还有谁会赋予他成功的希望呢？

认真想一想，你会发现，做事情要坚持到底，绝不仅仅是某些工作的特殊需要，它是所有事情成功的基本条件，也是成功者的重要品质和基本态度。每个人从小到大，无论是学习、工作，还是日常生活，都要完成各种大大小小的事情。如果做事常常中途就停止了，事情是不会做好的。正是由于做好了那些基本的事情，我们才会有所收获。

你是不是经常听到父母或老师抱怨：“这孩子并不比别的孩子笨，就是没耐心，做事有头无尾，干什么都是三分钟热度。”那么，为什么会出现这样的评价呢？做事情有始无终，往往有以下几方面的原因：第一种是遇到更有意思的事，注意力便转移了，而把原来在做的事情丢下不管；第二种是碰到棘手的问题，不愿面对挫折克服困难，没有耐心坚持下去；第三种是由于缺乏动力，认识不到所做事情的意义和价值，抱着无所谓的态度，自然会有头无尾或虎头蛇尾了。

有坚强不屈的心，才不会轻易动摇，才能坚持把事情做到底。而没有毅力的人，做自己不喜欢的事，或是遇到一点点困难，就会很轻易地选择放弃。

那么，现在就开始培养自己的毅力，养成坚持到底的习惯吧。不管别人怎么说怎么做，一定要坚持做完功课再出去玩。也许刚开始的时候很难做到，但是只要坚持，你就会发现，自己开始变得越来越有毅力了。培养毅力可以从以下几个方面入手。

1. 不忽略小事，从点滴做起。每天我们都有很多事情要做，先完成最基本的事情，即使它们不是什么大事。例如，认真做完每一项作业，无论是课堂上的或者是课下的，包括实践活动的作业；认真完成为班集体或为同学做的每一件事情。

2. 制订具体的目标。做完一件事情通常是指达到了我们的预期目标。如果目标不明确，或者与我们的知识水平相差很远，那么，这类目标就难以完成，也就不可能做到有头有尾。有一个经过努力可以实现的目标，才可能做到有头有尾。

3. 无论结果如何，坚持到底。有些事情开始时常常比较顺利，做得很好，但后来遇到困难了，可能很难达到你预期的效果。在这种情况下，千万不可轻易放弃，半途而废。一方面，因为你的坚持，也许能够使事情朝好的方向发展；另一方面，即使结果仍不理想，努力把这件事情做完就是你的成功，而且，你的意志力也得到了磨炼。

4. 学会自我监督和自我激励。做事情要持之以恒，真正的约束来自自身。确定目标和计划之后，在完成任务的过程中，我们要不断自我检查、自我监督。这样，对于做得不够好的地方，及时请父母、老师给予帮助，积极进行调整和完善；对于做得好的地方要给予肯定，也可以给自己一些小小的奖赏。

怎样培养节俭的习惯

调查发现，在一些中小学校里，浪费粮食的现象非常严重，每天都能看到从学校里推出一车又一车的剩饭剩菜，有些菜只吃了几口就被倒掉了。

不仅是浪费粮食，还有一些消费现象也令人担忧。有些同学一味追求时兴的文具，流行“流氓兔”，就一定要有“流氓兔”图案的书包；流行《流星花园》，就非要有 F_4 图像的书包、文具盒，总之是流行什么就要买什么样的学习用品。因为社会上流行的东西更新很快，所以往往新的文具还没用几天，就被无情地抛弃了，造成很大的浪费。

难道说，我们现在的生活好了，就可以丢掉勤俭节约的美德吗？当然不是！我们依然要养成勤俭节约的习惯。在我们国家，还有很多贫困地区的孩子不能够上学，许多失业家庭的生活水平尚待改善，许多受灾地区的人们吃不饱穿不暖，所以我们应该继承勤俭节约的传统美德，养成勤俭节约的习惯。

钱要花得有意义，要真正做到物有所值。现在怎样花钱，也会影响到将来理财的习惯。如果能够养成勤俭节约的习惯，就意味着我们有了控制自己欲望的能力，也意味着我们已经形成独立自主的意识。

我们作为社会成员的一部分，应该牢记历史的使命，发扬中华民族艰苦朴素的优良传统。

从今天开始，培养勤俭节约的习惯，做一名优秀的学生吧。

1. 吃得要实在。俗话说：要吃还是家常饭，要穿还是粗布衣。家常饭虽然只是粗茶淡饭，但父母为了让我们健康成长，都是很注意调配各种营养的。我们不要根据自己的口味挑食、偏食，一日三餐要以吃好、吃饱为原则。也不要在饭前饭后吃方便面、面包、蛋糕等零食。餐桌上要保持卫生，不要让饭菜洒在桌面上，能吃多少吃多少，不要出现剩菜剩饭的现象。

2. 穿着要朴素。穿着朴素并不是要坚持过去的“新三年，旧三年，缝缝补补又三年”的艰苦生活。而是要大众化，不追求时髦，即使家里相当富有，也要穿得朴素一些，只要不冻着就可以。我们都是学生，没有贵族和平民之分。心态和行动都要平衡在同一起跑线上，这对我们的成长十分有利。

3. 珍惜学习用品。珍惜学习用品，就是不要因为写错一两个字就撕掉一张纸，不要老是弄断铅笔芯，不要买只能做摆设的学习用品。

4. 给自己准备一个储钱罐。“以俭养德”的许多事例告诉我们：要成为一个有志向、有追求、有出息的人，勤俭节约、艰苦朴素的生活作风是不可缺少的。我们可以给自己准备一个储钱罐，把自己的零花钱放在里面，积少成多，也许在我们急需的时候这些钱会发挥更大的作用。

怎样改掉懒散的毛病

懒惰成性的学生，在学习办事时缺乏热情和主动精神，推一推，动一动。上课时无精打采，老师不催着写作业就不写，不提醒记笔记就不记。还有一种同学，在老师面前积极勤快，其实只是拿着笔随便画，老师一走远，他立即把书和本子放到一边。

如果你也是这样的学生，一定要下决心改掉懒散的毛病。你可以按照下面的方法来调整。

1. 明确自身价值，增强对国家和集体的责任感。要勇于付出，不要过分爱惜自己。

2. 坚持参加体育锻炼。

3. 点亮心中理想的明灯，激发自己为理想而奋斗的精神。

4. 坚持自己的事情自己做，相信别人能做的自己也能做到。

怎样学会自立

不少杰出的人才，有的是幼年失去父亲或母亲，有的是家境贫穷，有的是从小远离家乡，没有父母的照顾。这就说明在成才过程中，要学会自立。如果自己不能照顾自己，不能独立完成一件事，那怎么谈得上成才呢？

要学会自立，首先要培养独立生活的能力。学会做家务，学会管理自己的生活，这是最基本的。

其次，要养成独立学习、独立思考的习惯。在学习中不能过多地依赖别人。

最后，要有主见。要敢想、敢说、敢做，勇于发表不同的见解，不要人云亦云。缺乏主见，不会突破现有的条条框框，是不可能有创造发明的。

怎样培养责任心

当爸爸或妈妈夸你懂事的时候，一定很高兴吧？是啊，有些事情我们自己能做，就不需要爸爸妈妈帮忙。

从现在开始，培养自己的责任心，不再完全依赖父母，不管是在学习上还是生活上，遇到困难的时候，不能再让父母替代我们或者帮助我们去完成。自己的衣服要自己洗，父母工作忙的时候，要学会自己做饭。

生活中的点点滴滴，都可以把它当成锻炼自立能力的机会。只有这样，你才可以更好地掌握自立的本领，将来出外求学或者走上社会，就能自己照顾自己，完成社会交给自己的任务。

怎样防治神经衰弱

神经衰弱是一种最常见的神经症，是青少年中最常见的轻型心理疾病，但对青少年的身心健康危害较大。神经衰弱的常见症状为脑功能衰弱，容易疲乏，记忆力衰退，注意力难以集中，容易兴奋和激动；睡眠障碍，难以入睡，白天思睡，学习效率下降等；还有心悸、心慌、气短、胸闷、消化不良等。

神经衰弱患者会感到学习和工作负担过重，心情紧张，情绪压抑，睡眠不足，处于心理矛盾的状态。神经衰弱虽然不是大病，但确实有害于身心，所以要认真对待，积极防治。

首先要慎重地诊断确定，注意将神经衰弱与抑郁症及其他心理疾病分开。可以进行以心理治疗为主，药物治疗为辅的综合治疗法。再者，要纠正心理缺陷，正确对待和处理精神压力，学会科学用脑，注意劳逸结合，纠正不良生活方式和习惯，培养良好的情绪。此外，还要多进行适宜的体育锻炼，正确处理学习和人际交往中的各种矛盾。

怎样科学上网

网络是一个复杂的事物，它不仅有对我们非常有用的信息，同时也充斥着各种反动、暴力和色情的信息。对于缺乏鉴别能力和充满好奇心的我们来说，网络对于我们的吸引力远远大于我们的自制能力，我们的目光常常会被那些毒害我们身心健康的垃圾信息所吸引，久而久之就会陷入其中，不能自拔，甚至还会发展到伤害别人的地步。

那么，怎样充分利用网络的有用资源，预防上网成瘾呢？

1. 上网应多浏览一些有价值的网页，不要出于好奇心去浏览黄色网站。

2. 要正确看待生活或学习中遇到的挫折。在受到挫折的时候，我们要学会自己调节心情，以健康的方式应对情绪波动，而不是进入一个虚拟的空间以逃避现实，获得虚无的成就感和荣誉感。

3. 要增强心理防范意识，提高心理免疫力。上网前要先定目标，限定上网时间。

4. 要明确这个阶段自己的主要

任务是学习。如果学习成绩下滑，要认真寻找原因，多找成绩好的同学交流学习经验，不要只靠在网络中寻求平衡。

5. 要善于发现生活中的美，享受父母的爱。不要总觉得自己的父母没有别人的好，自己的生活不如别人，要珍惜自己所拥有的一切。

6. 多与现实中的人交往。我们的成长离不开与同龄人的密切交往，离不开深刻的生活体验。生活在伙伴的友情之中，是避免网络诱惑最重要的保障。

7. 当发现自己已经对网络形成了心理信赖时，应该积极向心理医生寻求帮助。

怎样合理利用时间

时间对每个人都是公平的，一年365天，一天24小时。我们成才与否，最关键的就是是否合理地利用了每一天，每一分钟。

如果知道自己每天应该做什么，需要达到什么效果，就不会浪费时间了。这就需要我们制订一个作息时间表，然后严格地按照时间表度过每一天。俗话说，“计划赶不上变化”，当我们遇到特殊情况时，就要先做最重要的事，再做比较重要的事。但是如果有急事，当然还是应该先完成紧急的事。这样既可以保证完成一天的计划，又可以提高时间利用率。

合理利用时间除了制订时间表外，还有许多细节也是节省时间的必备法宝。第一，把用过的东西放回原处。每天用完的笔、书、钥匙，玩过的球，脱下的衣服、鞋袜等，都要放回原处，免得用时再到处找。第二，交叉阅读不同的书籍。这样有利于提高阅读效率，也就可以节省时间了。第三，学习时间长了，要休息一会儿，这叫“磨刀不误砍柴工”。

怎样调节情绪

有一位中学生这样描述自己“情绪高涨起来像火山爆发，情绪低落下来像泄了气的皮球”、“上午还兴高采烈，下午却闷闷不乐”。很多中学生都有着多变的情绪，这些情绪常使他们难以专心致志地学习、生活，有的还走极端甚至走上犯罪道路。

所以，我们都应该学会主动把握和调控个人情绪，培养和保持愉快、乐观的心态。即便是风暴，也有平息的时候，何况是一个人的情绪。

首先，要学会调节认知能力。对同一件事情，不同的认知会导致不同情绪和情感的产生，而不正确的认知就导致了消极情绪的产生。比如，老师批评学生，有些同学不能正确对待老师的批评，认为老师是有意针对自己的，因此产生不高兴的情绪。但同样是受到老师批评，有些同学却认为老师批评自己是对自己的关心，是老师负责任的表现，因此，心理上诚心接受老师的批评。所以，要学会改正不良认知方法以控制不良情绪的产生。

其次，应努力给自己创设适宜的环境，以消除消极情绪。例如，当自己烦恼时，去绿荫大道上散步，到风景秀丽的野外欣赏大自然风光，就能够使自己心旷神怡，心胸开阔。

第三，学会宣泄调节。适度地宣泄可以把消极的情绪释放出来，从而使紧张的情绪得到缓解，这样可以防止极端行为的发生，有利于提高学习效率。例如，你可以在适当的时候哭一场，可以向他人倾诉，可以进行剧烈的体育运动等等。当然，最重要的还是要靠自己主动控制情绪，冷静地考虑不良情绪可能给自己带来的不利影响和后果，激励自己走出阴影。

怎样舒缓叛逆心理

“爸爸让我这样做，我偏不。”你有过这样的想法吗？当你和爸爸顶嘴的时候，爸爸一定很生气，心想这孩子现在怎么这么不听话。而你呢，觉得爸爸说得不对，坚持自己的想法。这就是我们说的逆反心理。

毫无疑问，对于我们来说，强烈的逆反心理必然会影响学习和生活，必然会在我们与家长、教师之间筑起一道厚厚的“心墙”。因为我们还不能正确地、客观地评价自己，更不能很好地认识社会、指导自己的行动，如果逆反心理过于严重，势必会妨碍我们听从成年人的指导，这将给我们的健康成长带来不利的影响。

1. 要学会理解。由于年龄还小，我们的心理、思考方式、社会阅历都还不成熟，对许多事情的看法都

还不全面，不透彻。父母说的也许不完全正确，但是他们的出发点都是为了我们能健康成长，因此认真听取父母的意见是必需的。即使父母或老师说的是错误的，我们也要抱着宽容的态度去理解他们，这样就不会有逆反心理了。

2. 把握自我。经常提醒自己，要虚心接受老师、父母的教诲，遇事要尽量克制自己。突显自己的个性并非是通过与他人的对抗来实现的。另外，要主动与老师、父母接触，向他们请教，这样多了一份沟通，也就多了一份理解。

3. 学会适应。提高自我心理适应能力，可以多参加课外活动，在活动中培养兴趣，展现自我价值，这样，逆反心理也就自然消除了。

怎样才能成为有教养的人

如果一个人张口就是脏话，动手就打人，甚至小偷小摸，你觉得这样的人是一个有教养的人吗？答案当然是“不”。那怎样才能算是有教养的人呢？首先，要做一个有教养的人，就必须有渊博的知识，一个有知识的人，至少他不会很愚昧。他知道什么可以说、可以做，什么不可以说、不可以做。其次，要善于思辨，有良好的思维习惯。如果你只是埋头苦干，而不多思考的话，你会变得粗鲁和愚笨。最后，还要有高尚的道德情操。

要成为一个有教养的人，就需要从家庭教育开始，从童年时期做起，从小就养成懂礼貌、尊重别人、诚实、守信用的好习惯；在少年时代，就更应该事事处处为他人着想。礼貌不可无，待人接物不可轻率。《论语》里说：“三人行必有我师焉，择其善者而从之，其不善者而改之。”要从别人身上吸取好的东西为自己所用，让它成为自己的东西。养成良好的习惯，形成个人的志趣。

所以，同学们，我们应该从小严格要求自己，只有成为一个有教养的人，将来走向社会才能得到人们的尊重。

怎样对待荣誉

荣誉是别人对你成就的一种肯定，不管你取得的成就有多高，如果没有人认同你，也就不可能有荣誉可言。那我们应该怎样对待荣誉呢？是整天把它挂在嘴边，还是把荣誉放在脑后，重新开始新的工作，去争取新的荣誉。现在我们来看看居里夫人是怎么看待荣誉的。

居里夫人在发现镭之后，被授予英国皇家学会设立的最高荣誉——金质奖章。有一天，她的一个朋友来看她，发现她的女儿正拿着那枚金质奖章在玩，居里夫人的朋友很吃惊，忙问："你怎么可以让孩子玩这个呢?"她笑着答道："这有什么，我只是想让女儿从小就知道，奖章只不过是一个玩具，没什么了不起的，决不能守着看，否则将一事无成。"她讲得多好呀！这正说明了居里夫人重视实际而不在乎荣誉，所以她才可能在科研工作中为人类作出巨大的贡献。

是呀，如果一个人过分重视荣誉，或者陶醉在过去的荣誉里，那他就不会有新的进步，就不会去努力探究新的科学知识，而只停留在以前所获得荣誉上。同学们，你说我们应该怎样对待荣誉呢?

怎样自我激励

生活中有很多经历会给我们带来这样那样的感受，无论是挫折还是压力，坚强地跨过它，从中思考并得到成长，这些经验就会帮助我们走好以后的风雨人生路。

人的一生难免会受到压力、遇到伤害，其实这并不是什么坏事。受了小伤害之后，可以从中得到教训，将来能够避免大的灾祸。当遇到挫折时，我们应该怎样进行自我激励，怎样战胜困难呢?

1. 调高目标。许多人惊奇地发现，他们之所以达不到自己努力的目标，主要是因为他们的目标太低，而且太模糊不清，让自己失去了动力。

2. 立足现在。锻炼自己即刻行动的能力，做什么事情都不要拖拖拉拉。

3. 把握好情绪。通常令你开心的事不在别处，就在你自己身上，因而聪明的人总能找出自身的情绪高涨期，不断激励自己。

4. 敢于犯错。有时候我们不做一件事，是因为我们没有信心做好。敢于尝试，敢于犯错，将让我们有巨大的动力战胜面前的困难。

怎样摆脱完美主义情结

有的同学过于严格要求自己，还变着法地和自己较劲，容不得自己有任何的过失和错误，甚至还因为别人的细微过错、失误而耿耿于怀，不能宽恕自己也不能宽恕别人。这种性格在心理学上称为"完美主义"。

完美主义者很少能客观准确地

评价自己，也很少能够接受客观现实，他们多在自责中逃避现实。这种性格如果长时间得不到改变的话，就会使他们时刻生活在压力中，各种各样的心理问题也会随之而来，从而影响个人的健康成长。

其实任何东西都不是完美无缺的，有阳光就有乌云。如果自己或朋友与完美主义结缘，我们可以这样做。

1. 全家共学，改变家庭环境。有些同学的完美主义情结完全是因父母的影响所致，这就需要父母与子女共同学习，共同成长，让完美主义者在融洽、高效的亲子沟通和双向交流中培养自己的主见，发表自己的看法，客观地评价每位家庭成员，让每个人都重新认识自己。

2. 正确评价自己。如果发现自己有了完美主义倾向，千万不要着急，也不要给自己施加压力。你需要重新建立正确的自我评价标准，要试着努力建立一种宽容、客观、合理、注重自我肯定和自我鼓励的新标准。

3. 学会自我调节。在青春期，每个人都对未来充满了信心，充满了憧憬。但努力不一定会有收获，在希望落空时，我们需要的是良好的自我调控、自我平衡能力，让自己在挫折中尽快站起来，向未来发起新的挑战。

怎样减轻当班干部所带来的压力

当上班干部，总被同学们的眼睛盯着，在有了一种成就感的同时，也增添了许多压力和烦恼。很多班干部虽然为班集体尽了力，却得不到别人的认同。那么，我们究竟该如何面对这样的局面，该怎样减轻当班干部所带来的压力呢？

首先，要全面看待约束和压力对自己的影响。自由固然令人向往，但对于一个人的成长与发展而言，外在的约束往往是非常必要而又不可多得的。从某种意义上说，今日的压力对青少年未来的人生是一笔财富。

其次，注意维持交往需要和独处需要的平衡。如果人们的交往沟通太少，没有足够的人际关系，就会产生烦恼。而当人们交往过多时，又会因为人际关系过于复杂而感到不安。

任何人无论关系多么亲密，都会对自己构成一种评价压力，对自己的行为有所限制。实际上，在任何交往中，我们都不可能完全按照自己的真实感受和真实期望去做。在社交情境中，我们必须将注意力或多或少地投向别人，留心别人的状态和反应，而不能在高兴时得意忘形，在悲伤时悔恨不已。

在被误解和嫉妒时，我们很在意外界对我们的评价。学会用冷静的头脑，把别人的评价只当做一个参考。还要相信有付出就有回报，班干部学习基础好，能力强，为同学做些事，既体现了自己的价值，又可以进一步锻炼自己的能力，不要光看到付出，而应在付出的同时，看到我们收获了多少。

怎样给自己减压

压力是一种对周围事物的反应。我们在学校和社会所面临的压力，就是我们成长过程中面对身体、情绪以及思想变化与挑战而产生的种种压力。压力过大会影响健康、睡眠以及人际关系。假如你也有这样的烦恼和困扰，一定要在适当的时候给自己减压。

1. 锻炼身体。锻炼身体可以提神和放松。

2. 合理饮食。健康的饮食可以让青少年的身体更好地应对压力。

3. 睡眠充足。人在疲倦的时候很难应付压力。

4. 付之一笑。笑可以在很大程度上减轻压力。

5. 原谅自己。当你把事情搞糟时，首先要看看是否对自己过于苛刻了，要告诉自己犯错误也是学习过程的一部分，至少知道了下次应该怎么做。

6. 做回自己。努力去做你自己做不到的事情，会产生不必要的压力。

7. 知足常乐。与其想得到一切，不如想想自己已经拥有的。

如何培养优雅站姿

我们的生活交往中离不开站立，培养优雅的站姿有助于提高我们的魅力。正确健美的站姿给人留下挺拔笔直、舒展俊美、庄重大方、精力充沛、信心十足的印象。

正确的站姿是：

1. 头放正，双目平视，嘴唇微闭，下颌微收，面容平和自然。

2. 双肩放松，稍向下沉。

3. 躯干挺直，挺胸、收腹、立腰。

4. 双臂自然下垂于身体两侧，中指贴于裤缝。

5. 双腿立直，并拢，脚跟相靠，两脚形成60°。

在非正式场合，如果累了可以适当调整一下姿态。可以将一条腿向前跨半步或向后撤半步，身体重心轮流放在两条腿上，但不可以东倒西歪。这样既可以防止疲劳，又不失风度。

如何培养庄重的坐姿

“坐如钟”，就是要求我们坐姿一定要端正。正确的坐姿给人留下一种稳重的印象。

一般情况下，入座时要轻而稳，先走到座位前，转身后，轻轻坐下。不论是坐在椅子或沙发上，都是只坐一半。时间长了可以靠在椅子或沙发上，但不可双脚一伸，半躺或半坐。

男孩可以跷“二郎腿”，但不可以跷得太高，不可以抖动。女孩入座后，可以采用小腿交叉的姿势，但不可向前伸直，更不能分得太开。若穿裙装，应先用手将长裙拢一下，以免坐下后再起身拢裙子。

入座后，上身应端正挺直，头要平正，面带笑容，双目平视，嘴唇微闭，微收下颌，双肩平正放松，两臂自然弯曲手放在膝上，或者放在椅子或沙发扶手上，掌心向下，双膝自然并拢，也可稍稍分开。双腿正放或侧放，双脚自然着地，也可并拢或交叉。与人谈话时，坐姿可以改为侧姿，此时，上身与腿同时转向一侧，但要双膝靠拢，脚跟靠紧。

不论何种坐姿，都不要将两个膝盖分开，两脚呈外八字，也不能将两脚尖朝内，呈内八字。

两腿交叉时，悬空的脚尖应朝下，切忌脚尖朝上。

如何培养正确的走姿

在生活中，人们走路的样子千姿百态，有的步伐稳健、自然、大方，给人以沉着、斯文的感觉；有的步伐矫健、轻松、敏捷，让人联想到健康、活力，富有朝气；有的步伐铿锵有力；有的步伐如风一样轻盈。健美的走姿可以表现出一个人蓬勃向上的精神状态，给人留下美好的印象。那么什么样的走姿才会给人留下深刻的印象呢？也就是说怎样培养正确的走姿呢？

(1) 双目向前平视，微收下颌，面带微笑。

(2) 双肩平正，双臂前后自然摆动，摆幅以30°～35°为宜，双肩不要过于僵硬。

(3) 上身挺直，头正、挺胸、收腹、立腰，重心稍向前倾。

(4) 注意两只脚的内侧落地时理想的行走路线是一条直线。

(5) 行走时，前脚的脚跟与后脚的脚尖相距约为一脚长，但因性别不同或身高不同会有一定的差异。另外，步幅与服饰也有关系，如女士穿裙装时步幅应小些，穿长裤时步幅可大些。跨出的步子应是全脚掌着地，膝和脚腕子不可过于僵直。

(6) 停步、拐弯、上下楼梯时，应从容不迫，控制自如。

如何运用真挚的笑容

在人际交往中，微笑起着不可低估的作用。微笑是社交场合中最富有吸引力、最有价值的面部表情，它表现着人际关系中友善、诚信、谦恭、和蔼、融洽等最为美好的感情因素。

与人初次见面时，给人一个亲切的微笑，在一瞬间就拉近了双方的心理距离，消除了双方的拘束感；与朋友见面时打个招呼，点头微笑，显得和谐、融洽；老师对学生报以微笑可以使学生消除紧张情绪，同时，敬畏感也会被信任感和亲切感所代替；上级给下级一个微笑，会让人感到平易近人；服务员面带微笑，就会使顾客有“宾至如归”之感，反之，顾客向服务员报以微笑，显示出对对方的尊重与理解，能消解对方的烦躁与疲劳；外交家与企业家更是把微笑视为第一交际语言，并在国际交往及经济交往中频繁的运用。周恩来总理闻名中外的“微笑外交”便是一个很好的例证。

但需注意的是，微笑一定要自然坦诚、发自内心，切不可故作笑颜，假意奉承。在正式场合不可放声大笑，倘若别人身上有什么可笑的地方更不能笑，否则就是失礼。大笑起来不能前仰后合，抚肚捶胸。

俗话说“伸手不打笑脸人”，一张带着微笑的脸总是受人喜爱的。人们喜欢《蒙娜丽莎》也正是因为喜欢她那“永恒的微笑”。一个善于通过笑容表达美好情感的人，可以让自己更富有魅力，也会给他人带去更多的美感。交际形象也会因落落大方，面带微笑而显得更动人、更有风度。而诸如愁容满面、双眉紧锁、怒目而视、怒发冲冠等表情则既让朋友不敢接近，又伤身体。

如何正确使用手势

在人际交往中，手势是不可缺少的姿势，也是最有表现力的一种“肢体语言”。手势美是一种动态美，如果能恰当地运用手势来表情达意，会为交际形象增辉。但使用手势应注意下面几个问题：

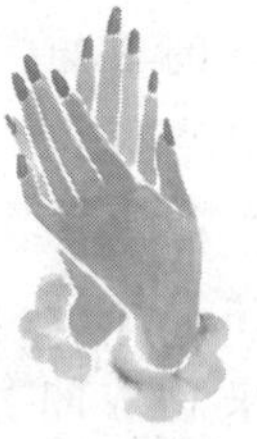

（1）手势的使用不宜过于单调，也不能做得过多，反复做一种手势会让人感觉你修养不够，与人交谈时，随便乱做手势，则会影响别人对你说话内容的理解。

（2）在打招呼、致意、告别、欢呼、鼓掌时，应注意动作力度的大小、速度的快慢、时间的长短。观看体育比赛、文艺演出或欢迎新人到来时的鼓掌，应该由右手手掌轻拍左手掌心，不可太用力，也不能不鼓掌。更不应该用鼓掌表示不满，即喝倒彩。

（3）在任何情况下，不要用拇指指着自己的鼻尖和用手指点他人，谈到自己时应用手掌轻拍自己的左胸，那样会显得端庄、大方、可信。用手指点他人的手势是不礼貌的。

（4）介绍某人，为某人指示方向，请人做某事时，应该掌心向上，即把手臂伸直，手指自然并拢，掌心向上，以肘关节为轴，指明方向，上身稍向前倾，以示敬重，这种手势被认为是诚恳、恭敬、有礼貌的表现。

（5）有些手势在使用时还应注意各国的不同习惯，不可以乱用。

比如，中国和一些国家认为竖起大拇指时表示称赞夸奖，但澳大利亚人则认为竖起大拇指，尤其是横向伸出大拇指，是一种污辱。

在中国和日本，招呼别人过来时，是伸出手，手掌向下挥动，但在美国，这种手势则是唤狗的。

大家熟悉的“V”字形手势，表示胜利，丘吉尔最初使用时是掌心向外，若是你不慎将手背向外了，那在英国人的眼中是伤风败俗的。

阿拉伯人将两只小拇指拉在一起表示断交，吉卜赛人掸去肩上的尘土表示让你快滚开。

如何鞠躬

鞠躬是表示对他人敬重的一种郑重的礼节。在中国，鞠躬常用于下级向上级、学生向老师、晚辈向长辈表达由衷的敬意，也常用于服务人员向宾客致意，有时还用于向他人表达深深的感激之情。那如何鞠躬呢？

在遇到师长欲行鞠躬礼时，首先应该立正站好，保持身体端正，同时双手在体前搭好，右手搭在左手上，面带微笑。鞠躬时，以腰部为轴，整个腰肩部向前倾斜 15°～30°，目光应该向下。同时问候“你好”、“早上好”、“欢迎你光临”等。

若是迎面碰上对方要向对方鞠躬时，则在鞠躬后，向右边跨出一步，给对方让路。

鞠躬时需注意以下几方面。

（1）鞠躬时必须脱下帽子，戴帽子鞠躬是不礼貌的，也会使帽子掉下来。

（2）鞠躬时，嘴里不可吃东西或叼着香烟。

（3）鞠躬礼毕直起身时，双眼应该有礼貌地注视对方，如果视线移到别处，即使行了鞠躬礼，也会让人感到你不是诚心诚意的。

如何介绍与自我介绍

介绍是人与人之间相识的一种手段。正确地介绍可以使不相识的人互相认识，也可以通过落落大方的介绍和自我介绍，显示良好的交际风度。

介绍别人时应注意：先把晚辈介绍给长辈，把地位低者介绍给地位高者，把男士介绍给女士。介绍人作介绍时，应该使用敬辞。为人

介绍时，应该把手掌伸开（手心朝上），向着被介绍一方，不可以用手

指指着被介绍一方或去拍打被介绍一方的肩和背（特别熟悉的朋友另当别论）。接待客人，把客人介绍给主人后，一般是把晚到的客人介绍给早到的客人；若来宾很多，则只介绍给附近的客人们相识就行了；若要把客人介绍给父母，则应该先介绍给母亲。

被别人介绍时应注意：作为被介绍者，应当表现出想结识对方的热情，要正面对着对方，介绍时除了女士和长者外，一般都应该站起来，但是若在会谈中或在宴会等场合，就不必起身，只要略微欠身致意就可以了。被介绍时，双目应该注视对方，不可东张西望、心不在焉、羞羞怯怯或是不敢抬头。被介绍的双方在介绍完了之后，应该互相握手问好。

如何递物与接物

在日常生活中，最常见的一种举止可能就是递物与接物了。那怎样的递物与接物才是最恰当的呢？礼仪的基本原则是尊重他人，而双手递物恰恰体现了对对方的尊重。

另外，递笔、刀、剪子之类尖利的物品时，需将尖头朝向自己，握在手中，而不要指向对方。

同样的，接物也需要注意：在接受他人名片时，应当恭恭敬敬，双手捧接。接过名片之后，一定要仔细看一遍，可就名片上的某个问题当面请教，或是有意识地读一下名片。不要接过别人的名片后，看也不看就漫不经心地塞进口袋中，如果需要将名片暂时放在桌子上，那么切记不要在名片上面放其他东西。

在接受其他物品时，对方双手恭恭敬敬递过来的物品，都应该同样用双手去接，同时点头示意或者道声谢谢。

如何掌握聆听的艺术

一个人是否善于聆听别人的谈话，是衡量这个人会不会交际的一个重要方式。学会聆听，哪怕对方是位蹩脚的谈话者，你也可以从他的谈话中吸取有益的东西。聆听是与对方谈话的一种方式，是对对方的尊重，因而也同样会得到对方的喜爱和敬重，因此，善于聆听的人能更好地与人相处。

聆听时，神情要专注。当你与对方谈话时，心神完全集中在讲话者身上，会让讲话者觉得自己是世间最重要的人，并会感到你是一个具有很强感染力的人。不时走神、做小动作是不礼貌的，只会引起对方的不快。

聆听时，要时常与谈话人交流

眼神，点头示意或是鼓励对方继续说下去，借此表示你在用心倾听，并引起对方继续讲话的兴趣。聆听时，要轻松自如，应随着说话人情绪的变化而伴之以喜、怒、哀、乐的表情，否则，对方激昂慷慨，你却毫无反应，他也就没有心情再讲下去了。

另外，聆听时，要有耐心，要把对方所要讲的意思听懂、听完，不要随意打断对方的讲话，迫不及待地发表自己的见解。应认真回味讲话人的观点、论据等，并想好自己将要阐述的观点和理由。

如何做到物归原处

随便摆放东西既让自己不方便，也不利于别人找。在这里，给那些喜欢乱放东西的同学们提几个要求。

第一，做好你自己的事情。第二，珍惜别人的劳动成果，不做破坏他人劳动成果的事。第三，在家

里、学校里用过的东西要放回原处。第四，在学校图书馆或者书店里看书，看完后要放回原处。第五，在超市购物时，要把不打算买的商品，购物车、筐等放回指定处。

如何掌握交谈的艺术

交谈是建立良好人际关系的基础，是促进人与人之间感情的润滑剂，是传递信息的重要渠道。

首先，要注意交谈的态度。也就是说要互相关心，开诚布公，不胡乱地赞美、恭维对方。谈问题时不要不懂装懂，也不要故弄玄虚。要注意避免五种态度：傲慢的态度——这会伤害对方的自尊心；慌乱的态度——这会使对方对你缺乏信任感；卑躬屈膝的态度——这会使对方瞧不起你；冷漠的态度——使对方感到不亲切；随便的态度——使对方产生不尊重感。

其次，交谈时举止要自然。交谈中要大方，可适当地做些手势，但不要手舞足蹈或用手指指人。不要左顾右盼或看书看报，更不要打哈欠、搔头皮、掏耳朵、啃指甲等等。

第三，交谈的目光。无论何时何地，都应把目光放在和对方目光

同一水平线上，居高临下会给人心理上造成一种极不平等的感觉，谈话也不会有什么成效。谈话时要自然地看着对方的眼睛，但不能死死地盯住对方不放，那样人家会感到很窘迫，目光不要在对方身上左右上下乱扫，那样会使对方惶惑不安。

第四，交谈的语言。语言要文雅并且简洁明了，注意使用礼貌用语，如“你好”、“可以吗”、“谢谢”、“对不起”等，要避免野蛮、粗俗、下流的语言。

第五，交谈中的避讳。交谈中要避免谈及可能使对方感到不愉快的事。不谈一些荒诞离奇、耸人听闻、家庭财产等私人生活方面的问题。一般不要询问妇女的年龄、婚否以及对其胖瘦进行评价。

如何掌握打电话时的礼仪

打电话时，要先弄清楚对方的电话号码，正确拨号。拨错了电话号码，要向对方道歉。电话接通后，应有礼貌地询问对方单位的名称，说出要找的人的姓名，如果对方就是要找的人，应先问候，然后进行谈话。打电话时，要简明扼要地说明事情，要长话短说，条理分明，以尽快结束通话。不要高声议论、讲话过久，更不宜用电话进行无聊的闲谈。

通话时，嘴要对准话筒，谈话的语调、音量要适中，吐字要清楚，态度要客气。不要态度生硬、不耐烦或发脾气。如果要找的人不在，对方问是否有话要交代时，应留下自己的姓名和电话号码，或请对方将事情转告。不可一听要找的人不在，就一言不发“咔嗒”一声挂断了电话，这样既不礼貌，又可能使要找的人回来后，不知何人来电话而心中不安。打电话的时间不宜过早或过晚，以免打扰别人休息。有人打错了电话，要委婉地告诉对方，不能出言不逊，蛮横无理。如果打来的电话不是找自己的，一般不要询问对方的姓名。打完电话后要说“谢谢”或“再见”，不能话一说完，就将电话挂断。设有分机的电话，有人通话时，不可偷听。

如何在做客时就餐

当我们在别人家做客时，如果主人邀请你一同就餐，一定要注意以下几个方面。

1. 在指定的餐桌旁就座。因为主人可能有自己独特的就座习惯，如果你随意坐下，会很不礼貌。

2. 用正确的姿势进餐。坐在距离餐桌1～2分米的地方，两脚平放在地板上，背部挺直。不要跷“二郎腿”。两肘最好放在身体的两侧，不要放在桌子上。

3. 礼貌地接过主人递过来的食物。注意不要将食物撒到外面。

4. 吃相要文雅。

5. 当菜上桌时，主人还没有开口，你就先夹菜，这样会显得很没有礼貌。

6. 不要对着食物吹气。如果不慎吃到了很烫的食物，最好不要呵气或者将食物吐出来。可以赶快喝一口水，以缓解喉咙的灼痛感。

7. 不要当众剔牙。如果有食物沾在牙缝间，可以去洗手间处理，或者礼貌地向主人要一根牙签。一定不要用手指抠牙。

上课时应该如何做

遵守课堂纪律是学生最基本的礼貌。

1. 上课。提前进入教室，做好上课的准备工作，恭候老师来上课。当老师宣布上课时，全班同学应迅速起立，向老师问好，等老师答礼后，方可坐下。学生应当准时到学校上课，若因特殊情况，不得已在老师上课后进入教室，进教室前要喊“报告”，得到老师的允许后，方可进入教室。上课时，要保持教室的整洁、安静。

2. 听讲。在课堂上，要认真听老师讲解，注意力集中，独立思考，重要的内容应做好笔记。当老师提问时，应该先举手，等老师点到你的名字时才可以站起来回答问题，发言时，身体要立正，态度要大方，声音要清晰响亮，并且应当使用普通话。可以礼貌地向老师指出讲课中出现的某些错误。

3. 下课。听到下课铃响时，若老师还未宣布下课，学生应当安心听讲，不要忙着收拾书本，或把桌子弄得乒乓乱响，这是对老师的不尊重。下课时，全体同学仍需起立，与老师互道“再见”。待老师离开教室后，学生方可离开。

到老师办公室应该如何做

办公室是老师及学校管理人员办公的地方，学生不能随便进出，以免影响老师办公。有事进入办公室，应注意礼节。

1. 有事需要到办公室找老师时，应提前预约。

2. 进办公室要先敲门或喊“报告”，得到允许后再进入。

3. 在办公室不能乱翻老师的东西，也不能在和老师谈话时一直环视办公室。

4. 待在办公室的时间不宜过长。

5. 离开办公室时，要有礼貌地同老师告别。

在学生宿舍应该如何做

宿舍主要是供学生休息的场所，中学生在校期间约有一半的时间是在宿舍中度过的，有些小学生也住学校宿舍。良好的宿舍环境和秩序，有助于同学们良好道德情操的形成，也有助于同学们更好地休息、学习和生活。因此，我们要自觉营造良好的宿舍环境与秩序。

1. 严格遵守作息制度。做到按时回宿舍，按时熄灯就寝，按时起床。

2. 做好值日工作，保持宿舍整洁，保持宿舍外公共场所的卫生。

3. 遵守学校有关宿舍的其他管理规定。爱护宿舍内的设施，不随意留宿外来人员，不要在宿舍内乱拉电线、乱用电器。

4. 注意集体生活中的趋同性和个人独立性。要相互适应，并尊重个人的独立性。

在校园公共场所应该如何做

校园是大家共同的校园，不是一个班级的，也不是一个同学的。所以，同学们都要爱护校园，都应该为校园的美化而努力。

1. 自觉保持校园整洁，不在教室、楼道、操场乱扔纸屑、果皮，不随地吐痰，不乱倒垃圾，不在黑板、墙壁或课桌椅上乱涂、乱画、乱抹、乱刻。

2. 爱护学校公共财物，节约用水用电。

3. 自觉将自行车存放在指定的地点，不乱停乱放，不在校园内骑车。

4. 在食堂用餐时要排队礼让，不乱挤，要爱惜粮食，不乱倒剩菜剩饭。

在参加集体活动时应该如何做

集体活动泛指学生在校期间由班级、年级或学校统一组织的由全部或部分成员参加的关于德、智、体、美、劳诸方面内容的活动。集体活动是扩大了的课堂，对于培养学生的集体主义观念，提高学生各方面素质，健康地成长、成才具有很好的促进作用。我们在集体活动中应顾全大局，遵守纪律。

1. 要积极参加各项集体活动。

2. 遵守集体活动的纪律。

3. 听从集体活动组织者的指挥。

4. 明确自己的职责和任务，做好自己应该做的。

学校升国旗时应该如何做

国旗是国家的象征和标志。在学校举行升国旗仪式，有利于增强同学们的爱国主义意识，增强荣誉感。

升国旗仪式包括出旗、升旗两个环节，有不同的礼仪规范和要求。

1. 出旗。出旗，即旗手持旗，护旗手护卫两侧，昂首挺胸，迈着正步走向旗杆。旗手和护旗手要身着统一服装，戴白手套，这样显得庄严、大方。出旗时，在场的全体师生要立正，目视旗手手持国旗在护旗手的护卫下正步走向旗杆。

2. 升旗。升旗由旗手操作，从国歌声响起开始，伴随着国歌声国旗徐徐升起，当国歌结束时，国旗恰好升到旗杆顶部。

在升挂国旗过程中，在场的学生和老师都必须起立、脱帽，呈立正姿势站好，面向国旗行注目礼，并要唱国歌。国旗是神圣而庄严的，

升挂国旗应在一种肃穆的气氛中进行，因此，参加升旗仪式的同学如果在听到升旗口令、国歌声响起后，还来回走动或喧闹的话，是极不严肃的，也是对国家的不尊重。

国旗应当早晨升起，傍晚降下。降旗虽然一般不举行仪式，但也有一定的礼仪规范。

降旗时旗手态度要认真严肃，将旗降下来后要仔细卷好，并妥善保管，不可将国旗弄脏、弄破。在降旗时，所有经过现场的人都应面向国旗自觉肃立，待降旗完毕后，方可自由行动。

在体育场上应该如何做

在体育比赛时，经常看到这样的字眼，“友谊第一，比赛第二”。每一个能够正确对待体育活动的人，都要高高兴兴地参加体育活动。在参加比赛时，有时也会表现出懊恼或者洋洋自得，但这都只是一刹的事情，很快他脸上又会浮现出愉快但不骄傲的微笑，因为一个爱好体育运动的人没有任何理由不时常露出笑容。

参加体育比赛不要过分计较得失，虽然在比赛中丢掉一些有争议的分数很可惜，但没有什么比你的风度更重要，因此，绝对不要和裁判争辩，争强好胜的劲头应该表现在比赛中，而不是无谓的争论上。

在体育活动中要坦然面对输赢。对于一个具有“运动精神”的人来说，过程是他所关注的，而输赢是无所谓的，他不会因为赢了，就立刻把自己想象成苍穹上的一颗明星，因为他深知，一个自满的胜利者甚至比差劲的失败者还要令人厌恶。当他输了时，他也会坦然接受现实，不会紧绷着脸，埋怨同伴，或喋喋不休地解释。当然对于胜利，他也没有必要假谦虚，适度的喜悦反而会使人觉得他更有“人情”味儿。

参加开学典礼时应该如何做

开学典礼是学校为庆贺新生入校而举行的隆重的庆典仪式。举行开学典礼，是对新生进行入学教育的第一课，它不仅可以使新生了解学校的历史和现状，而且可以使新生明了学校的培养目标和管理制度，了解学校生活的特点，为尽快适应学校的学习和生活做好思想准备。

开学典礼是新生入学后参加的第一项集体活动，因此，不要无故缺席，不要迟到，应跟随班集体提前到达会场，到指定位置就座。在主持人宣布开学典礼开始或介绍学校各级领导和来宾时，在领导及教师、学生代表发言时，都应当适时地报以热烈的掌声。奏国歌时，要听从主持人的指挥。原地起立，呈立正姿势。在开学典礼的整个过程中，要注意认真听，不要交头接耳，不要做与典礼无关的事情。不要随地吐痰，不要乱扔杂物，要保持会场的清洁卫生。开学典礼结束时，应等主席台上的领导、来宾退席后再退场。

参加毕业典礼时应该如何做

毕业典礼是学校为毕业生举行的隆重的毕业庆典仪式，是学校对

学生进行毕业教育的最后环节。通过毕业典礼，毕业生可以牢记学校老师的希望和嘱托，信心百倍地投入到新的学习生活中去。

毕业典礼是学生在校期间参加的最后一次学校性集会，因此要认

真对待，积极参加，不要无故缺席。要严格遵守会场纪律，切不可因为即将离开学校就随随便便，无所顾忌，破坏良好的会场秩序。在校领导、教师以及学生代表发言时，在毕业生代表接过校领导授予的毕业证书、荣誉证书时，在毕业生先进个人、先进集体代表登台领奖时，都要适时地鼓掌表示欢迎和祝贺。毕业典礼结束时，要等主席台成员退席后再退场。

在行路上应该如何做

一个人上学读书，上班工作，外出办事，上街购物，散步消遣都离不开行路。行路中也要遵循应有的礼仪规范，讲究文明礼貌。

1. 在路上遇到熟人，要主动打招呼互致问候，不能视而不见。如遇到久别的朋友，寒暄之后想多作交谈，应引至路边，不要站在道路当中或人多拥挤的地方，不能妨碍人们的行走或车辆的通行。

2. 在问路时，要注意语言和行为的礼貌。首先要用礼貌的语言打招呼，如“劳驾”、“请问”等，然后根据年龄特点选择称呼，如“老大爷”、“阿姨”、“叔叔”、“小朋友”等。发问要用请求语气，发问后无论对方能否为你指路，均要诚恳致谢。有人向自己问路时，无论本地人或外地人，都要热情指点。如确实不知可请其转问他人，并表示歉意，不可以告诉一个错误的地方。

3. 在路上要注意维护环境卫生，不随地吐痰，不乱扔果皮等杂物，而应将其扔到果皮箱或垃圾桶中。

4. 城市街道人来人往，车水马龙，因此在行走中一定要注意安全礼让，保证安全，过马路一定要走人行横道线，避免来往车辆，不能低头猛跑。在人多拥挤的地方要循序而行，不挤不抢。雨雪等恶劣天气，尤需注意安全。对意外跌倒碰伤的行人要尽力相助。骑自行车要严格遵守有关交通规则，注意信号灯，服从交通警察的指挥，特别注意礼让机动车和行人，以保证安全。

5. 在行路途中要自觉遵守社会公德，也要维护社会公德，敢于和违法行为作斗争。在街上遇到别人发生矛盾，不要围观起哄、添火加油。

在商店购物应该如何做

在商场购物，首先要做到先来

后到，要自觉排好队。轮到自己买商品时，对售货员要尊重，称呼“小姐”、“先生”、“同志”，不可“哎、哎”地乱叫。付款领货后，要道一声“谢谢”。购物前，最好先多看看，稍微考虑一下，打定主意再请售货员拿货，不可不停地挑选，以免影响其他顾客购物。

在挑选易碎、易损、易污品时，要格外小心谨慎，注意轻拿轻放。万一由于不小心弄坏了物品，应主动提出赔偿损失，或者把弄脏弄坏的东西买下来。

购物者如果到超级市场或自选商场去买东西，在选购商品时要注意贴在商品上的物价标签，大致估计带的钱是否能够支付所买的东西。否则，在交款时拿不出钱是很尴尬的。购物完毕后，要对收款人说：“谢谢”，感谢他的服务。

购买好物品后，如发现质量问题。可以退换，售货员给你退换了，应表示感谢。如果售货员不给退换，不要与其争吵，应好好分析物品的质量问题，求得售货员的同情。经过分析，物品确属不能退换的，比如内衣，一些食品、药品等，就不要退换。假如跟售货员争吵不休，非退换不可，就是失礼了。应退换而不给退换的，也不要吵架，应找其领导协商解决。

在图书馆里应该如何做

学校和公共图书馆的综合阅览室里，读者较多，早来的人不应该给晚来的人占座位。如果人少，也不能利用空座椅躺下休息，那样有失文雅。图书馆的阅览室、资料室，一般都订有阅览规则，以保证大家有秩序地查阅。在这里看书或者查找资料要遵守阅览室规则，保持室内安静，不要在这里大声喧哗，也不要与熟人闲聊，带手机的要关掉，以免影响他人学习。

在图书馆要学习一天，又自备了午餐的，可到休息室去吃，不要在阅览室里吃。这样，一来有利于维护学习气氛，二来对其他读者也显得有礼貌。

借书要遵循借书程序，如期归还。图书是知识的载体，历史的档案，所以爱护图书十分重要。对图书馆的书千万不要折角，不要在书

上画标记，更要禁止把自己需要的资料、图片撕下来或“开天窗”。图

书馆的书是为全社会服务的，毁坏图书是卑劣行为，将受到批评和严肃处理。如需要资料，可与工作人员接洽，到复印部门去复印。

在影剧院应该如何做

影剧院是人们娱乐休息的场所，在这种场所，更能看出一个人的文明程度。

到影剧院看戏或看电影，应提前到场入座。如若迟到，应在幕间入场。如在电影开场后到场则应随服务员悄悄入座。穿过座位时姿势要低，脚步要轻，不要影响他人观看。对起身为你让座的同排观众要致谢。要自觉遵守场内规定，不吃有声响的食物，不随地吐痰，不乱扔果皮纸屑。

节目演出、影片放映当中，要保持安静，不要大声谈笑、随声哼唱、以手击拍或大声评论。遇咳嗽、打喷嚏时，要用手帕捂住口鼻，压低声音，也防止唾沫飞溅他人身上。青年朋友到影剧院，举止要端庄，不要窃窃私语，影响他人。

应尊重演员的艺术劳动。每个节目演完，应鼓掌致谢。演员表演出现失误，要给予谅解，不应喝倒彩、起哄、吹口哨或作出其他有辱演员人格的举动。电影中途断片，亦应耐心等待，不要随意走动、喧闹起哄。

演出或影片放映中，不应随便退场，不得已退场时，离座动作要轻、身姿放低，不要站在过道或剧场门口。散场前提前退场是对演员的不尊重，也会影响其他观众的观赏和情绪，是不礼貌的行为。

在餐厅应该如何做

我们应该在平时养成良好的就餐习惯，做到吃有“吃相”。学会尊重别人，塑造形象等。

具体来说，在餐厅用餐的时候应该注意以下方面。

1. 就餐之前，到洗手间里洗手，把口香糖吐到垃圾箱里。

2. 就餐时，不要用口去接食物。不要从大块食物上咬一口，再将剩下的部分放回去，更不能从桌子上把盘子端起来，往自己碗里添加食物。

3. 在喝果汁等饮料时，应先用餐巾抹嘴，不要把食物渣子留在玻

璃器皿上。然后再慢慢喝，不要一口气都喝下去了。

4. 用餐时，如食物较烫，不能对着食物吹气，这在餐厅这样的公共场合是失礼的。

5. 在就餐的时候，坐姿必须端正，两腿平放在地板上，背部挺直，不要跷着二郎腿。入座后把双手放在膝盖上。不要懒散地坐在椅子上或者把椅子靠得往后倾斜成只有两条腿支撑，更不要盘腿。

6. 正确使用筷子。用餐时，筷子不要在菜上乱挥动，不要用筷子穿菜吃，不要将筷子含在口中，不要用筷子去搅菜，不要把筷子当牙签，不要用筷子敲击桌碗，不要用筷子指点他人。喝汤时，应把筷子放下，不要一手拿筷子一边喝汤。

在电梯间里应该怎样做

在电梯间里，人与人的接触是近距离的，一起乘坐电梯的人很容易感到别人在注视自己，因此不要死盯着别人看。另外，注意不要挡在电梯门口，应主动给进出的人让出空间。如果你马上就要到达目的地，应该站在离门口较近的位置。

如果电梯中挤满了人，在到达某一层时，靠近门口的人应该按住“开门”的按钮，让到这一层的人走出电梯，即使自己没有到达目的地也要这样。遇到老、弱、病、残，应让他们先进或先出。

最后，要学会保持电梯的整洁和卫生，不要在电梯内丢垃圾，或乱刻乱画。

科学实验

怎样观察由虫变蝶的过程

每当春天的时候，会在公园里的花丛中看到无数飞舞的美丽的蝴蝶，这些蝴蝶都是由毛毛虫变成的。你知道它们是如何从毛毛虫变成蝴蝶的吗？现在我们一起来做一个有趣的游戏，看看蛹变蝶的过程。首先，我们要准备一个大纸盒、一把小刷子、一个大玻璃罐子和一个小玻璃水瓶。

然后，我们去公园、郊外、田野里找几只蝶类毛毛虫，轻轻地用刷子把它刷到一个盒子里。在盒子里铺满它们喜欢吃的叶子，然后带回家。千万不要让毛毛虫接触到你的皮肤，因为有些毛毛虫的毛会让你的皮肤发痒、难受。找一个洗干净的大罐子，在罐底铺上土，放些小石头，再放入一个水瓶，将叶子插入水瓶里。把毛毛虫放进罐子里，用锥子在罐子盖上小心地扎几个眼，好让空气进去。

每天给毛毛虫放一些新鲜的叶子吃，把它们放在阴凉的地方，你可以在那里观察它们进食和长大。最后它们会变成蛹，然后变成一只蝴蝶飞出来。

怎样用萝卜、洋葱做吊花

冬天到了，想给家中添一点绿意吗？用萝卜、洋葱做一个吊花吧！

1. 把红皮萝卜从中间切成两段，把能长叶的一段用小刀把心挖空，成为一个碗状。

2. 再用一个洋葱头，把外面的老皮扒掉，根部朝下，正好把它放在“萝卜碗”里。用尼龙绳做个圈，套在萝卜上，把它挂起来，再往里面加点儿水。

3. 过几天后，这个“嫁接”的吊花就长得生机勃勃，开始长出叶子来。数日之后，繁茂的叶子就会把“萝卜碗”包围起来，洋葱长出长长的圆叶，萝卜长的叶子会向上弯曲，还能开出淡淡幽香的小黄花来。

做这个游戏的关键是要不断加水。因为萝卜的根和洋葱的鳞叶都贮藏着大量的营养物质，为今后的生长准备了物质基础，如果有充足的水分和阳光，它们就能很好地进行光合作用，为冬日增添绿意。

怎样让黄豆蹦起来

没有长脚的黄豆居然也会蹦蹦跳跳，不信是吗？你现在就来试试吧！

1. 在玻璃杯中装满黄豆，然后将玻璃杯放在盘子上。

2. 慢慢往杯子里倒水，要尽可能地多倒些水。

3. 几个星期以后，你会发现黄豆一个接一个地蹦出了玻璃杯，落到了盘子上。

这是怎么回事呢？原来，在玻璃杯中注水之后，玻璃杯中的黄豆吸足了水分，体积不断膨胀。因此，杯子下面的黄豆就不断向上挤，上面的黄豆最终被挤得只好跳出玻璃杯啦。

怎样贮存花香

你喜欢花的清香吗？想留住花香吗？来一起做做这个实验吧，它会让你长久地留住花的香气。

首先收集散落在地上的花瓣，然后把收集到的花瓣放在一只玻璃杯里，越多越好，再用玻璃棒把花瓣捣碎，最后把捣碎的花瓣糊放入一只装有95％酒精的瓶内，封好口。在酒精中浸泡一周，这样香味物质就会溶解在酒精里了。

打开瓶盖，我们就可以闻到清新的花香。

花瓣中的香味物质，可溶解在酒精里。只要打开瓶盖，由于酒精易挥发，溶解在酒精中的香味物质，也就会悠悠地飘逸出来，使整个房间充满花香。用这种方法贮存的花香，只要不打开瓶盖，酒精不挥发，就能长期保存，需要时打开瓶盖就可以了。

这可是留住花香、保存花香的好方法，动手制一瓶试试吧！

怎样让一朵白花变成双色花

花园里有各色美丽的花朵，可是你见过一朵花有两种颜色吗？那么，你现在开始做这个实验，来观察这个有趣的现象吧！

用清水稀释绿色和红色的颜料，分别灌到一个小瓶子中，然后把一枝开白色玫瑰花的花梗用刀切开，把切开的两半花梗末梢分别放入两只玻璃管内，花梗会很快改变颜色。

我们再等几个小时后，就会发现，一朵白玫瑰变成一半红一半绿的双色奇花啦。

这个现象是不是很奇怪呀！原来，因为有色液体沿着花梗内平时从根部吸收水分和营养的毛细管道上升，颜色最后停留在花瓣上，而其中的液体则通过空隙散发到外表，这样你就看到奇特而美丽的双色奇花了。

怎样使切开的苹果不变色

苹果去皮以后，里面的茶酚、氧化酶、过氧化氢酶等物质，与空气中的氧气接触会发生反应，形成一种褐色的物质，所以苹果在空气中放置一段时间后表面会变成褐色。如何使切开的苹果不变色呢？现在，我们来做个实验看看。

拿一个苹果，用水果刀削去皮，将它平分成四份。两份放在盘子里；另外两份放在盛有浓盐水的杯中，浸泡 5 分钟左右，拿出来也放在盘子里，再放 5 分钟。

这时，你会发现没有放入盐水中的苹果表面慢慢地变成了褐色，而用浓盐水浸泡过的苹果表面没有改变颜色。

这是因为盐水能阻止或减缓变化的发生，所以，用盐水浸泡过的苹果在短时间内不会改变颜色。

怎样做晴雨花

天气总是变化无常，除了看天气预报，你自己也可以做一朵晴雨花来测天气，感兴趣吗？那就一起来动手吧。

先将一张粉红色的纸做成一朵纸花，在花瓣上涂上浓食盐水，再把纸花插到花盆里。做晴雨花就这么简单。

之后，我们通过观察纸花颜色的变化，就可以知道天气的变化情况了。花的颜色变淡，天气一定会放晴；花的颜色变深，就会出现阴天或雨天。

因为用浓食盐水浸泡过的纸花，容易吸收水分。阴天，气压低，空气的湿度大，纸花吸收水分后会显得深暗一些；晴天，气压相对较高，纸花吸收不到水分就会显得淡一些。

怎样挑西瓜

夏天，能吃上香甜可口的西瓜真是一件美事，可是如果你切开的是一个不熟的西瓜，那就太令人失望了，所以看西瓜是否熟了就显得尤其重要。下面就教给你一个识别熟西瓜的办法。

把两个西瓜放在盛满水的盆子里，水里的西瓜哪一个漂得高一些，它就更熟一些，而不太熟的西瓜在水中会沉得低一些。

这是由于西瓜成熟的程度不同，

其密度也不同。西瓜生长到一定程度后，就不会再增重了，而是会继续长大一些，它的密度就会越来越小。也就是说，西瓜的密度越小，说明它的成熟度越高，就会在水中浮得高一些。

怎样给苍蝇做“人工呼吸”

看到这个题目是不是很奇怪，怎么能给苍蝇做“人工呼吸”呢？还是自己来看看吧。

在玻璃杯中倒入半杯水，把苍蝇放进水里。苍蝇挣扎一会儿就不动了，把苍蝇用小勺捞出来，放在干燥的地方，再撒上些食盐，15 分钟后苍蝇就会“起死回生”。

因为苍蝇是昆虫，没有肺器官，只靠气门的细小气管进行呼吸。苍蝇的气门主要位于腹部的两侧，气门充满水时苍蝇就会溺水，加上食盐后，食盐溶解需要水，盐就溶于苍蝇体表的水中，而水会朝着盐浓度高的地方流动，因此就从气门流出，使苍蝇恢复呼吸。

怎样用嘴吹出冷气和暖气

张开嘴吹气，气流是热的；撅起嘴吹气，气流是冷的。你相信吗？不信的话，自己可以试试。做这个游戏很简单，不需要外界的什么工具。

举起手臂放到嘴巴前面，但不要碰到嘴巴，张开嘴巴尽量用力吹气，手会觉得温暖。但是如果撅起嘴吹气，手就会觉得凉快。

其实张开嘴巴或撅起嘴时，吹出来的气体温度都一样。你之所以会觉得温度有差别，是因为嘴巴张开时，呼出的气体移动得很慢，轻轻地将手上那层空气推开，并挨近皮肤。由于呼出的气体比这层空气更温暖，所以你的皮肤会觉得温热。但是撅起嘴时，空气被迫从比较小的开口通过，移动的速度加快。这些快速移动的气体，不仅吹开你手背上的空气层，自己也跑掉了，于是旁边较冷的空气会过来填补位置，所以你会觉得比较凉。

怎样测出小蚂蚁的轻功

看到这个游戏的名字你也许会问，一只小小的蚂蚁有什么轻功呢？不错，小蚂蚁确实会武功，因为你无论如何都摔不伤它。

在地上铺好白纸，然后把高高举起的小蚂蚁用力摔在白纸上。小蚂蚁落在白纸上后，你再仔细观察，会发现小蚂蚁安然无恙，一点都没有受伤的痕迹。

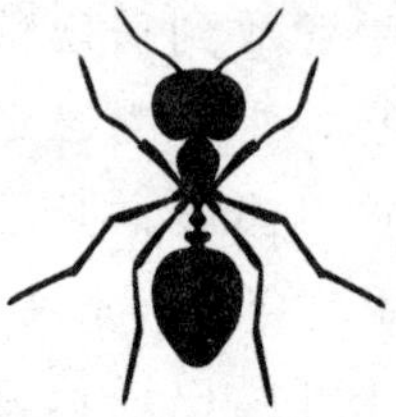

小蚂蚁为什么会像武侠小说中的侠客一样会轻功呢？其实小蚂蚁不怕摔，是因为它在下落过程中受到了空气阻力的作用。所有的物体下落时都会受到空气阻力的作用，物体越小，其表面积大小与重力大小的比值就越大，阻力就越容易与重力平衡。对于小蚂蚁来说，其阻力与重力接近于平衡，所以小蚂蚁下落的速度很慢，不会被摔伤或摔死。

怎样找出眼睛的盲区

世界最大的是什么？不是撒哈拉大沙漠，更不是一望无际的蒙古大草原，而是人的眼睛，因为人的眼睛可以包容一切景物。可是人的眼睛也有盲区，你对盲点的测试感兴趣吗？如果感兴趣的话，不妨测一测。

在硬纸的中央画一个大小为 6 毫米的“十”，相距 10 厘米处再画一个直径为 6 毫米的“0”。手拿硬纸放在右眼的正前方，距离约为 15 厘米，用右眼注视图中的“十”形，闭上左眼，把纸慢慢移向自己，当移到离右眼 10 厘米左右时，再把图左右移动。

在一个合适的位置，右眼就看不见图上的圆圈了。这就是眼睛的盲区。

因为在眼球的侧后方有视网膜，上面有感光细胞，外界来的光线落在视网膜上才能成像。当看不见图上的圆圈时，说明圆圈在视网膜上成的像正好落在盲点上，这个部位是视神经穿过视网膜的地方，没有感光细胞，所以不能成像，也就不能形成视觉，在生理学上叫盲点。

怎样使皮肤失去知觉

在寒冷的冬天，如果长时间把皮肤暴露在外面，暴露的部分就会失去感觉。现在我们可以做一个小实验来试试。其实很简单，只需要准备几个冰块就行了。

用拇指、示指和中指夹住小冰块，两分钟后，用笔尖戳其中一个指头。结果，手指失去了知觉，既不知道碰到的是什么东西，也感觉不到被戳的痛楚。

冰块为什么可以使皮肤失去知觉呢？原来，冰块冷却了指尖上的皮肤，为了避免受冻，身体会作出反应，使与冰块接触的皮肤变得麻木，于是触觉神经感受器就不再向大脑发送有关信息。因此，你无法知道被触碰物体的表面是平滑的还是粗糙的，甚至用针扎也感觉不到痛。

10分钟内你的手指能拉响两次吗

使劲拉你的手指，会听到手指关节发出格格的响声，响过的手指在10分钟内还能再发出声音吗？动手试试吧！

使劲拉动手指，拉得手指关节格格响。再次拉动刚才的关节，你会发现怎么拉也拉不响了。

原来，在关节周围分布的少量液体都含有气体，当关节被拉直的时候，加在上面的压力降低，气泡就会冒出来，气体逸出时会发出响声。气泡冒出一次后，气体无法排出，只有经过15～20分钟后，气体重新溶于液体中，再拉关节，才能再次发出响声。

怎样使无名指不能扔下硬币

我们日常生活中的大部分事情都是用手去完成的，十根手指真是得心应手。可是让你完成一个简单的手指动作你会做不到，不仅仅是你，任何人都做不到，不信就试试吧！

把两根无名指的指尖相对，直接相碰，其他手指弯曲，我把硬币放在你的两根无名指指尖中间。不能把手指错开，尽力把硬币扔下来。

你会发现无论你怎么使劲都不能使硬币掉下来。因为无名指不能独立于其他手指而单独运动，韧带把它与其他手指连在了一起，尤其中指是功能手指，中指不动，无名指根本就动不了，因此扔硬币是不可能的。

怎样顶住10个人的力量

就算是大力士的力气也就相当于正常人的三倍，可是在这个游戏里，你却可以抵挡住10个人的力量，不要不信，做做就知道了。

你把双手抵住墙壁，手指向上，手背向外。让你的10个朋友排成一排，每个人的手都搭在前面一个人的肩上。然后，所有的人都一起用力把你向墙上推。如果你身后的第一个人力量比你小，你就不会被压倒。

是不是很让人惊奇，其实并不是你一个人身上承担了10个人的力量，而是每个人都吸收了身后那个人的力量，因为力量不能累加，只要你能顶住身后那个人的力量，你就胜券在握了。这个游戏取胜的关键，是要找一个力量比你小的人站在自己的身后。

怎样暂时失去味觉

做这个游戏，你会连梨、苹果、洋葱的味道都不能分辨，真是令人难以置信，不过这是真的。

用水果刀将梨、苹果、洋葱切成同样大小的小块。然后拿布条蒙住眼睛，用手捏住你的鼻子。准备好了，让你的朋友把一小片梨、洋葱或是苹果放在你的舌头中心，不

要咀嚼，试着用你的舌头去辨别它们。结果呢，你当然分辨不出它们是什么啦。

原来，舌头能分辨出四种基本味道：咸、甜、苦、酸。辨别味道的器官叫做味蕾，它没有规律地散布在舌头表面，而舌头中心（放置梨、苹果等的位置），分布的味蕾比舌头上其他部位要少。我们通常所说的味道其实是滋味、气味和食物口感的结合。在这个游戏中，嗅觉与口感的作用都被抑制住了，因此，你对梨片、苹果片和洋葱片的味道就不敏感了。

怎样无法让铅笔尖相遇

把两支铅笔的笔尖碰在一起，是很简单的事情，可是在这个游戏里，看你能不能做到。

两手各拿一支削尖了的铅笔，让笔尖相对，距离60厘米左右。闭上一只眼睛，将铅笔尖慢慢向中间靠拢，试试看是否能使它们相碰。你是不是信心十足地相信自己可以让两个铅笔尖相遇？结果，两个笔尖总是错过，不能碰在一起。

如果不服输的话，你也可以请你的朋友和你一起，两人各拿一支铅笔，都闭上一只眼睛，然后慢慢将铅笔尖靠拢，试试能否使它们相碰。结果，铅笔尖仍然不能相碰。

是不是闭上一只眼睛后，视觉能力就减弱了呢？在游戏中，你和你的朋友闭上一只眼睛后，你们所熟悉的深度感就没有了，也没有计算目标距离的双目视觉。于是，像

铅笔尖这样的小物体，就很容易错过了，所以你们不能使笔尖相碰。

怎样让你一指千斤重

如果你的朋友坐在那里，你知道怎样用一个指头让他站不起来吗？不知道吧。我有一个好方法，我们现在就来试试。

让你的朋友先坐在凳子上，头向后仰。你把示指抵在他的前额上，并向下压。现在，让你的朋友试着站起来，你会发现他是站不起来的。

原来，人在不动的时候，重心在身体的上半部分。当人坐下时，重心落在凳子上。人要站起来就必须把重心转移到脚上，为此，就必须把头前移。用手指抵住额头就是为了阻止头向前移，头不能前移，人就坐在那里站不起来了。

怎样才能只赢不输

你和朋友做游戏，在不作弊的情况下，你能保证自己只赢不输吗？想一想，有什么办法。我现在就可以教你一个游戏，你会发现你的朋友永远都赢不了，是不是很有兴趣，那就快来试试吧。

取一张纸币举在你朋友微张的手掌上方，然后请你的朋友在纸币落下时，用手抓住。你会发现他永远不会成功。只有你自己做这个试验，才会成功。

因为当眼睛看到纸币落下时，它首先传递给大脑一个信号，大脑再向手发出“抓住”的指令。但这都需要一定的时间。自己玩这个游戏时，下落的信号和抓住的指令是同时发出的，所以会成功。但是你的朋友在听到这指令后，还需要传送给大脑，大脑再向手发出信号，这就形成了时间差。

从认识到反应之间的时间差，称为“反应时间”。对一个汽车司机来说，在危险情况下，这个时间差是会带来严重后果的。

怎样使你不会走直路

平时，你当然能沿着笔直的线路走，但是当你做了这个游戏后，你就会很吃惊。

你先用手扶住摆放在地上的酒瓶口，绕着它转三圈。然后尝试向

一个笔直的目标走去，保证你走不成直路。

其实你心里一直想着要沿着笔直的方向走，可是却总是拐弯。这是为什么呢？原来，这是你内耳的平衡器官把你引入了歧途。当你在转圈时，内耳中的一种液体开始流动，使得耳内的茸毛倒伏，并把这个过程报告给大脑，这就会使你做出相反的运动来。如果你转得很快，并突然停了下来，内耳中的液体将继续流动。即使你这时站直身体，大脑的反应仍然像你在旋转时一样，因此你会在目标前拐弯走到别处去。

怎样让鸡蛋出"红汗"

把鸡蛋洗干净，用注射器的针尖在鸡蛋的一端仔细地钻一个小孔，用针管把蛋内的蛋清和蛋黄抽出来。然后将红墨水注入鸡蛋内，再向鸡蛋内注入空气。最后将针孔用不干胶封好。

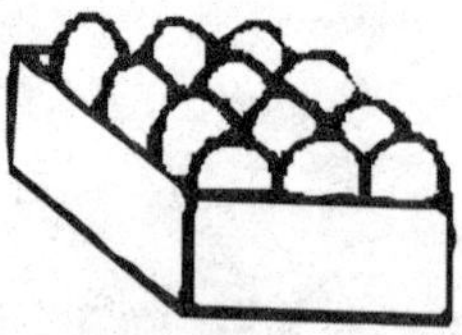

几分钟后，你会看到，红墨水从鸡蛋中渗了出来，好像鸡蛋在出"红汗"一样。

你怎么解释这种现象呢？原来，鸡蛋也是要呼吸的，气体的进出是靠鸡蛋表面的气孔。据分析，一个鸡蛋大约有 7 000 个气孔。往鸡蛋内注入空气，就加大了蛋壳内的压力，红墨水无处可去，就会从气孔中渗出来。

我们还可以由此想到，蛋壳内的雏鸡就是通过这些气孔进行呼吸的。

怎样观察鱼的条件反射

你知道吗？动物也有"智商"，如果不信，就来做这个游戏，验证一下。

买两缸金鱼，放在桌子上。然后一个鱼缸里用蓝色小盘装鱼食，放进鱼缸里喂鱼。几天之后，鱼只要一见蓝色小盘，即使里面没有食物，也会游过来。在另一个鱼缸里，用红色小盘装鱼食，也放进鱼缸内，然后，用小棍去驱赶小鱼，不让它吃鱼食。多次这样以后，鱼一看到红色小盘，就会浮躁不安，四处逃窜。

这个小游戏涉及条件反射，简单说来条件反射就是出生后经过后天学习而形成的反射。狗听到拍手后会跑来是条件反射。鱼也有条件反射的能力，还有辨别红蓝颜色的能力。每次喂食用蓝色盘，多次进行，就会使鱼形成条件反射，一看到蓝色盘就知道有食物吃，即使蓝色盘里没食物，鱼也会游过来。红色盘使鱼恐慌也是同样的道理。当鱼多次上当之后，已形成的条件反射会减弱或消退，因此必须用食物来强化已形成的条件反射。

怎样用高脚杯弹奏音乐

用高脚玻璃杯乐器组，也可以弹奏一段悦耳的音乐。其实，这种方式和钢琴有异曲同工之妙。

把8个高脚玻璃杯排列成行，将最左边的空杯子作为高音Do，依次向右加水开始调音，音阶分别为Se，La，Sol，Fa，Me，Re和中音Do。音阶越低，杯中的水就要加得越多。加水时一次只可以加几滴，才能准确地调音。调好音后，用筷子敲击高脚玻璃杯，就可以弹奏出悦耳的音乐了。

其实这只是一个关于声音振动频率的游戏。声音振动的频率与物质的质量有关系。物质的质量越大，发出的声音就越低，反之，发出的声音就会越高。因此，装水最少的那个杯子发出的声音最高，装水最多的那个杯子发出的音最低。

怎样用易拉罐做电话机

用两个易拉罐就可以制造出一个简易电话机，多神奇啊。和你的朋友一起来试试吧。

把两个易拉罐上面的盖子去掉，用钉子和锤子在两个易拉罐的底部各凿出一个小孔，穿进长线。在伸入易拉罐内部的长线尽头打个结，使之不易脱落。你和你的朋友各拿

一个易拉罐，一个放在嘴边说，一个放在耳边听。双方就可以进行“通话”了。

不要以为这个游戏没意思，其实这是根据电话机原理模仿制作的。当人说话时，声波会使易拉罐的底部振动起来，这种振动会沿着长线传送到另一个易拉罐的底部，于是就能听到说话的声音了。

怎样让磁铁失灵

我们知道磁铁与铁是自然界中的一对好朋友，见面后像兄弟俩一样聚在一起。可是磁铁也有失灵的时候，来动手做做这个游戏看看吧。

用火柴点燃蜡烛，然后用夹子夹起磁铁在火上烧，5分钟后取下，放在一边自然冷却。大约冷却15分钟以后，用磁铁去吸任何铁制品。这时，你会发现磁铁完全失灵了，连一根大头针都吸不上来。

这是一个关于磁铁磁性消失的游戏。磁铁之所以具有磁性，是因为磁铁中的铁原子很有规则地排列。然而，当磁铁受热后，铁原子的规则排列就被打乱了，因而也就失去了原有的磁性。

怎样让小木棍捅不破纸

木棍很坚硬，薄纸很薄。但是，你用木棍却无法捅破那张薄纸。

先找一个大约20厘米高的纸筒，用纸包住纸筒的一端，然后用橡皮筋或胶带把它固定住。再往纸筒中倒入约10厘米厚的沙子。

这时，你用一只手握住纸筒，另一只手把木棍插进沙子里，用力将木棍往下按。结果，尽管你用了很大的力气往下按木棍，但木棍仍无法将纸筒底部的纸捅破。

小木棍为什么捅不破一张薄纸呢？原来，当你将木棍插入装有沙子的纸筒并往下按木棍时，由于沙子之间有很多微小的间隙，沙子会相互碰撞，于是便把你按木棍的力量转移到了各个方向。所以，你用在木棍上的力量就没有全部作用在纸上，而只有一小部分力量作用在了纸上。因此，你就捅不破那张纸。

怎样制作自动回转的罐头盒

我们可以自己设计一个罐头盒，把它扔出去之后，它会自动滚回来。

先在罐头盒的底部和顶部各钻一个小孔。把橡皮筋穿进小孔中，在橡皮筋交叉的地方用绳子打一个结，然后在上面拴一个螺丝帽之类的重物。把罐头盒放倒在地上，当你把它从身旁推开，它滚动一会儿就会停下，接着自己会往回滚。

因为螺丝帽较重，一直停在悬垂点的下方，不随罐头盒一起转动，这就把橡皮筋逐渐缠绕起来。橡皮筋缠绕到一定时候就限制了罐头盒的滚动，最后在橡皮筋上积蓄的能量又把罐头盒拉了回来。

怎样让气球吸引水

我们知道，气球摩擦后，会吸引纸屑等微小物体。那么，它会吸引水吗？先来做个小游戏，也许它能给你答案。

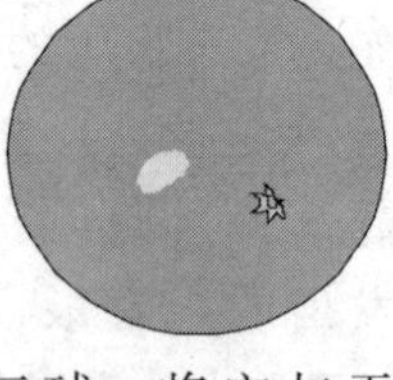

吹大气球，将它与干毛巾相互摩擦。打开水龙头，放出一小股水柱，慢慢地让气球靠近水柱，让气球“喝水”。此时，仔细观察，你会发现，当气球靠近水流时，水被气球吸引，开始向气球的方向略微倾斜。当气球差不多碰到水柱时，一些水滴就会飞起，溅落在气球上。

现在你知道了气球摩擦后会吸引水，可这是为什么呢？原来当你摩擦气球时，也就是在使它带电，来自毛巾上的电荷，即带电粒子，转移到了气球上。于是气球的表面也布满了电子，正是这些越积越多的电子吸引了水滴。

怎样变成大力士

一个女生肯定没有两个男生的力气大，但是一个女生拉着两个男生手里的木棍，男生却怎么也拉不走。这是个什么样的游戏呢？

让两个男生每人拿一根比较结实的长木棍相距1米左右站好。把绳子一头绑在一根木棍上，然后在两根木棍上缠5圈。由一个女生抓住绳子的另一头。两个男生抓紧棍子，用力把两根木棍拉开。结果会怎么样呢？你会发现两个男生使出再大的力气，也无法让两根木棍分开。

你知道为什么吗？很奇怪两个男生的力气都胜不了一个女生吧？实际上，这个小游戏巧妙利用了滑轮的机械原理，滑轮能省力，能帮人吊起重物。

这两根木棍和缠在上面的绳子，就组成了一对简单的滑轮，女生就是依靠滑轮的力量战胜了强大的对手。

怎样使米粒四射

你能让小碟子上的米粒四射吗？其实利用“摩擦生电”的原理，这个实验我们都可以做成功的。

在一个小碟子里放上一些干燥的米粒。将塑料小汤勺与毛料布块摩擦一会儿，这样，汤勺上就带了电荷，具有吸引力。把小汤勺靠近

盛有小米粒的碟子，这时小米粒受电荷的吸引，就会自动跳起来，吸附在汤勺上。这时，有趣的现象发生了，刚刚吸在汤勺上的小米粒，眨眼间，又像四溅的火花一般，突然向四周散射开去。

原来，带电的汤勺吸引小米粒的时间是很短的，当小米粒吸附在汤勺上以后，汤勺上吸附的小米粒就都带有与汤勺同样的电荷。由于同性电荷相互排斥，所以吸附在汤勺上的小米粒互相排斥，全部散射开了。

怎样使可口可乐罐跳舞

可口可乐罐会旋转、倾斜，好

像是在跳舞，是不是很不可思议，来试试吧，你也可以做到的。拉上你的好朋友一起来观赏可口可乐罐跳舞。

把杯子里的水倒入空的可口可乐罐里。但是一定要掌握好水量，太少了罐子会直立起来，太多了罐子又会在倾斜的时候倒下。用小木棍做一根旗杆，用纸做一面旗。把做好的小旗插入装水的可口可乐罐内。倾斜装水的可口可乐罐大约60°，小心调整可口可乐罐的位置，使其能够以倾斜的姿态站立而不会倒下也不会直立起来。用嘴轻轻吹动或用手轻轻拨动可口可乐罐，小旗就会以倾斜的姿态翩翩起舞。

可口可乐罐底部有一个斜面是它可以翩翩起舞的关键，可口可乐罐内装入一定量的液体，倾斜可口可乐罐，使它底部倾斜与桌面接触。罐内的液体适量，罐和罐内液体的重心的垂线正好通过可口可乐罐底部的斜面。这样罐和罐内液体就处于平衡状态，这种平衡不稳定，所以要小心转动它，否则就会倒下来。

怎样让硬币落下去

硬币被一根火柴牢牢地固定在瓶口，怎么不用手拿火柴而让硬币落进瓶子里呢？动手做做吧。

1. 把火柴从中间折弯，但是不能折断。

2. 把这根被折成“V”字形的火柴架到一个酒瓶口上，然后在火柴上面放一枚硬币，硬币要比瓶口小。

3. 用手蘸一点水，滴几滴水在火柴折弯的地方。

4. 过一会儿，这个被折弯的火柴就会“动”起来，“V”字形的口就会越张越大，随后，硬币就会掉进瓶中。

这是什么原理呢？原来，这都是水的功劳。火柴棍一般是用木材做的，木纤维遇水会膨胀，火柴折弯处有一部分并没有折断，这部分会膨胀得比较明显，火柴棍就会渐渐伸直，硬币自然就会掉进瓶中。

怎样使硬币和纸同时落地

硬币和纸，一个轻一个重，怎么会同时落地？不要不信，关键是看方法和技巧。

用剪刀剪出一个和硬币一样大的纸片，把纸片放在硬币上，手拿着平放的硬币边缘，不要碰到纸片，然后把它们往下丢，你会发现硬币和纸片同时落地。

因为当硬币在空气中快速下落时，它会拉住紧跟在后面的空气，硬币上方的气压会把纸片紧紧地压在硬币上，所以纸片会紧贴硬币同时落地。但如果有空气进到它们中间，它们就会分开，纸片会以飘动的方式落地，而不是和硬币一起掉到地面。

地球是怎样变成椭圆形的

知道地球为什么是椭圆形的吗？来动手做做这个游戏吧。它可以向你演示地球变为椭圆形的原理。

先用直尺量好，然后用剪刀剪出两条等宽、等长的纸条，将两张纸条的中心交叉粘在一起。再把“十”形纸条的四端粘在一起，使纸条变成“球”形。等胶水干后，将铅笔从纸球的底部穿过，再从顶端穿出。双手搓动铅笔，纸球在快速旋转中变成了椭圆形。

游戏就是这么简单。可是圆球为什么会变成椭圆的呢？原来，所有旋转中的球体都会发生这种现象，中部被向外拉，两端则稍稍往里缩。同样，旋转的地球也正如铅笔带动的纸球，由于受离心力的影响，中心向外凸出，变成了近似椭圆的形状。

怎样制作肥皂小赛艇

用一根火柴就可以做一个小赛艇在水里行驶。是不是很好玩，那你也来动手做做吧。

把火柴的一端从中间劈开，劈开的长度约占火柴总长度的四分之一，在劈缝里镶上一小块肥皂，一个“小赛艇”就做成了。把这个“小赛艇”放在水盆里，它就会自动地在水中快速行驶。这个游戏一个

人做没意思，如果找几个朋友来个“小赛艇”比赛，看谁的“小赛艇”行驶速度最快，那才有意思呢。

“小赛艇”之所以能在水中行驶，是因为镶在火柴上的肥皂在水里逐渐溶解，不断破坏着火柴后面水的表面张力，而火柴前面水的表面张力并没有被破坏，所以火柴后面的水分子被火柴前面的水分子拉向前去，“赛艇”就前进了。注意，当盆中水的张力都被肥皂水破坏以后，“赛艇”就不会再前进了，这时就得及时换水。

怎样制作会绽放的纸睡莲

你见过睡莲开放的样子吗？下面我们就来做一个模拟花开的游戏。

将一张平滑的纸剪成莲花形状，用彩笔涂上颜色，然后把花瓣向里折叠。把这朵纸睡莲放入水中，你就可以看到花瓣以慢镜头的速度向外张开的景象。

其实这是因为，纸的主要材料是植物纤维，而植物纤维是极细的管道。通过分子间的吸收，水就会渗入这种所谓的毛细管中，纸开始膨胀，就像是植物的花朵放入水中那样，这朵纸做的睡莲花也会“绽放”。

怎样制作鸡蛋陀螺

小的时候你玩过陀螺吗？那现在用一个鸡蛋做陀螺游戏看你会有什么收获。用生鸡蛋还是熟鸡蛋呢？我们要试试才知道。

先把生鸡蛋在一个盘子里旋转一下，结果，它只摇晃一下，而不会产生旋转的运动。我们再把一个煮熟的鸡蛋放在盘子里旋转一下，结果发现它转得比较快。

熟鸡蛋的重心位于下半部，旋转起来可以像一只陀螺那样立起来。而内部是液体的生鸡蛋却无法这样做，这是由于蛋黄重于蛋白，在位于中心的离心力的作用下，它只能摇晃一下，而无法产生旋转的运动。

原来做鸡蛋陀螺只能用熟鸡蛋。但是不要忘了在陀螺上涂点颜，那样才好看。以后我们还根据鸡蛋是否旋转，判断它是一只熟的还是生的鸡蛋。

纸能被切破吗

一张纸看起来很单薄，可是隔着纸用刀切土豆，纸却不会被切破。

我们先把纸对折，再把刀刃放在纸折处。然后用这把“穿”着纸的刀切土豆，你会发现土豆切开了，可是纸却没有被切破。

原来纸随着刀刃切入土豆，刀刃对纸纤维的压力，得到了土豆的反压力。纸之所以不会被切破，是因为土豆比纸纤维软。即使是切一个未熟的果实，纸纤维也能够经受得住。但如果你把上面的纸捏住，那就将缺少反压力的平衡，纸就会被切破。

怎样拉断一根绳子

你和你的朋友一起来做这个游戏时，他一定会大惑不解。不信，我们来试试。

把一根细绳子绑在一本很重的书上，上面和下面各留出一小段。你拉住绳子的两端，问你的朋友哪端的绳子先断。如果你朋友回答是上面的绳子，那么，你就用力拉下面的绳子，结果下面的绳子先断了。如果你的朋友说下面的绳子先断，你就用力拉上面的绳子，当然是上面的先断了。

想知道是怎样控制，才能让两端的绳子任意先断吗？

当你把下面的绳子慢而稳地拉住，上面的绳子就要承受书的重量和下面绳子的拉力。于是上面绳子上的拉力就要比下面的绳子大，它就会先断。

如果你猛地一拉下面的绳子，惯性就会起作用。一开始书还没有被这一猛拉影响，所以拉力没有被传递到上面的绳子。而下面的绳子受到了更大的力，所以先断了。

怎样画出能燃烧的蜡烛

做这个游戏，你会发现自己好像有了马良的神笔，在布上画一支蜡烛，点燃它就会燃烧起来。

把布放在樟脑球的前面，然后在布上画一支蜡烛。划着了火柴，便能点燃蜡烛。不一会儿，吹灭蜡烛，会发现布上安然无恙。

原来，樟脑球的主要成分是含碳和氢的有机化合物——萘，这种物质具有易燃烧和易升华的特性，所以就是隔着一层布用火柴也是一点就燃，燃烧时放出的热量，有一部分被发生的升华作用所吸收。因此，包樟脑球的棉布不会被烧坏。

怎样让软吸管穿过土豆

有一根吸管，并不坚硬，用手指一扳，它就弯了，稍微用点力气，它就扁了。现在，请你想个办法，让吸管穿过土豆。

在拇指上垫一块布再按住吸管的一端，以最快的速度往土豆里插。奇迹发生了，吸管被捅进土豆里去了。

并不坚硬的塑料吸管能穿过土豆，这是借助大气压的作用。用拇指按住吸管的上端，也就把空气留在了吸管里，再往下插的时候，空气封在吸管里面，使得软弱的吸管变得坚硬起来，所以就能插进土豆，甚至还可以穿透土豆。

怎样用鸡蛋做不倒翁

1. 用锥子在鸡蛋较窄的一端轻轻地戳个小洞。

2. 将吸管插进鸡蛋里面，把蛋黄和蛋清吸出来，再用清水洗净蛋壳并晾干。

3. 在蛋壳里加进一些沙子，然后用纸将小洞堵住。

4. 在另外一个鸡蛋壳里面装上一些蜡烛屑，堵上小洞之后，将鸡蛋壳放在热水中加热，等蜡化掉之后，把蛋壳拿出热水冷却。

5. 在两个鸡蛋壳的外面画上一个不倒翁的形象。

6. 把两个不倒翁放在桌子上面，你会发现装有蜡屑的不倒翁才是真正的不倒翁。

不倒翁是利用稳定物体的重心来保持平衡的，在这个游戏里，只有装了蜡屑的不倒翁的重心被转移到了有蜡的部位，已经被固定了，不管怎么推动蛋壳，都会恢复到原来的平衡状态。但是另外一个蛋壳的重心是不够稳定的，所以它会停在任意的地方，因此也就不能称之为不倒翁了。

怎样让软木片爬水丘

让一个小木块来爬水丘应该是很有趣的，动手来看看吧。

在桌子上放一个装满水的玻璃杯，在水面靠近杯子边缘处放一个圆形软木片。慢慢地向玻璃杯中滴水，水的中央形成了一个小水丘。这时，你会发现，木块沿着水丘一点点地爬了上去。

原来小木块会爬上去是因为水的附着力。用一只小滴管把水慢慢滴入玻璃杯中，直到形成一个水丘，开始时，重力使软木片留在稍微隆起的水面边缘。你继续向杯中滴水，水的附着力，即水分子和软木片之间的吸引力越来越强烈，于是软木片就逐渐被拖上了水丘的顶部。

怎样模拟火箭发射

现代的一些高新科技，也许令你眼花缭乱，觉得很神秘，可是你知道吗？其实这些看似神秘的事物，原理也很简单，动手做做就知道了。

1. 从一大张硬纸板上剪下一块半圆形直径约为 20 厘米长的纸片，卷起粘牢，然后修剪齐边，形成一个敞口的圆锥体。

2. 把一张长方形卡片对折，剪成一个沿长边有折口的三角形。把折口向外折，然后把这个三角形的折口粘到圆锥体的边上。照此再做三个三角形，对称地粘到圆锥体上。

3. 吹鼓一个气球，然后把气球

放到圆锥体里面。

4. 松开气球吹口，当气球里的空气放出来时，火箭就会飞起。

这是什么原理，或许大家都已经猜到了。有的火箭以液体燃烧作为动力，当点燃燃料后，火箭向后喷出气体，将火箭快速向上推进，冲入太空。气球中喷出来的空气以同样的方式推动“火箭”飞向天空。

怎样制作吹不翻的桥

有时，一件看似很简单的事，常常会产生令人意想不到的结果，使你感到困惑。下面这个游戏，可能就属于这类情况。

把一张长 15 厘米、宽 5 厘米硬纸片的两头折一下，使这张硬纸片成为一座小桥。把这座“小桥”放在桌上，你趴在桌面上，嘴对着桥洞使劲地吹气，使劲把这座小桥吹翻。结果，无论你用多大的力气都不能把桥吹翻。而且，你越是使劲吹，小桥似乎在桌上贴得越牢。

小桥这么轻，为什么从桥洞吹，它能稳如泰山呢？这是因为当你往桥洞吹气时，空气就会以一定的速度从桥洞流过。这时，桥洞里的空气压力要比桥面上的空气压力低得多。你吹气的力气使得越大，桥下的空气被吹走越快，桥下的压力就越小，而桥上的压力相对就越大。所以，小桥就被牢牢地吸在桌面上了，任凭你怎样吹，也吹不动它。

怎样让硬币跳舞

我们已经知道可口可乐的瓶子会跳舞，其实有一个办法，还可以让硬币在可乐瓶子上跳起舞来。

在可乐瓶中加入半匙食盐。在硬币上洒些水，把硬币打湿，然后放在可口可乐瓶的瓶口上。仔细观察，你会看见一元硬币在瓶口上不停地跳动。

硬币真的跳舞了，是什么魔力让它跳起来了呢？原来，食盐的结晶颗粒溶化在二氧化碳和水中时，很容易变为碳酸气体，但因为瓶口被一元硬币堵住了，所以气体无路可走。一旦瓶中的压力超过一元硬币的重量与外界的大气压之和，硬币就会跳起，使瓶中的气体溢出。但紧接着硬币又会因为自己的重量和外界气压而落下，盖住瓶口。之后，只要瓶中的压力再次升高，硬币又会跳动起来。如此反复，硬币就会跳舞了。

怎样让杯子粘在一起

在不用胶水的情况下，你可以让两个玻璃杯粘在一起吗？其实很简单的，下面的方法大家一起来试试。

用火柴点燃纸张，然后迅速把它放进一个玻璃杯内，将另一个大

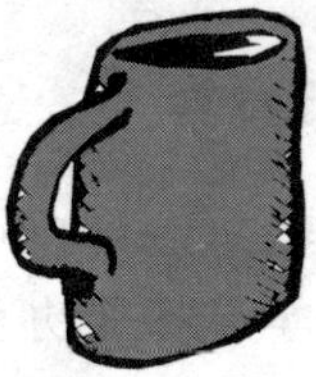

小一样的玻璃杯扣在上面，两杯杯口相对。等纸燃烧完了，拿起上面的杯子时，下面的杯子也被吸了起来，它们好像被粘在一起一样。

真的是很奇怪的事情，没有用手扶着，两个杯子竟然可以粘在一起不掉下来。原来纸张在杯中燃烧的时候，杯内气温升高。当另一只杯子口口相对地堵住杯口，外界的氧气无法补充进来，火就会因为缺氧而熄灭，杯内温度降低。这时候杯内的压强小于外界的大气压，这个压力差把两个杯子紧紧地压在了一起。

怎样让瓶子吞鸡蛋

在瓶口上放一个剥了皮的熟鸡蛋，这个瓶口肯定比鸡蛋小一些，你能让这个熟鸡蛋完整地落到瓶子里吗？其实很简单的。

小心地将沸水灌进瓶子里，摇动瓶子，然后再将鸡蛋放在瓶口上。仔细观察，发现鸡蛋在不断地往瓶里滑，最后滑入了瓶子里。

这是为什么呢？是鸡蛋会“缩骨术”吗？不是的。

随着沸水水温的不断降低，瓶内水所占据的空间变小，因而瓶内空气所占据的空间会变大，气压会降低。这样瓶子外面鸡蛋周围的气压就会挤压鸡蛋，使鸡蛋滑进瓶子里面。

原来，并不是鸡蛋会“缩骨术”，而是大气压力的功劳。

怎样巧开瓶盖

在吃罐头的时候，罐头瓶瓶盖盖得非常严实。而且罐头瓶是玻璃的，又不能用工具撬，怎样轻松地打开呢？

首先往盆中注入一半沸水，把罐头的瓶盖部分放入沸水中半分钟，然后取出。戴上隔热手套，然后用手向上掀开瓶盖，不费吹灰之力，瓶盖就被打开了。

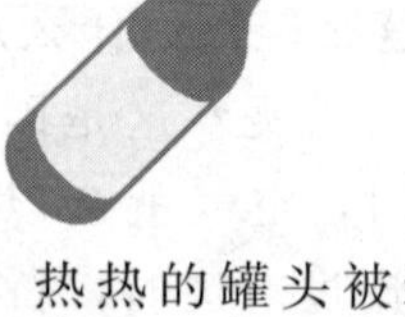

原来，热热的罐头被装入瓶子时，热空气在瓶子里面占据着比较大的空间，然后被密封起来。可是冷却之后，罐头内的空气变冷体积减小，因此，当罐头冷却时，罐头

瓶里面就形成了一个低压状态。而把罐头瓶放在热水中后，瓶内的空气受热膨胀，罐头瓶内的气压逐渐变大。这样，你就可以很轻松地打开罐头瓶，美美地享用里面的罐头食品了。很简单吧，下次你就可以试试。

怎样快速复制报纸图片

我们都知道报纸上的字是油墨印出来的，如果你没有复制过报纸，那就动手来做做吧！

取两勺清水，与一勺松节油和一勺洗涤剂混合在一起，然后用一块海绵蘸着这种混合液，轻轻按涂在报纸有图画的地方。然后覆盖上一张普通白纸．用一把小勺的背面用力碾擀白纸，报纸上的图像就会清晰地复制下来。

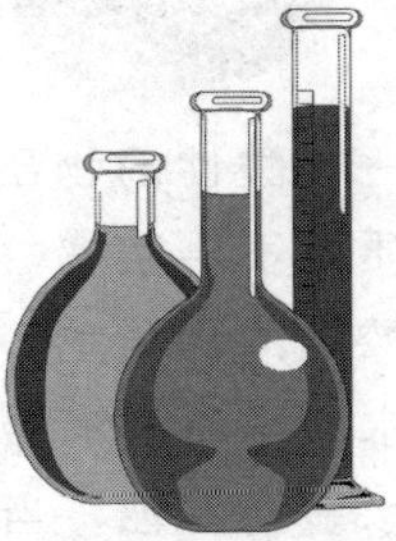

复制报纸图片确实是很简单的一件事情，但这是什么原理呢？松节油和洗涤剂混合，产生了一种感光乳胶，会浸入到干燥的油墨染料和油脂之中，使其重新液化。但它只能化解报纸的油墨，杂志上的彩色图片，因含有过多油彩，很难化解。

怎样自制人造“琥珀”

琥珀是博物馆的宝，也许你会觉得它很神秘，其实原理很简单，你也可以自己动手做一个琥珀。

1. 用10克左右颜色金黄、质地纯净的松香，放在一个干净的去盖易拉罐内加热，待松香熔化后，就停止加热。

2. 待它冷却不再冒青烟有些黏稠时，直接倒在事先养在铁罐内的小昆虫身上。

3. 待它逐渐冷却、凝固后，一个栩栩如生的人造“琥珀”就做成了。

松香的颜色类似于琥珀的颜色。给松香加热，松香就会由固体变为液体，如同水状，并会冒出青烟。当冷却时会变得黏稠，然后再倒入活动状态的昆虫身上，冷却后松香就不会流淌了。

怎样让胶卷盒自动打开

把一勺醋倒入一个空的塑料胶卷盒里。用绵纸包起一勺苏打，放进胶卷盒里，立即盖上盖子。站远一点，耐心地观察，可能需要一段时间，在这段时间内一定不要打开盒子。一会儿，你便会看到胶卷盒自动被打开了。

这也是化学反应的结果。当苏打在醋里溶解后，会产生化学反应生成二氧化碳气体，盒子里的气体剧增，使盒子里的气压大于外界的大气压强，气体的压力便会把盖子打开。

怎样防止铁钉生锈

铁会生锈是很自然的现象，你有不让铁钉生锈的办法吗？动手试试吧！

1. 分别准备三个没有生锈的铁钉和三个杯子，头两个杯子中倒入冷水，第三个杯子中倒入热水，在热水中滴几滴油。

2. 把第一个铁钉放进装有冷水的杯子中，把第二个铁钉放进油和热水的混合液中。给第三个铁钉抹上油，再放进另一个装有冷水的杯子内。

3. 结果你会发现只装有水的杯子中的铁钉在几天后就生锈了。而另外两个杯子中的铁钉没有任何变化。

我们知道了铁上只要有油，就不会生锈。因为铁生锈是由于水中的氧和铁发生了化学反应而形成的。铁钉上的油层能将铁钉和氧气隔离开，防止了铁钉的氧化。由于加热时水会放出氧气，所以装有热水的杯子中不再含有氧气。在水面上倒几滴油是为了防止水在一段时间后通过扩散重新吸收氧气。浮在水面上的油可以防止空气进入水中。所以，这种杯子中的铁钉也不会生锈。

怎样去除水垢

家里的热水瓶时间长了就会结一层水垢。把一袋食用醋倒进热水瓶里，加一点热水。把瓶塞塞上，拿起热水瓶晃一晃。过一段时间再打开瓶塞看一看，会发现瓶里的水垢没有了。

水垢到哪里去了呢？莫名失踪了吗？不是的，原因在于食用醋和水不一样，水是一种中性的物质，

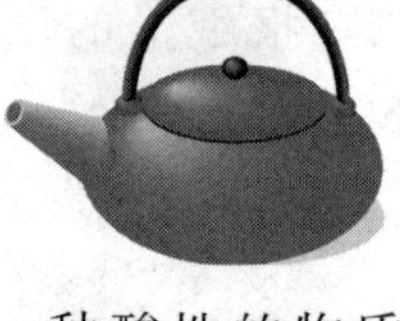

而食醋是一种酸性的物质。水垢在中性的物质中不会溶解，但是却可以溶解在酸性的环境里。所以平常我们烧开水时，电热水器里面的水垢会使开水显得浑浊。当我们把食醋倒进热水瓶，水垢就会溶解在食醋里面，这样水垢也就“消失”了。

怎样制作苹果抹布

油腻的盘子是最让人头疼的，

因为它不好洗，这个游戏教给你一个不用清洁剂就可以洗干净油盘子的办法。

用水果刀把苹果切成片，用刚切好的苹果片对准油腻的盘子抹一抹。然后再用水冲洗盘子，你会发现盘子上的油渍都消失了。

这是什么原因呢？原来苹果中含有果酸，尤其是刚刚切开的苹果，其切片表面果酸的含量较多。用苹果切面在盘子上抹，果酸会与盘子上的油渍发生化学反应，生成可溶于水的物质。所以，盘子上的油渍就被苹果抹去了，盘子用水一冲就干净如新了。

怎样使水火相容

在大玻璃瓶中注入充满玻璃瓶2/3的水。把铁钉插进蜡烛的下部，固定好蜡烛后，放进水里，只留一小部分在外面，然后用火柴点燃蜡烛。

过一会儿你会发现，尽管露在水面上的蜡烛已经渐渐燃尽，但是蜡烛的火焰却没有熄灭，仍然在水中继续燃烧。这个场面虽不壮观但却很有意思。

原来，蜡烛燃烧形成的蜡液经水冷却后，在水面上形成了一层很薄的外壁。这层外壁将水和火焰隔离开来，这样火焰遇水时就不会熄灭，而是继续在水面上燃烧。因此，我们就能看到水火相容的奇景了。

怎样使方糖燃烧

取一块方糖，置于一个金属盒盖上。把方糖的一角放上少许香烟灰，然后在这里放上一根燃烧的火柴，方糖立即就会冒出蓝色的火焰并燃烧起来，直到最后完全熔化。

我们知道香烟灰和方糖都是无法单独点燃的，但香烟灰却可以引发方糖的燃烧过程。一个可以引发化学反应，但本身却不发生变化的物质，被称为催化剂。香烟灰在方糖的燃烧过程中就起到了催化剂的作用，使方糖燃烧。

怎样让手帕在火中跳舞

先把手帕用水浸湿，然后将手帕绑在铁丝的一端，再往手帕上浇酒精。这时，点燃手帕，就会看到大火。马上把手帕放入水盆中，你会发现手帕并没有被烧坏。

看到这个场景是不是使你很吃惊？其实火焰是以酒精为燃料，在手帕表面燃烧的。即使某个区域的酒精燃尽了，也不会点燃手帕的。因为手帕中的水会蒸发，手帕的表面温度始终不会达到燃点。可见，燃烧的是酒精，而不是手帕。